BOY'S LOVE

HISTOIRE D'UN GENRE AUX SENSIBILITÉS DIVERSES

YNNIS ÉDITIONS
38 rue Notre-Dame-de-Nazareth – 75003 Paris
ynnis-editions.fr

Président : Cedric Littardi
Directeur éditorial et artistique : Sébastien Rost
Édition : Stéphanie Chaptal
Correction : Julien Picquart
Couverture : Senri
Auteurs : Meyra Sudal, Priscilla Reculard
Conception graphique : Julien Dejaeger
Fabrication : centSucres

Diffuseur : La Diff

Meyra Sudal • Priscilla Reculard

BOY'S LOVE

HISTOIRE D'UN GENRE AUX SENSIBILITÉS DIVERSES

YNNIS

SOMMAIRE

BOY'S LOVE : LE MULTIVERS

***BL*, un acronyme qui est à l'origine de nombreux débats, parfois virulents. Et pour cause, deux mots qui s'adressent à autant de lecteurs différents qu'il y a de sous-genres dans cette production variée qui ne cesse de s'enrichir. Difficile alors de s'y retrouver…**

Avec des éditeurs qui lui sont dédiés, d'autres qui en publient ponctuellement, une application de *webtoon* quasiment exclusive au genre et un merchandising qui s'arrache comme des petits pains, rares sont les lecteurs de mangas et *webtoon* qui n'ont jamais entendu parler de *boy's love*. Malheureusement, le terme véhicule encore aujourd'hui beaucoup d'idées préconçues. Si le manga est toujours considéré en France comme une lecture de niche, souvent rétrogradée à une passade adolescente, le *boy's love*, lui, est encore plus incompris.

Dans l'imaginaire collectif des lecteurs de mangas, le *boy's love* est associé à de l'homo-érotisme. Une idée qui puise son origine en France lors des premières publications qui associent le genre à la ligne éditoriale. Elle se maintient aujourd'hui par une communauté engagée et passionnée, fortement visible ces dernières années grâce aux réseaux sociaux. Comment passer à côté des multiples *#boyslove #blpourtous #bl #boysloveboys* où les fans du genre partagent quotidiennement leurs *haul*[1] de merchandising, des bibliothèques au nombre impressionnant de mangas *BL*, des montages vidéo mettant en avant les derniers *webtoon* en cours en Asie… Pourtant, le contenu des mangas apparentés au *BL* est plus varié qu'il n'y paraît.

Une diversité parfois incomprise entre ces différents lectorats ciblés, qui revendiquent fortement leurs attentes pour un sous-genre spécifique. C'est ce terme qui fait cependant toute la différence : « sous-genre ». Car un manga *boy's love*, c'est aussi bien une comédie romantique lycéenne qu'un *slice of life* (ou en français hors réseaux sociaux, une « tranche de vie ») sur la vie adulte, une œuvre qui explore le fantasme féminin mais aussi le fantasme homosexuel, une revendication pour les droits LGBTQIA+ autant qu'une prise de parole féministe.

Alors comment rompre avec ces idées préconçues qui entourent le *boy's love* ?

Il semble évident qu'à ce jour, peu d'ouvrages de référence existent en France sur le sujet. Tandis que le lectorat ne cesse de croître,

1 Un *haul* (« butin » en anglais) est un contenu populaire et fréquent sur les réseaux sociaux (post, vidéo, article) qui présente l'ensemble des achats, d'une réception de commande… En l'occurrence ici, il s'agit de *haul* dédiés aux achats de merchandising autour d'une licence ou d'un personnages. Des *goodies* tels que des stands acryliques, *photos cards*, *shikishi*, porte-clés, peluches…

l'incompréhension qu'il suscite auprès des autres lecteurs engendre des critiques négatives, une attitude dubitative au mieux et au pire des réactions de haine et d'homophobie, sous couvert d'un anonymat sur internet. Plus qu'une liste non exhaustive de recommandations, il devient nécessaire d'apporter des réponses aux questions que soulève cette méconnaissance, à travers un livre qui propose de découvrir le *boy's love* par son *multivers* de sous-genres. Qu'est-ce qu'un manga d'homo-romance ? Quelle différence avec ceux dont les histoires sont homo-érotiques ? Ces derniers sont-ils du manga gay ? Que signifie *omegaverse* ou *DOM/SUB verse* ? Le manga et le *webtoon BL*, est-ce la même chose ?

À travers plusieurs catégories qui représentent chacune la richesse et la diversité des *multivers* du *BL*, plusieurs sujets seront abordés. Comme le contexte historique qui a permis l'émergence du *boy's love*. Mais aussi la définition des mots qui le caractérisent, leurs origines et leurs évolutions. Des échanges avec différents professionnels du milieu, qui s'expriment sur les enjeux et les problématiques que soulève le *BL* aujourd'hui en France. Chaque catégorie offrira des recommandations de lectures d'œuvres qui ont marqué par le passé, ou marquent aujourd'hui, l'évolution du *BL*. Présentés par ordre chronologique de publication française, les mangas cités ont été sélectionnés avec soin pour leurs qualités graphiques ou scénaristiques. Parfois pour l'enthousiasme qu'ils ont reçu auprès du lectorat français, ou les partis pris atypiques qu'ils proposent.

Ce livre est à destination de tous. Il est dédié aux lecteurs passionnés de manga et de culture asiatique qui souhaitent approfondir leurs connaissances. Mais aussi à celles et ceux qui, curieux, veulent comprendre cet engouement éditorial. Il est dédié aux réfractaires, aux nouveaux lecteurs, aux copains des *fujoshi** et aux *fujoshi* elles-mêmes. Il est dédié aux *lecteurices* qui se questionnent sur leur sexualité et à ceux et celles qui aiment les histoires d'amour, qu'elles soient érotiques ou non. Qu'importent son genre et son orientation sexuelle, il y a un *boy's love* pour chaque lecteur. Au fil des pages qui vont suivre, venez découvrir le vôtre.

RECOMMANDATIONS ET AVERTISSEMENT

De nombreux mangas et *webtoon boy's love* sont présentés dans les pages de ce livre. Les *lecteurices* ciblés par leurs histoires étant différents, tous ne sont pas adaptés à un jeune lectorat. De plus, même sans proposer un contenu érotique, les sujets abordés peuvent heurter la sensibilité de certains. Afin de guider au mieux les lecteurs et les orienter vers des œuvres qui leur sont adaptées, deux échelles de valeurs sont mises en place dans cet ouvrage.

Érotisme

L'histoire ne contient aucune scène érotique, elle est donc recommandée pour un jeune lectorat.

L'histoire qui aborde la question de la sexualité peut présenter de la nudité légère mais ne détaille aucune relation sexuelle.

L'œuvre contient des scènes érotiques explicites, tant dans leur représentation graphique des corps que dans les rapports sexuels entre les personnages. Cependant, ces scènes restent non majoritaires au cœur de l'intrigue et n'ont pas vocation à faire l'objet d'un chapitre entier.

Cette œuvre est fortement érotique et son intrigue met en avant les rapports sexuels entre les protagonistes.

Contenu sensible

Une œuvre tout public.

L'histoire peut, à travers des comportements déviants, aborder des sujets sensibles pour certains lecteurs tels que le harcèlement, des relations toxiques, le non-consentement, la maltraitance (physique ou psychologique)... Ces comportements sont réprouvés par les lois et la morale dans notre société. Les œuvres peuvent aussi mettre en scène des pratiques sexuellement consenties par les personnages mais choquantes pour des lecteurs non aguerris.

Cette œuvre est déconseillée aux mineurs et met en scène des faits choquants, souvent illégaux, comme des violences physiques, des viols... ou des pratiques sexuelles consenties mais extrêmes, visuellement ou psychologiquement choquantes.

Les mots dans le texte suivis d'une * sont définis dans le glossaire p.198.

ÉROTISME OU PORNOGRAPHIE ?

Comment va-t-on parler du boy's love *dans ce livre ?*

Certaines œuvres *boy's love* parlent de sexualité, de façon plus ou moins explicite, avec parfois une vocation à stimuler le désir du lecteur. Se pose alors une question : parle-t-on d'érotisme ou de pornographie ?

La notion d'érotisme est fortement subjective d'un lecteur à l'autre, celle-ci étant en lien avec l'éducation, la sensibilité, les mœurs ou encore l'engagement religieux de chacun. Pour définir de façon évidente une limite entre érotisme et pornographie, sans s'appuyer sur des notions subjectives propres à l'individu, il faut alors se tourner vers des institutions. En France, la distinction juridique entre œuvre érotique et œuvre pornographique est clairement définie pour les productions audiovisuelles. Elle reste cependant floue et à l'appréciation de chacun pour les œuvres littéraires, ce qui nous amène en tant qu'autrices à nous tourner vers la définition d'une autre institution.

L'Académie française a pour principale fonction de *« travailler [...] à donner des règles certaines à notre langue et à la rendre pure, éloquente et capable de traiter les arts et les sciences »* à travers notamment un dictionnaire de la langue française. Celui-ci apporte une définition distincte entre pornographie et érotisme. La pornographie est ainsi définie comme une œuvre de *« représentation directe, voire brutale, des scènes de sujets à caractère sexuel et délibérément obscènes »*. L'érotisme se distingue par un *« caractère de ce qui, dans la pensée et le comportement, suggère, suscite, révèle, accompagne le désir sexuel »*.

Les deux genres peuvent donc révéler des scènes d'acte sexuel. La différence entre elles réside dans la façon dont elles sont retranscrites au lecteur. La pornographie « donne à voir » quand l'érotisme « invite à ». Ce dernier amène le lecteur à fantasmer la relation et a pour but de développer l'imaginaire.

Le manga et le *webtoon* sont des œuvres graphiques qui apportent une dimension « visible » à une œuvre littéraire, plus ou moins détaillée dans sa représentation de l'acte sexuel. Contextualisé et scénarisé, avec des personnages développés psychologiquement et un travail artistique de composition des planches et des scènes, le *boy's love* s'intègre à nos yeux dans la littérature érotique.

Les œuvres mises en avant dans ce livre peuvent être non censurées avec des scènes détaillées et réalistes. Elles représentent parfois des relations au fort caractère sexuel, des pratiques violentes ou encore des fantasmes qui peuvent heurter la sensibilité de certains lecteurs. Nous prendrons donc le parti de parler d'œuvres érotiques dans ce livre, et non d'œuvres pornographiques.

Meyra SUDAL

Affiche du film *Given*

MEYRA SUDAL

En 1999, j'ai 15 ans et une amie me prête un manga. Une lecture qui m'a marquée à vie. Née dans les années 1980, j'ai grandi comme beaucoup avec les *anime* japonais, l'essor des jeux vidéo et du cinéma asiatiques. Comme j'étais une lectrice passionnée de romans, BD et comics, ce premier tome de *Fushigi Yûgi* entre mes mains me fascine. Il va sceller mon amour pour ces œuvres graphiques et plus particulièrement le *shôjo*. À l'époque, aucun magasin ne vendait de mangas à proximité de chez moi. Pendant 5 ans, j'ai parcouru régulièrement plus de 60 km en train pour assouvir ma passion et remplir les étagères d'une *mangathèque* qui ne cesse de croître depuis.

Amatrice de romance, j'ai été attirée par les publications *shôjo*, puis *josei*. Mais pas seulement car je me suis rapidement intéressée à la représentation des sentiments amoureux à travers les mangas, toutes lignes éditoriales confondues comme avec le *shônen Video Girl Ai* ou le *seinen Family Compo*. J'ai ainsi exploré les multiples facettes de l'amour en manga. Un parcours qui m'a naturellement menée vers le *boy's love*.

Les homo-romances décrites par Clamp occupaient déjà une place particulière dans mes lectures, me rappelant ces relations ambiguës que j'appréciais dans les *Chroniques des vampires* d'Anne Rice.

L'érotisme ne m'était pas étranger en roman (*La Femme de papier*), en BD (Manara) et en manga à travers le *hentaï*. Mais c'est mon amour pour la *mangaka* Yuu Watase qui me fait découvrir le *boy's love* homo-érotique. Le premier tome de *Sakura Gari* que je lis est un déclic quant aux multiples intérêts que ce genre peut offrir aux lecteurs. C'est un récit violent, tragique, d'une beauté irrésistible. L'histoire est d'une ambiguïté puissante. Watase y dénonce la toxicité d'une relation déséquilibrée par une époque où la hiérarchie sociale prédomine sur le droit de l'individu, le tout avec une intensité érotique troublante. Cette découverte du *boy's love* se poursuit en 2016 lors de la parution du manga *Le Mari de mon frère* de Gengoroh Tagame qui m'ouvre la voie vers le manga gay.

Voulant contribuer à ma façon à l'épanouissement du manga en France, j'ai chroniqué mes lectures sur différents sites de référence et dans un blog avant de poursuivre sur les réseaux sociaux en collaborant avec plusieurs maisons d'édition (@meyra_la_loutre). Spécialiste du *webtoon*, j'ai contribué à son développement auprès du lectorat français à travers plusieurs médias et j'ai écrit un livre qui lui est dédié [1].

Graphiste et lettreuse, je m'épanouis professionnellement au cœur de cet univers qui fut initialement une passion. Je rejoins aussi ponctuellement les rangs de la maison d'édition Hana lors des conventions Japan Expo de Marseille et Paris, où je recommande des *boy's love* aux lecteurs aguerris et néophytes.

Si je devais établir un top 10 de lectures *boy's love* :

- *In These Words*
- *The Teijo Academy*
- *Black or White*
- *Dear Gene*
- *10 Count*
- *My Beautiful Boy*
- *What Did You Eat Yesterday?*
- *Sasaki et Miyano*
- *On or Off*
- *Shame♡Application*

1 *Webtoons - 100 incontournables de Corée et du monde*, aux éditions Abysse Publishing.

PRISCILLA RECULARD

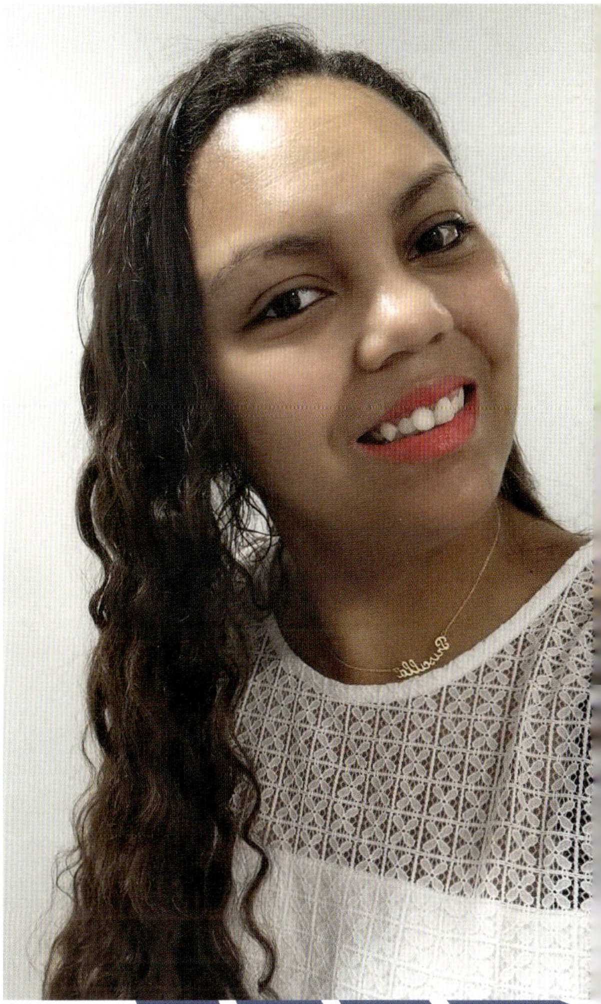

La passion du manga est arrivée un jour par hasard quand j'avais neuf ans : en regardant Cartoon Network, je tombe sur l'*anime Détective Conan*. Je suis totalement tombée sous le charme et en faisant des recherches, je découvre qu'il existe en manga et décide de faire mon premier achat.

Ayant une grande sœur née dans les années 1980, je me suis dirigée vers une découverte des *anime* japonais qui avaient été diffusés à cette époque. J'ai pu découvrir *Ken le survivant*, *Albator*, *Sailor Moon* ou encore *Les Chevaliers du zodiaque*. Un univers si riche proposant toutes sortes d'histoires qui a su créer en moi énormément d'émotions et cette envie de continuer à découvrir ce que les mangas pouvaient m'apporter. À vrai dire, mes parents pensaient que ça serait « de passage », cela dure depuis 20 ans.

La découverte de la romance s'est faite aussi par l'animation quand je suis tombée sur la première version de *Fruits Basket*. Yuki et Hatori ont su voler mon cœur et rapidement, je suis devenue une amatrice des *shôjo*, puis *josei*. Par la suite, j'ai pu m'intéresser à une multitude de genres que ce soit avec les *shônen* comme *Yu Yu Hakusho* ou *GTO*, ou les *seinen* avec *Berserk*. Étant une amatrice de romance, j'ai naturellement été menée vers le *boy's love*.

Je me souviendrai toujours de mon premier *boy's love* que j'ai découvert en *anime* : *Gravitation*. Cela a su me toucher avec la dynamique de la musique et de cette romance entre Yuki Eiri et Shuichi qui fut très compliquée mais avec une touche d'humour pour dédramatiser. Par la suite, celui qui a su me faire plonger totalement dans cet univers est *Junjo Romantica*. Une œuvre qui a su captiver mon attention et qui, avec du recul, peut montrer des éléments qui ne devraient pas être acceptés dans une relation. Petit à petit, j'ai continué ma découverte en décidant de prendre l'abonnement de la maison d'édition Hana afin de recevoir dix tomes tous les deux mois. Cela permet de découvrir plusieurs contextes et l'évolution du *boy's love* que ce soit avec l'*omegaverse* que j'affectionne particulièrement et l'arrivée du *cakeverse*.

Mais je ne me suis pas arrêtée aux mangas, j'ai dévié sur les *webtoon boy's love* : *BJ Alex* qui arrive enfin en France en 2025, *Roses et Champagne* qui a attrapé mon cœur et que j'affectionne. Enfin, des moins connus car mes auteurs préférés sont Brothers without a Tomorrow et mes deux titres phares sont *Ébloui par un Tigre* et *Smyrna et Capri*.

Voulant partager ma passion des mangas, je me suis lancée sur les réseaux sociaux (@kyoko_univers) où je chronique mes lectures en collaborant avec des maisons d'édition.

Si je devais en dire un peu plus sur moi, je suis jeune maman de jumelles qui m'apportent du bonheur au quotidien. Je dois comme beaucoup allier ma passion avec ma vie privée et personnelle mais je trouve toujours un temps pour lire et m'évader dans l'univers qui m'apporte réconfort.

Si je devais établir un top 10 de lectures *boy's love* :

- *Ébloui par un Tigre*
- *La Fée des neiges*
- *Smyrna et Capri*
- *Therapy Game*
- *Sasaki et Miyano*
- *Roses et Champagne*
- *Nuit au bord de l'eau*
- *Touching Your Night*
- *Dear Gene*
- *Après avoir regardé le ciel étoilé*

L'HOMO-ROMANCE

En haut : la revue Shôjo no Tomo, lancée en 1958, fait partie des premiers magazines généraliste de la presse féminine

En bas : couverture Japonaise du dernier tome de *Kaze to ki no uta* de Keiko Takemiya . Inédit jusqu'alors ce monument du *shôjo* manga va paraître pour la première fois en France en 2025.

La production de *boy's love* dans le manga revêt différentes facettes et l'une d'elles a contribué à une évolution des mœurs japonaises. Si on imagine facilement qu'il s'agit d'une ouverture d'esprit et de tolérance vis-à-vis de la communauté LGBTQIA+, il est moins évident de s'imaginer que derrière les premières histoires d'amour entre garçons (homo-romance), ce sont les femmes qui ont cherché à acquérir leur liberté.

À l'origine : l'émancipation féminine

Si l'homo-romance met en scène des histoires d'amour entre hommes, son apparition et son développement dans le manga sont intrinsèquement liés à l'émancipation des femmes au Japon. Transmises de la protection de leur père à celle de leur mari dans une société patriarcale, les Japonaises étaient peu nombreuses dans le milieu professionnel du manga. La pression sociétale, encore très présente ces dernières années, incitait les jeunes filles à se marier rapidement pour enfanter et s'occuper de leur foyer. Une pression soutenue par un gouvernement qui adopte au milieu des années 1980 une mesure fiscale incitant les femmes mariées à ne pas avoir d'indépendance financière [1].

Mais la révolution féminine à l'échelle mondiale, liée aux échanges interculturels de plus en plus importants avec les avancées technologiques et les bouleversements liés à la Seconde Guerre mondiale, donne aux femmes plus d'indépendance et une certaine liberté d'expression, même s'il reste encore beaucoup de chemin à parcourir, dont les prémices se font ressentir aussi au Japon dès le milieu du XIXe siècle. Des artistes ont inspiré les premières féministes japonaises par leurs choix de vie à contre-courant, comme la peintre japonaise Kiyohara Otama [2] (1861-1939).

Ainsi, en 1961, alors qu'elle est une femme de 57 ans, divorcée, l'autrice Mari Mori publie *Koibitotachi no mori*, la première nouvelle d'une trilogie qui, dans chaque volet, raconte une histoire d'amour entre un homme d'âge mûr et un jeune homme à l'orée de sa majorité. Les écrits de Mari Mori sont à l'origine d'un nouveau courant littéraire, le *tanbi shousetsu* (dont le nom sera plus récemment à l'origine d'un autre mouvement littéraire chinois, le *danmei*), mettant à l'honneur des romances entre hommes. Reconnu par ses paires, *Koibitotachi no mori* obtient le prix littéraire Tamura Toshiko, décerné aux

1 Conférence du 01/07/2023 par Futoshi Taga et Laura Merla : « Les masculinités au Japon », https://www.mcjp.fr/fr/la-mcjp/actualites/les-masculinites-au-japon

2 La vie de la peintre Otama a été récemment retranscrite à travers une biographie librement romancée par Keiko Ichiguchi et Andrea Accardi dans le manga *La Vie d'Otama*, aux éditions Kana (2024).

Extrait du film *Mort à Venise*. L'acteur Björn Andrésen qui interprète le rôle de Tadzio devient alors une icône internationale de la beauté masculine juvénile et une inspiration *bishônen* pour les *mangaka*.

femmes écrivaines et qui porte le nom de l'une d'entre elles, grande féministe japonaise. Le *tanbi shousetsu* va rapidement définir des codes scénaristiques dans la romance entre hommes. Une grande différence d'âge et/ou de statut social au sein du couple, un contexte qui s'inspire de l'aristocratie européenne, des relations ambiguës et une domination psychologique d'un protagoniste sur l'autre sont des thématiques régulièrement exploitées à travers les romans qui revendiquent leur appartenance à ce mouvement littéraire, et se retrouvent depuis fréquemment dupliqués dans le *boy's love*.

Créé en 1920, le magazine *Shôjo Club* publie entre 1953 et 1958 un premier *story manga* [3] à la place des précédentes productions qui ne faisaient qu'une seule page : la série *Princesse Saphir* d'Osamu Tezuka. Ce manga marque la naissance du *shôjo*, mais s'il s'adresse à un jeune lectorat féminin, il reste écrit et dessiné par un homme. Les Japonaises se font petit à petit une place dans le milieu. La pionnière du manga féminin Hideko Mizuno marque le *shôjo* par ses séries qui sortent des codes préétablis et des attentes des éditeurs. Son premier manga publié en 1955, *Akkake kôma pony*, est à l'image du reste de sa carrière, avec une héroïne garçon manqué au fort caractère. Ces premières œuvres nourrissent la génération de *mangaka* féminines à venir.

Au début des années 1970, la majorité des hommes *mangaka* se consacrent exclusivement à la production de *shônen*, laissant la place aux femmes dans le *shôjo*. C'est dans le salon de l'appartement que partagent Moto Hagio et Keiko Takemiya que le « Groupe de l'an 24 » voit le jour. Nommé ainsi par les professionnels du milieu, il désigne un ensemble de femmes nées aux alentours de 1949[4] et qui apportent par leurs séries un renouveau au *shôjo manga*. Inspirées par les cultures occidentales (littéraires, cinématographiques, musicales) et les révolutions sociétales en cours, elles retranscrivent à travers leurs œuvres une pensée avant-gardiste et féministe. Lors d'une master class au Festival international de la BD d'Angoulême de 2024, Moto Hagio confie en toute intimité la pression exercée par ses parents concernant son métier de *mangaka*. Ces derniers l'incitaient régulièrement à raccrocher plumes et pinceaux pour se marier. Elle y a également abordé le peu de liberté accordée aux *mangaka* vis-à-vis de leurs personnages féminins. Dans la préface du manga aux éditions Akata *Le Clan des Poe*, rédigée par Fausto Fasulo, Moto Hagio s'exprime en ces termes : « À l'époque, on ne pouvait tolérer d'une fille qu'elle puisse faire certaines choses ou s'exprimer d'une certaine façon dans un manga. [...] Je me sentais donc très à l'étroit et j'ai changé tous mes personnages féminins en garçons afin de pouvoir raconter mon histoire librement » (à propos du *Pensionnat de novembre*). Parus entre 1972 et 1975, *Le Clan des Poe* et *Le Cœur de Thomas* de Moto Hagio, suivis par *Kaze to ki no uta* de Keiko Takemiya entre 1976 et 1979, deviennent

3 Osamu Tezuka instaure après la Seconde Guerre mondiale le *story manga* qui remplace rapidement les gags dessinés sur une page des magazines jeunesse. Le *story manga* développe sur plusieurs pages une intrigue, qui peut s'affranchir de l'humour comme thème principal. Désormais, il représente la majorité des mangas publiés.

4 L'an 24 fait référence à la 24e année de l'ère Showa (1926-1989) soit l'année 1949 du calendrier grégorien.

les références d'un sous-genre du *shôjo* de romance, désigné un temps le *shônen ai*.

L'année 1975 marque aussi la création du premier Comiket. Le salon accueille une trentaine d'exposantes, majoritairement féminines. Ce rassemblement de passionnées est l'occasion pour de nombreuses dessinatrices amatrices de partager leurs mangas à travers des *dojinshi**.

Ci-dessus : couverture originale du tome 1 du *Clan des Poe* de Moto Hagio

Ci-dessous : couverture de *Fire* de Hideako Mizuno qui dessinera dans cette série la première scène explicite dans un manga grand public.

Sans contraintes ni restrictions éditoriales, la liberté d'expression des artistes ouvre la voie à des récits qui développent encore plus l'homo-romance et la sexualité à travers des œuvres qui tendent vers l'érotisme. Nombre d'entre elles réalisent des *fanfiction* inspirées des œuvres de Moto Hagio et Keiko Takemiya.

De fait, les premiers mangas d'homo-romance sont adressés à un lectorat féminin qui vit par procuration à travers ces personnages masculins un amour plus libre, un romantisme interdit et une émancipation face aux attentes de la société vis-à-vis des femmes. Nourries par ces *mangaka* avant-gardistes, une nouvelle génération d'autrices accapare l'homo-romance dans ses récits et intègre celle-ci à des genres au lectorat plus varié.

Une appropriation par les fans de leurs idoles à travers l'homo-romance

D'année en année au sein du Comiket, les cercles de *dojinshi* d'homo-romance augmentent de façon exponentielle. Rapidement, ces derniers deviennent pour les fans un moyen de fantasmer des romances entre hommes fictifs ou réels.

Icône du mouvement musical glamrock, développé dans les années 1970 en Angleterre, David Bowie est la figure parfaite de l'homme androgyne inspirant les *dojinka** à travers le personnage de Ziggy Stardust qu'il interprète à ses débuts. Déjà ancré dans le *shôjo* depuis les années 1960, le concept de *bishônen* (littéralement « beau garçon ») puise son inspiration dans les *onnagata*, ces acteurs de *kabuki* qui interprétaient des personnages féminins sur scène à partir du XVIIe siècle. Cette représentation de l'homme androgyne tend à accentuer la sensibilité et la vulnérabilité du personnage. Une esthétique déjà présente dans les premiers *shôjo*, comme *Le Dit du Genji*, manga prépublié à partir de 1979 [5] et adapté d'une des premières

Avec *Le Cœur de Thomas* et *Le Clan des Poe* entre autres, Moto Hagio fait partie des mangaka pionnières de l'homo-romance

œuvres littéraires du Japon (au XIIe siècle) qui raconte la vie du prince impérial Genji dont la beauté transcendantale ensorcelle aussi bien les hommes que les femmes. Les artistes occidentaux de glamrock, et des mouvements musicaux aux fortes identités visuelles qui suivent (glam métal, rock gothique, punk rock...) sont donc tout destinés à nourrir l'imagination des *dojinka*. Des mouvements musicaux qui contribuent par ailleurs à l'inspiration du *visual kei*, une scène musicale née du regroupement d'artistes de différents univers musicaux ayant en commun un visuel très fort, apparu au début des années 1980, avec comme leader le groupe X Japan. Un nouveau mouvement musical qui alimente à nouveau les *dojinshi* à travers une appropriation de l'esthétique *bishônen* par les artistes nippons.

Le manga *shônen* avec ses fortes valeurs d'amitié et d'esprit de groupe devient rapidement une source d'inspiration pour les *dojinka*, qui parodient ou détournent dans leurs *fanfiction* ces amitiés en romance, et vont jusqu'à reproduire des scènes cultes dans une interprétation à forte tension érotique. Les grandes licences sont toutes à l'origine d'une homo-romance où rapidement un sous-genre particulier se démarque, l'*ennemies to lovers*. Les fans raffolent de ces

5 Republié en France depuis novembre 2024 chez Panini.

histoires qui détournent les relations entre un héros et son ennemi pour y inclure une notion d'amour impossible ou interdit. Une thématique qui domine fortement la production *boy's love* encore à ce jour. Dans les années 1980, les licences du Shônen Jump sont fortement présentes dans les *dojinshi*, avec en tête de liste le manga sportif *Captain Tsubasa* et celui d'aventure *Saint Seiya*.

Les fans ressentent à travers la lecture d'homo-romance un lien plus intime avec leurs idoles qu'elles s'approprient. Acteurs japonais, chanteurs anglo-saxons, personnages de *shônen* sportif… il n'y a plus de limites à l'immersion de l'homo-romance dans tous les secteurs et aspects de notre société. Un circuit amateur se développe en parallèle de celui des *mangaka* professionnels et des magazines de prépublication. La forte demande des *lecteurices* pour ces histoires aux contenus qui varie de la simple amourette à un érotisme de plus en plus extrême, ne passe pas inaperçue auprès des éditeurs.

Rapidement, le Comiket devient un réservoir foisonnant de *mangaka* en devenir dont les œuvres ont déjà acquis une notoriété auprès de la communauté des *lecteurices BL*. Le studio Clamp en est un parfait exemple. Collectif initialement composé de 12 lycéennes sous le nom Amarythia, elles ont produit de nombreuses fanfictions d'homo-romance, à l'image des mangas *Saint Seiya* et *Jojo's Bizarre Adventure* entre autres. Quatre d'entre elles font leurs débuts professionnels en adoptant le nom Clamp. L'ensemble de leurs séries incluent des relations entre hommes ou entre femmes plus ou moins ambiguë. Leur univers graphique exploite fortement la représentation *bishônen* de leurs protagonistes masculins. Rapidement, grâce aux mangas des Clamp, l'homo-romance s'impose comme une lecture mixte, ciblant aussi un lectorat masculin même s'il reste encore minoritaire.

Entre 1985 et 1994, la *mangaka* Akimi Yoshida prépublie dans le *Bessatsu Shôjo Comic* un *shôjo* qui fera date dans l'évolution de l'homo-romance : *Banana Fish*. Acclamé par la critique et le public, le manga s'est vendu à plus de 12 millions d'exemplaires au Japon. Adapté en *Audio-Drama*, en pièce de théâtre et plus récemment en *anime*, *Banana Fish* ouvre la porte de l'homo-romance à un plus grand lectorat que celui du *boy's love* et du *shôjo*. Il a récemment eu droit à une réédition par son éditeur français Panini dans une édition double volume. Akimi Yoshida brise à travers *Banana Fish* les clichés qui entourent l'homo-romance. L'histoire, qui fait écho à la trilogie cinématographique du *Parrain* de Francis Ford Coppola, est violente et cruelle. Au cœur d'un milieu mafieux new-yorkais, Ash tisse une relation réaliste et d'une grande beauté avec le jeune Eiji, un adolescent japonais, qui sublime ce récit sombre.

Mais l'homo-romance se décline aujourd'hui bien au-delà de la ligne éditoriale du *boy's love* et du *shôjo*. Le *shônen Blue Flag* révolutionne le triangle amoureux quand le *seinen Nos rendez-vous gourmands* témoigne de cette période étrange qui a suivi le confinement et la pandémie de Covid-19.

Initialement cheval de Troie de l'émancipation féminine des *mangaka*, l'homo-romance devient un moyen de lutter contre homophobie passive, en représentant la romance entre hommes simplement comme ce qu'elle est. À savoir une histoire d'amour où les questions de genre et d'orientation sexuelle ne devraient pas se poser.

Meyra SUDAL

Serge et Gilbert, les protagonistes du film d'animation *Haze to Ki no Uta SANCTUS -Sei naru kana-* adapté du manga de Keiko Takemiya.

Ci-contre : *Gust* et *Ciel*, deux magazines de prépublication japonais où l'on retrouve des manga *BL*.

TOKYO BABYLON

« Le sais-tu ? Au pied des cerisiers, des cadavres sont enterrés »

Parmi les *mangaka* qui ont marqué les *lecteurices* par leurs romances entre hommes, les CLAMP sont une figure incontournable et *Tokyo Babylon* est l'introduction d'une tragédie qui a fait date..

Mangaka : CLAMP

Traduction : non créditée

Année VO/VF : 1990/1996

Éditeur VF : Tonkam

Statut publication VO : 7 tomes (terminé)

Statut publication VF : 7 tomes (terminé - plus édité)

Érotisme :

Contenu sensible :

Treizième chef de la famille Sumeragi, Subaru est un lycéen de 16 ans au cœur pur et d'une grande bonté. En tant que maître du yin et du yang, il lutte contre des forces occultes lors de missions qu'il exécute toujours avec énormément d'empathie. Il est soutenu dans son travail et dans son quotidien par sa jumelle Hokuto et, plus récemment, par Seichiro Sakurazuka. Cet homme étrange déclare régulièrement son amour au jeune garçon, qui le repousse tout en étant troublé. Hokuto observe attentivement leur rapprochement, qu'elle soutient vivement ! Mais derrière un masque de gentillesse, Seichiro cache un lourd secret en lien avec le souvenir qui hante Subaru depuis son enfance.

Tokyo Babylon développe plusieurs enquêtes ésotériques avec pour trame de fond une romance tragique. Tel un puzzle, la relation entre Subaru et Seichiro se complexifie au fur et à mesure que le lien qui les unit est révélé au lecteur. Un amour impossible avec une grande différence d'âge, entre un assassin et sa proie, dont le dénouement magistral a lieu en *crossover* dans le manga *X-1999*. Une nouvelle fois, les CLAMP intègrent avec modernité dans leur scénario les codes de la tragédie grecque.

Personnage mystérieux à la psychologie torturée, Seichiro est l'opposé de Subaru qui fait preuve d'une dévotion extrême pour son prochain. Tout les dissocie, à l'image du yin et du yang, mais ils s'attirent, unis par un destin tragique dont le symbole n'est autre que Haruko. Cette dernière est une bouffée d'air frais dans la tension palpable entre Subaru et Seichiro. Son comique de répétition désamorce les situations et maintient l'intrigue jusqu'au dénouement final. Les CLAMP en profitent pour rendre hommage à leurs lectrices *boy's love* à travers son personnage de *fujoshi**.

L'univers graphique exploite un travail de clair-obscur dans les scènes d'introspection des personnages ainsi que celles à forte tension dramatique. Une mise en scène visuelle qui transcende l'effet dramatique des révélations qui y sont faites. Le *chara-design* longiligne est marqué par des personnages souvent androgynes, poussé à l'extrême dans la représentation des jumeaux Sumeragi. Subaru et Hokuto ne sont identifiables qu'à l'aide des tenues excentriques de cette dernière, fortement inspirées des *magical girls*.

CLAMP est un cercle de *mangaka* féminin qui s'est fait connaître grâce à ses *dojinshi*. Initialement formé de douze membres, le collectif est composé de quatre *mangaka* lors de ses débuts professionnels, à la fin des années 1980, avec comme première série le chef-d'œuvre *RG Veda*. Chaque *mangaka* joue un rôle défini, comme au sein d'un studio, mais avec la liberté d'intervertir les rôles au fil des années. Leurs premiers mangas, dont *Tokyo Babylon*, sont ainsi créés par Ageha Ohkawa au scénario, Mokona comme dessinatrice principale, Tsubaki Nekoi en assistante graphique et spécialiste des *SD**, et Satsuki Igarashi à la composition et assistante graphique (en particulier pour

Page de gauche : couverture du tome 1 de l'édition premium japonaise de 2022.

Ci-contre : Jaquette du coffret DVD rassemblant les 2 OAV de *Tokyo Babylon*.

Ci-dessous : extrait de l'OAV *Tokyo Babylon Part Two*

les trames). Au fil des 30 ans de carrière, le style graphique a beaucoup évolué pour correspondre aux attentes du lectorat tout en conservant une forte identité visuelle.

Les CLAMP se sont illustrées à travers un répertoire aux genres variés : *magical girl*, *dark fantasy*, action, romance, aventure, comédie, science-fiction… le tout pour l'ensemble des lignes éditoriales japonaises (*shônen*, *shôjo* et *seinen*). Une richesse scénaristique qui reprend des thèmes propres à l'ensemble de leurs œuvres : réflexions écologiques, sentiments amoureux sans distinction de genre ni d'âge, relations tragiques entre les personnages, dévotion et sacrifice, ésotérisme et mythologie. Une des grandes particularités des CLAMP est l'exploitation régulière des *crossover** dans leurs mangas, au point d'en devenir un univers propre. Subaru et Seichiro en sont un parfait exemple, faisant partie des protagonistes de *X-1999*, un manga incontournable dans la bibliographie de CLAMP, malheureusement inachevé suite à la controverse suscitée par son thème des tremblements de terre qui ravagent Tokyo.

Tokyo Babylon est adapté par le studio Madhouse en deux OAV* d'histoires inédites, en 1992 et 1993. Récemment, une seconde adaptation *anime* est annoncée sous le nom *Tokyo Babylon 2021*. Produite par le studio GoHands, sa diffusion devait commencer en avril 2021 avant d'être annulée suite à des accusations de plagiat pour plusieurs costumes. Le manga est aussi la toute première adaptation en *live action** d'une œuvre des CLAMP. Réalisé par Jôji Iida, *Tokyo Babylon/1999* est un thriller psychologique dont l'intrigue, inspirée du chapitre *Call.A* dans le tome 3, se déroule cinq ans après la fin du manga.

La France rend hommage aux 20 ans de carrière des CLAMP en 2009. Elles sont invitées à la Japan Expo, leurs *mangas* sont mis en avant dans une exposition intitulée *CLAMP, les reines du manga à Paris* à La Galerie des bibliothèques, et avec la publication de l'*artbook** *CLAMP in Paris* chez Pika. Une vague de réimpression de leurs mangas, souvent en rupture, est réalisée chez les différents éditeurs. Dont *Tokyo Babylon* chez Tonkam, avec cette fois l'édition *bunko* en cinq tomes, alors que la première parution du manga reprenait l'édition japonaise au format A5, agrémentée d'illustrations couleurs dépliables.

Meyra SUDAL

GRAVITATION

Un précurseur musical…

***Gravitation* est une référence dans le genre. Il est écrit et illustré par Maki Murakami, la musique et l'amour se mêlant dans cette histoire. Si on devait le comparer à *Given*, ce titre en est tellement à l'opposé qu'il peut en devenir choquant à notre époque. Vous recherchez un titre franc avec des personnages hauts en couleur et beaux garçons ? *Gravitation* est là pour cela. Il a su se faire sa place à l'époque où le genre se faisait rare.**

Mangaka : Maki Murakami

Traduction : Fédoua Lamodiere - Shindo

Année VO/VF : 1996/2005

Éditeur VF : Taifu Comics

Statut publication VO : 12 tomes (terminé)

Statut publication VF : 12 tomes (terminé)

Érotisme :

Contenu sensible :

L'histoire de *Gravitation* suit Shuichi Shindo, un lycéen qui fait partie d'un groupe de musique avec son meilleur ami, Hiro. Les histoires d'amour et les cours sont secondaires pour nos amis car seule la musique compte. Leur rêve ultime est de percer et cela commence dès le concours de musique de leur lycée. Cependant, Shuichi n'a toujours pas écrit les paroles et lorsque, enfin, il commence, il rencontre en rentrant chez lui un soir un inconnu qui critique sa chanson. Shuichi se met en colère et va tout faire pour retrouver l'homme aux cheveux blonds et lui prouver qu'il en est capable.

La musique a une place centrale dans l'histoire et la relation entre Shuichi et l'inconnu, Yuki Eiri, se met en place rapidement. Un peu trop même et pas de la meilleure des manières car elle commence par un viol. Ce qui explique que le titre a des retours mitigés. Car s'il était courant dans les années 1990 que les *boy's love* débutaient ainsi, le geste n'en restait pas moins choquant. Dans cette histoire où les protagonistes ont des difficultés à faire comprendre leurs sentiments, vous trouverez beaucoup d'humour mais aussi des moments plus dramatiques qui ponctuent la lecture.

Est-ce que ce titre est brouillon ? Là aussi, les avis des lecteurs varient. Il faut apprécier les mangas à l'humour omniprésent qui enchaînent les situations rocambolesques. Les personnages qui n'arrivent pas à s'assumer se remettent en question tout au long de ses situations parfois grotesques.

Couverture de l'unique tome paru en France pour la suite du manga *Gravitation*, sous-titré *Extra*.

Les illustrations de Maki Murakami sont simples et marquées par le style des années 1990. Une touche rétro intéressante à observer pour voir ce qui était fait à l'époque.

Fort de son succès, la suite en deux tomes *Gravitation Extra* voit le jour en 2007 au Japon, dont seul le premier sortira en France en 2009. L'histoire supplémentaire d'un voyage à New York pour nos personnages principaux, suivi de deux *light novel* publiés au Japon en 2000 et 2002. Un OAV sort en 1999 dans lequel Yuki Eiri écrit une chanson pour le groupe rival de son petit ami, Shuichi. Enfin arrive en 2000 ce que le public attendait le plus : un *anime* de 13 épisodes de 23 minutes. L'animation et les musiques en sont les gros points forts et garantissent un succès immédiat.

Catégorisé comme manga homo-romantique lors de sa parution française, le contenu assez explicite de certaines scènes questionne aujourd'hui son appartenance à un genre plus homo-érotique. *Gravitation* est un titre qu'il faut au moins lire une fois pour découvrir l'un des manga qui a marqué l'émancipation du *boy's love* des années 2000 en France.. Taifu Comics a eu le nez fin en éditant ce titre emblématique.

Priscilla RECULARD

GIVEN

Quand la musique est une thérapie

***Given* est un manga écrit et illustré par Natsuki Kizu, qui a été publié pour la première fois en 2013 dans le magazine *Cherish+*. Sa manière d'aborder la musique, l'amour et le chagrin propose une vision singulière des relations humaines.**

L'histoire de *Given* débute par la rencontre entre Ritsuka Uenoyama, un lycéen passionné de musique, et Mafuyu Sato, un jeune homme qui porte une guitare et semble perdu. Avec d'autres camarades, Ritsuka finit par former un groupe avec Mafuyu, dans lequel leur relation va évoluer tout au long des répétitions et concerts. Le titre se focalise sur l'histoire des quatre membres du groupe et de leurs relations amoureuses.

Ritsuka Uenoyama est un jeune homme avec du talent qui a perdu le goût de sa passion pour la musique à cause de sa mésaventure avec un premier groupe. Sa rencontre avec Mafuyu Sato va l'obliger à se confronter à ses émotions et cela va l'aider à retrouver un sens à sa vie.

Mafuyu Sato est un personnage complexe qui cache au plus profond de son être un chagrin lié à la mort de son ancien petit ami. Se sentant responsable de son décès, l'intrigue de Given s'axe autour du deuil et de la rédemption du personnage de Mafuyu.

En arrière-plan, l'histoire s'attarde sure Akihiko et Natsuki, les deux autres membres du groupe. Deux oreilles attentives qui permettent aux protagonistes de se poser les bonnes questions.

La musique a une très grande place dans ce manga car c'est le moyen d'expression privilégié des personnages. Elle est le lien qui les regroupe tous et leur permet d'exprimer leurs sentiments. Mafuyu fera son deuil à travers l'écriture et l'interprétation de sa chanson. À travers les membres du groupe et leurs parcours, ce titre nous parle d'acceptation de soi, une acceptation qui peut prendre du temps mais reste indispensable pour connaître le bonheur. Grâce à l'histoire de Mafuyu, l'auteur montre que l'amour peut être source de bonheur et de douleur. En effet, rien n'est facile dans une relation et les deux hommes se confrontent à leurs émotions, bonnes comme mauvaises, pour réussir à avancer ensemble.

À travers ses illustrations, Natsuki Kizu a su retranscrire les émotions que ressentent les personnages. Les planches réussissent à instaurer une atmosphère immersive en accentuant les thèmes de la tristesse et de la passion.

En 2019, *Given* a été adapté en série animée avec 11 épisodes de 23 minutes qui ont captivé le public grâce à des musiques bouleversantes. Avec ce succès, un film est sorti en 2020, suivi d'un *drama* et un OAV en 2021. Par ailleurs, nous découvrons l'histoire de Shizu et Hiiragi, deux autres personnages du manga, dans un film sorti en septembre 2024.

Priscilla RECULARD

Illustration promotionnelle de la série d'animation disponible sur la plateforme Crunchyroll.

Couvertures de *Given* : en haut et ci-dessous à droite dans l'édition japonaise, ci-dessous à gauche dans l'édition française.

Mangaka : Natsuki Kizu

Traduction :Margot Maillac

Année VO/VF : 2013/2016

Éditeur VF : Taifu Comics

Statut publication VO : 9 tomes (terminé)

Statut publication VF : 8 tomes (en cours)

Érotisme :

Contenu sensible :

DOUKYUSEI

Une exploration de l'amour adolescent

***Doukyusei* est publié pour la première fois en 2006. Il a rapidement gagné en popularité grâce à son approche délicate et réaliste des relations adolescentes. Ce manga, dont le titre se traduit par « Camarades de classe », aborde des thèmes tels que l'amour, l'identité et la découverte de soi.**

Couverture japonaise du premier *one-shot* qui ouvre la série communément appelée *Doukyusei*

Mangaka : Asumiko Nakamura

Traduction : Delphine Desusclade

Année VO/VF : 2006/2016

Éditeur VF : Hana

Statut publication VO : 10 tomes (en cours)

Statut publication VF : 9 tomes (en cours)

Érotisme :

Contenu sensible :

Doukyusei raconte l'histoire de deux lycéens, Hikaru Kusakabe et Rihito Sajou, qui, bien que différents, se retrouvent liés par une passion commune : la musique. Hikaru est un élève populaire et un peu insouciant, tandis que Rihito est plus sérieux et studieux. Leur rencontre lors d'un projet musical les pousse à se rapprocher et à explorer leurs sentiments l'un pour l'autre. Au fil des chapitres, le manga dépeint leur relation naissante, avec toutes les complexités et les émotions qui l'accompagnent.

Concernant les personnages, Hikaru est un jeune homme charismatique et sociable. Il se passionne pour la musique et joue de la guitare. Son caractère insouciant contraste avec la personnalité plus sérieuse de l'autre protagoniste, Rihito. Au fil de l'histoire, Hikaru montre une profondeur émotionnelle qui révèle ses propres luttes internes.

Rihito se présente, lui, comme un élève studieux et réservé, souvent perçu comme un intello. Sa passion pour la musique est tout aussi forte que celle de Hikaru, mais il a du mal à exprimer ses émotions. La relation avec Hikaru l'aide à s'ouvrir et à affronter ses propres sentiments.

Le manga se concentre sur l'évolution de leur relation. Les moments clés de leur interaction, que ce soit des conversations simples ou des performances musicales, sont magnifiquement illustrés et empreints d'émotions. Leurs doutes, leurs peurs et leurs joies sont dépeints de manière suffisamment réaliste pour que les lecteurices s'identifient à eux.

Couverture du tome 1 de la suite en dyptique *Sotsugyosei*

L'histoire est influencée par le cadre scolaire. L'intrigue est enrichie par les interactions avec d'autres camarades de classe, les activités scolaires et les événements sociaux. Cela met également en évidence l'impact des normes sociales et des attentes sur les relations.

Le manga aborde l'amour dans toutes ses manifestations, en particulier l'amour entre adolescents. Il traite aussi de l'identité, en mettant en scène comment les personnages s'évadent dans leurs émotions et leurs aspirations tout en cherchant à s'accepter.

La musique est au cœur de tout. La connexion entre Hikaru et Rihito est stimulée par elle, démontrant ainsi comment l'art peut rapprocher les individus et établir des liens profonds.

Le parcours des personnages est également un voyage d'autodécouverte. En explorant leur relation, ils apprennent à mieux se connaître et à comprendre leurs propres émotions.

Le contenu principal de *Doukyusei* met en avant l'importance de l'acceptation, que ce soit de soi ou des autres. Les personnages sont confrontés à une lutte pour accepter leurs sentiments et leur identité, ce qui touche de nombreux lecteurs, notamment ceux qui vivent des expériences similaires.

Le manga souligne également la splendeur des instants de la vie quotidienne. Qu'il s'agisse d'un simple regard ou d'une mélodie jouée ensemble, ces moments sont sublimés afin de mettre en évidence leur rôle dans l'évolution de la relation.

Nakamura possède un style artistique unique, avec une attention particulière portée aux expressions des personnages. Les dessins saisissent de manière subtile les émotions, amplifiant ainsi l'intensité des moments clés du récit. La présentation est généralement sobre, ce qui permet aux lecteurs de se focaliser sur les échanges entre les personnages. En 2016, l'adaptation de *Doukyusei* en film d'animation a été saluée par les fans et les critiques. Le film a su saisir l'essence du manga tout en apportant une dimension visuelle qui a enrichi l'expérience des spectateurs.

Doukyusei a profondément influencé la culture du manga et de l'*anime*, notamment dans le domaine du *boy's love*. Il a permis l'émergence de nouvelles créations qui étudient les relations entre les hommes de manière sensible et réaliste. L'adaptation du manga en film d'animation a également permis d'élargir son public.

Doukyusei dépasse largement le simple thème de l'amour. Il s'agit d'une exploration approfondie des émotions humaines, de l'identité et des liens. Grâce à sa manière réaliste et à son style artistique original, il continue de captiver le cœur de nombreux lecteurs à travers le monde. Qu'il s'agisse de son récit touchant ou de ses personnages attachants, *Doukyusei* demeure une œuvre incontournable pour ceux qui sont passionnés par les histoires d'amours adolescentes. Il est fréquemment mentionné que *Doukyusei* est un exemple de la façon dont le *boy's love* peut aborder des sujets sérieux et émotionnels. Il a permis l'émergence d'autres créations qui visent à représenter des relations entre hommes de manière authentique et respectueuse.

Doukyusei est une œuvre émouvante qui aborde des sujets universels avec sensibilité et profondeur. C'est une lecture incontournable pour ceux qui aiment les récits d'amour authentiques, car ce manga représente de manière réaliste les relations adolescentes et explore les émotions humaines.

Priscilla RECULARD

Couvertures françaises de la duologie *Blanc* qui correspond aux tomes 7 et 8 de la série.

Affiche promotionnelle japonaise du film d'animation réalisé par Shoko Nakamura.

HIDAMARI GA KIKOERU - ENTENDS-TU LE CHANT DU SOLEIL ?

« Ce n'est pas ta faute si tu es malentendant ! »

Dans un tourbillon d'émotions, *Hidamari ga Kikoeru - Entends-tu le chant du soleil ?* bouleverse le cœur des *lecteurices* tout autant que celui des personnages. Une romance en hommage à la différence qui montre à quel point être à l'écoute de l'autre ne passe pas forcément par le dialogue.

Mangaka : Yuki Fumino

Traduction : Aline Kukor, Angélique Mariet & Laurie Asin

Année VO/VF : 2013/2016

Éditeur VF : Hana

Statut publication VO : 8 tomes (en cours)

Statut publication VF : 7 tomes (en cours)

Érotisme :

Contenu sensible :

Rendu sourd par une maladie, Kôhei est un étudiant solitaire. Ayant du mal à suivre les conversations, souvent incompris, il a appris à prendre ses distances vis-à-vis des autres. Mais un jour, alors qu'il s'est éloigné pour manger tranquillement son bento, un étudiant tombe du ciel juste à côté de lui ! Il s'agit de Taichi, un garçon jovial, spontané, souvent affamé et particulièrement bruyant, qui est tout son opposé. D'un commun d'accord après quelques rencontres, Taichi commence à prendre des notes en cours pour aider Kôhei. En échange de quoi, ce dernier lui prend en charge ses repas du midi. Un job que Taichi n'exécute pas de façon rigoureuse mais qui permet à Kôhei de se rapprocher de cet étudiant dont la franchise l'a touché en plein cœur.

À l'image de ses couvertures tout en douceur, *Hidamari ga Kikoeru - Entends-tu le chant du soleil ?* est une romance *slow burn** poétique tout en ayant plusieurs épisodes dramatiques dans son intrigue. La rencontre entre Kôhei et Taichi marque un tournant dans leurs vies respectives. Kôhei s'est refermé sur lui-même suite à la perte d'une partie de son audition. Sa différence lui apparaît comme une barrière infranchissable et il ne cherche plus à résoudre cette difficulté de communication. Sans être réellement banni de la société, il a choisi de se mettre en marge. Taichi lui redonne cette envie de dialoguer avec les autres, de s'intégrer, de fournir des efforts, mais aussi de demander à ses interlocuteurs d'en faire sans en avoir honte. Pour Taichi qui semble au premier abord un étudiant équilibré tant sa joie de vivre est communicative, cette rencontre avec un malentendant va lui donner un objectif de vie. Mais pas seulement. Plus leur relation évolue, plus Kôhei devient pour lui un pilier affectif dont il a terriblement besoin. Taichi a grandi seul, sans affection de la part de ses parents, angoissé par la peur de l'abandon. Alors qu'il se construit en tant qu'adulte, Kôhei fait figure d'un soutien émotionnel qui lui permet d'affronter en confiance les difficultés qu'il rencontre.

Le manga représente avec justesse une société qui n'est pas adaptée aux personnes malentendantes. À plusieurs reprises, le scénario amène le lecteur à prendre conscience des ressentis et des difficultés que celles-ci peuvent vivre au quotidien. Le récit bienveillant amène à la tolérance et à la réflexion pour faire évoluer notre société vers un monde plus inclusif envers les malentendants et, de façon plus générale, les personnes ayant un handicap.

Bien que la *mangaka* ait fait part de son envie de faire évoluer la relation entre Kôhei et Taichi dans l'arc *Au fil des saisons*, la série ne contient à ce jour aucune scène suggestive et aborde, avec douceur, un désir encore timide dans sa concrétisation entre les deux protagonistes.

Page de gauche : couverture française du tome 1 de la trilogie *Limite* (3ᵉ tome de la saga).

En haut, à droite : ouverture japonaise du premier *one-shot* qui ouvre la voie à une saga de huit mangas toujours en cours.

En haut, à gauche : couverture française du deuxième *one-shot*.

Ci-dessus : extrait du *drama* sorti en 2024.

Le *chara-design* aux lignes fluides et arrondies présente des personnages très expressifs. La composition des planches est dynamique avec de multiples points de vue aux plans larges puis très rapprochés, qui basculent de plongées en contre-plongées. Les tomes sont aléatoires dans leur contenu, pouvant aller de 192 pages à 308 pages en fonction des évènements décrits.

La *mangaka* exerce sa carrière avec deux noms de plume : Yuki Fumino pour toutes ses productions artistiques *boy's love* et Yuki Akaneda pour celles qui ne le sont pas, dont le manga *Tant que nous serons ensemble*, disponible en France aux éditions Akata. Comme de nombreuses *mangaka* de *boy's love*, Fumino a commencé sa carrière en faisant découvrir son travail dans des *dojinshi**.

Hidamari ga Kikoeru - Entends-tu le chant du soleil ? est une série qui se compose de plusieurs arcs distingués par des sous-titres différents. Le premier *one-shot* est suivi l'année d'après d'un deuxième nommé, *À la poursuite du bonheur*. En 2017, c'est une trilogie sous-titrée *Limite* qui permet de découvrir la suite de la romance entre Kôhei et Taichi. Celle-ci est achevée en 2020. La *mangaka* poursuit l'évolution du couple dans la vie active avec un nouvel arc sous-titré *Au fil des saisons*. Il est en cours de publication au Japon, avec trois tomes à ce jour.

Hidamari ga Kikoeru fait partie des titres les plus vendus de l'éditeur français Hana. Le premier *one-shot* a remporté le tournoi Yaoï du site web Manga News en 2016, alors qu'il était en concurrence avec des séries à succès comme *Doukyusei* et *L'Étranger de la plage*. Au Japon, le tome 3 de l'arc *Au fil des saisons* s'est même hissé à la 23ᵉ place du top Oricon à sa sortie fin mai 2024.

Adapté une première fois en film en 2017 avec Hideya Tawada dans le rôle de Kohei et Akira Onodera dans celui de Taichi (l'acteur a, entre autres, joué le rôle de Yuki Yoshida dans l'adaptation *J-Drama* du *boy's love Given*), le manga est par la suite porté en *J-Drama*, diffusé à l'été 2024 avec cette fois les acteurs Motoki Nakazawa dans le rôle de Kohei et Toranosuke Kobayashi pour celui de Taichi. L'*opening Summer Lion* est réalisé par le groupe de *J-Rock* Flumpool. Cette dernière adaptation, qui comprend 12 épisodes de 24 minutes, reçoit un excellent accueil du public.

Meyra SUDAL

BLUE SUMMER

Notre histoire d'amour a commencé sous un ciel bleu d'été

Avec douceur et bienveillance, *Blue Summer* retranscrit avec justesse et une délicatesse extrême, à l'image de son *chara-design*, les premiers émois, les premiers doutes et les questionnements d'un adolescent qui ne sait plus comment distinguer l'amour de l'amitié..

Mangaka : Nagisa Furuya

Traduction : Laurie Asin

Année VO/VF : 2017/2021

Éditeur VF : Hana

Statut publication VO : 3 tomes (en cours)

Statut publication VF : 3 tomes (en cours)

Érotisme :

Contenu sensible :

C'est grâce à leur passion commune pour le cinéma que Saeki et Wataru sont devenus amis. Les deux lycéens se retrouvent régulièrement après les cours pour se faire une toile et discuter des films qu'ils ont aimés. Un après-midi, Saeki déclare ses sentiments à Wataru. Pris au dépourvu, ce dernier ne sait quoi répondre et accepte simplement la demande de son camarade : l'accompagner faire un pèlerinage sur les lieux de tournage de son film préféré pendant les vacances d'été.

Réunis par l'amour pour le cinéma qui sert de fil conducteur à une intrigue en pointillé, les trois tomes de *Blue Summer* se déroule le temps d'un été. Le premier *one-shot** devient l'introduction d'une romance poétique, toute en sensibilité, qui flirte dans son intrigue avec le drame. Il est suivi d'un diptyque qui témoigne de la transition des deux garçons entre l'adolescence et la vie adulte : d'abord lycéens, puis étudiants. Chaque tome aborde différentes problématiques auxquelles sont confrontés Saeki et Wataru. Amour à distance, désirs physiques, présentation à l'entourage… l'histoire gagne en maturité en même temps que ses personnages grandissent.

Nagisa Furuya est une *mangaka* japonaise spécialisée dans la romance *boy's love* tout public, qui s'est fait connaître en 2005 grâce à ses *dôjinshi* de *Gintama* et *Haikyû!!*

Mangaka régulière du catalogue de la maison d'édition Hana, Furuya connaît rapidement le succès en France dès la

À gauche : couverture française du premier *one-shot*.

Ci-dessous : livret spécial accompagnant la publication du deuxième tome de la saga (exclusif au Japon - en tirage limité non réédité, la couverture est reprise dans sa version EBook).

publication de son premier manga traduit *Les Deux Lions*, qui remporte le tournoi *Yaoi* 2019 du site web Manga News. Dès sa sortie, *Blue Summer* se hisse dans le top 3 des meilleures ventes de l'éditeur français.

L'histoire, qui devait initialement se finir en un tome, remporte un franc succès auprès des *lecteurices*. La *mangaka* redonne alors vie à ses personnages une première fois en 2018, puis à nouveau en 2022. La romance reste longtemps présumée terminée, mais Furuya annonce *via* son compte X une nouvelle suite à la romance entre Saeki et Wataru, en cours de prépublication dans le magazine *Gateau* depuis septembre 2024. Avec quatre tomes en cours prévus, *Blue Summer* devient de fait sa première série longue.

Nagisa Furuya continue de produire des *dôjinshi* en parallèle de sa carrière professionnelle. Elle participe aussi en 2019 à l'*artbook* collectif *BL Creators: Amakute eros na sekai wo egaku 67 BL mangaka*, aux côtés de Zariya Ranmaru et Scarlet Beriko entre autres.

Meyra SUDAL

LOVE MIX-UP

Tout se joue sur un quiproquo

À la façon d'un vaudeville, *Love Mix-Up* s'est rapidement positionné comme une référence incontournable de la comédie romantique *school life boy's love*.

Aoki est amoureux de sa voisine de classe Hashimoto et découvre, en lui empruntant sa gomme, que cette dernière a écrit le prénom d'Ida accompagné d'un petit cœur. Celui-ci est beau, doué en classe et en sport : impossible de rivaliser avec ce camarade de lycée assis juste en face de lui. Déçu, Aoki ne réalise pas qu'il a fait tomber la gomme et que son supposé rival en amour est en train de la ramasser en pensant que celle-ci appartient à Aoki quand il découvre son nom dessus !

Love Mix-Up commence à la façon d'un triangle amoureux inversé, rapidement transformé en quatuor. Les sentiments s'entremêlent entre quatre lycéens dans une histoire qui rend hommage aux premières amours et à la jeunesse. Dans cette comédie romantique *school life**, la narration exploite parfaitement le comique de situation et les quiproquos pour donner un rythme dynamique au récit.

Aoki est la parfaite incarnation de l'ascenseur émotionnel. Irréfléchi, l'adolescent agit sans prendre en compte les conséquences de ses actes et se laisse facilement influencer par son entourage. Aoki et Ida sont le stéréotype d'un couple *grumpy & sunshine** poussé à l'extrême. Aoki révèle un panel d'expressions faciales au fort potentiel comique quand le stoïcisme d'Ida renforce par opposition les situations rocambolesques dans lesquelles ils se retrouvent.

Aruko était précédemment connue du lectorat *shôjo* en France pour le manga *Mon histoire* (disponible aux éditions Kana). Sa collaboration avec Wataru Hinekure est une véritable réussite, qu'elles réitèrent depuis la fin de *Love Mix-Up* dans une nouvelle série composée d'histoires courtes, *Kimagure à la mode.* Prépublié dans le magazine *shôjo Betsuma - Bessatsu Margaret*, *Love Mix-Up* rencontre un énorme succès au Japon dès sa sortie, ce qui permet à la série de prolonger jusqu'à neuf tomes une histoire initialement prévue en cinq. En 2020, le manga reçoit le Grand Prix du Ebook Japan Manga, avant d'être élu en 2022 meilleur *shôjo* lors du 67e Shogakukan Manga Awards.

Le succès est tel qu'en 2021, *Love Mix-Up* est doublement adapté, en *light novel** par le scénariste Hikaru Miyata (les deux tomes sont illustrés par Aruko) et en *J-Drama** avec les idoles Michieda Shunsuke et Meguro Ren dans les rôles respectifs d'Aoki et d'Ida. Il fait aussi l'objet d'une adaptation télévisée en Thaïlande en 2024.

Le dernier tome de la série publiée par Akata fait l'objet d'une édition collector française qui inclut un carnet d'illustrations et quelques *goodies* de papeterie à l'effigie de la série, dont la fameuse gomme à l'origine de ce quiproquo amoureux.

Meyra SUDAL

Ci-contre : couverture française du dernier tome.

Ci-dessous : couverture française du tome 1.

Mangaka : Wataru Hinekure (scénario) & Aruko (dessin)

Traduction : Aline Kukor

Année VO/VF : 2019/2022

Éditeur VF : Akata

Statut publication VO : 9 tomes (terminé)

Statut publication VF : 9 tomes (terminé)

Érotisme :

Contenu sensible :

SASAKI ET MIYANO

L'amour au-dessus des préjugés

***Sasaki et Miyano* est un manga de Shou Harusono parlant de deux garçons qui vont se rencontrer et de la naissance des sentiments entre eux. Débutant en 2016 au Japon, il a été prépublié dans le *Gene Pixiv* tout comme *I Cannot Reach You*. Un manga amenant du réconfort et montrant que l'amour permet d'avancer.**

Mangaka : Shou Harusono

Traduction : Angélique Mariet

Année VO/VF : 2016/2022

Éditeur VF : Akata

Statut publication VO : 10 tomes (en cours)

Statut publication VF : 9 tomes (en cours)

Érotisme :

Contenu sensible :

Si vous voulez un titre mignon, avec des beaux garçons et vous identifier aux personnages en tant que fan de *boy's love*, *Sasaki et Miyano* est parfait pour vous. Il était fortement attendu en France et Akata a réalisé le souhait de nombreux lecteurs avec son arrivée légitime au catalogue en 2022 ! Avec *Sasaki et Miyano*, on se concentre sur l'évolution des sentiments et les ressentis des protagonistes.

Yoshikazu Miyano est un jeune homme complexé par les traits de son visage efféminés et c'est lui-même un fan de *boy's love*. Un jour, voyant son camarade de classe agressé par d'autres élèves, il veut intervenir, mais est secouru par un lycéen d'un an son aîné : Shumei Sasaki. Rapidement, celui-ci va s'intéresser à Miyano.

Sasaki va découvrir la passion de Miyano pour les *boy's love* et, sans préjugés, il lui demande des titres pour découvrir ce genre d'histoire qu'il n'a jamais lu. Une curiosité tout à la fois pour les mangas *BL* mais surtout pour son camarade de lycée qui l'intrigue de plus en plus. Est-ce le commencement d'une histoire d'amour ?

Nous allons suivre Sasaki qui était perçu jusque-là comme un garçon taciturne, tandis que Miyano cache plus ou moins sa passion dévorante pour les *BL*.

Plusieurs thèmes sont abordés à travers les divers personnages et les histoires secondaires qui agrémentent l'intrigue principale du manga : l'amour qui se développe entre Sasaki et Miyano, la découverte et l'acceptation de soi, ainsi que l'identification personnelle envers Miyano, un fan de *boy's love*.

Couvertures japonaise (ci-dessus) et italienne (ci-dessous)

Bien qu'il le nie fortement au début de la série, c'est à travers ses lectures que Miyano trouve des réponses à ses questions et sa sexualité. Un point de vu narratif original et pertinent.

Dans ce titre, la culture *otaku* et le *fandom* manga sont mis en avant. Ce qui fait la force majeure de ce manga auquel lecteurs et lectrices peuvent facilement s'identifier.

Grâce à son succès, *Sasaki et Miyano* s'est décliné en un *anime* de 12 épisodes de 24 minutes qui a, lui aussi, réussi à attirer l'attention des fans. C'est ainsi qu'est né un OAV de 24 minutes et un long métrage d'une heure. Un court métrage de 8 minutes sur Hirano et Kagiura, deux des personnages secondaires du titre, a été présenté, et étant donné son succès, la *mangaka* se propose de raconter leur histoire dans un manga dédié (le *crossover* est en cours de publication en France et au Japon).

Priscilla RECULARD

LA FÉE DES NEIGES

Le miracle d'une rencontre réunissant deux êtres

***La Fée des neiges* est une œuvre qui a réussi à conquérir un large public en raison de la beauté de ses planches et de la douceur des personnages. Le thème de la photographie est parfaitement abordé tout au long de l'histoire, ainsi que la rencontre inattendue de deux protagonistes qui n'avaient aucune attente sentimentale. Une rencontre qui est la plus émouvante de leur vie. .**

Narumi Akihito, photographe animalier, se rend à Hokkaïdo pour saisir des clichés des « fées des neiges » qui sont impossibles à voir. L'hiver étant saisissant, Narumi allait mourir de froid en restant dehors mais il est secouru par Haruki qui lui propose de l'héberger le temps de ses photos. Narumi accepte en se proposant pour les tâches ménagères. De fil en aiguille, le rapprochement entre les deux va se faire au point que des sentiments vont apparaître.

Narumi est un fan de photographie. Son amour pour son métier transparaît tout au long des pages et donne envie de s'intéresser à cet art. D'ailleurs, il apprend à Haruki à se servir d'un appareil argentique pour faire des photos. La structure même du manga reprend des clichés de la photographie. La *mangaka* joue avec les points de vue même à l'intérieur des cases de son histoire. Il est possible de découvrir des effets miroirs qui ne diffèrent en rien des photographies pouvant être faites dans la vie.

Haruki est réservé, vit seul dans sa maison, alors que Narumi est une personne extravertie, vivant dans une grande ville. Cette différence fait la force du titre car Haruki se montre très distant avec Narumi. Il ne supporte pas qu'on entre dans son espace personnel et qu'on le touche. Le photographe va réussir à trouver l'équilibre, les mots ainsi que les gestes pour mettre en confiance Haruki.

De plus, comme *La Fée des neiges* met en scène des hommes adultes, cela offre un changement bienvenu. Ceux-ci sont autonomes et savent faire part de leurs peurs et de leurs aspirations sans détour.

Au bout du récit, l'auteur explique enfin ce qu'est la fée des neiges.

Par ailleurs, le sujet de l'amour entre deux hommes est abordé, et un superbe exemple du côté naturel de ces sentiments est donné dans le manga avec deux cygnes mâles épris l'un de l'autre.

Priscilla RECULARD

Éditions espagnole (à gauche) et japonaise numérique (à droite)

Mangaka : Tomo Serizawa

Traduction : Angélique Mariet

Année VO/VF : 2021/2023

Éditeur VF : Hana Éditions

Statut publication VO : 1 tome (terminé)

Statut publication VF : 1 tome (terminé)

Érotisme :

Contenu sensible :

CHERRY MAGIC

Quand la magie se mêle à la virginité !

Cherry Magic **a su trouver son public en jouant avec la légende urbaine qui dit qu'une personne vierge à 30 ans devient télépathe. Ce titre de Yuu Toyota n'était au départ que quatre planches parues sur Twitter à l'époque. Il est devenu un manga qui utilise les codes de la romance avec humour et bienveillance. La douceur et la mise en place d'une relation saine ont fait son succès.**

Mangaka : Yuu Toyota

Traduction : Amira Zegrour

Année VO/VF : 2018/2023

Éditeur VF : Akata

Statut publication VO : 14 tomes (en cours)

Statut publication VF : 7 tomes (en cours)

Érotisme :

Contenu sensible :

Adachi, un homme âgé de 30 ans, supporte une grande pression au sein de son entreprise et se dévalorise lui-même : il se sent peu sûr de lui, réservé et minable. Cependant, une légende urbaine raconte qu'on développe un pouvoir magique si on est vierge à 30 ans et c'est son cas ! Il peut désormais lire les pensées des personnes qui le touchent. Une nouvelle angoisse car ce n'est pas évident de se retrouver avec tous ces « bavardages mentaux ». Et cela devient plus perturbant encore quand il découvre ainsi que son collègue, le beau et brillant Kurosawa, a le béguin pour lui !

De par son résumé, *Cherry Magic* attire l'attention en mêlant légende urbaine et romance. D'ailleurs, la *mangaka* se sert habilement de ces pouvoirs psys pour multiplier les situations cocasses, tout en conservant une grande douceur. C'est même appréciable de voir dans certains tomes que les interactions liées aux pouvoirs d'Adachi ont été écrites en rose pour les distinguer du reste. Adachi a un ami qui est dans le même cas de figure que lui mais qui ne veut pas avouer qu'il est vierge. L'autrice nous fait ainsi comprendre qu'un couple secondaire peut se former à mesure que l'histoire progresse.

Malgré le côté peu assuré d'Adachi, nous arrivons à nous attacher à lui. Sa rencontre avec Kurosawa et le fait de connaître les intentions de son collègue l'amène à se questionner sur le sens des sentiments amoureux, tout en restant méfiant face à autant de sincérité. Kurosawa réussit à gagner la

En bas : promotion de l'adaptation en série thaïlandaise

Ci-dessous : couverture du dernier numéro paru au Japon

confiance du trentenaire tout en étant bienveillant, respectueux du protagoniste. Intégrer des codes scénaristiques classique à la romance *school life* dans un récit *love office*, donne un ton plus chaleureux et adulte au récit.

Le manga comporte 14 tomes et se poursuit toujours au Japon. Vu son succès, une adaptation animée de 12 épisodes est sortie en 2024 La même année, un long métrage d'animation d'une heure est sorti. L'autrice a fait savoir sur Twitter qu'elle avait donné une partie de ses droits d'autrice à l'association *Mariage pour tous les Japonais*. Des adaptations en *drama* japonais et thaïlandais avaient déjà vu le jour en 2020 et 2023.

Priscilla RECULARD

I CANNOT REACH YOU

La découverte des premiers sentiments

I Cannot Reach You est le premier _BL_ de Kana qui veut relancer son catalogue _shôjo_. C'est une romance lycéenne drôle et remplie de moments forts et mignons. Ici la peur d'avouer ses sentiments se mêle à l'envie de préserver une amitié forte.

Couverture japonaise du tome 8.

I Cannot Reach You repose une fois de plus sur des personnalités contraires mais complémentaires. Kakeru et Yamoto sont amis, mais un jour, Kakeru demande à Yamato s'il est amoureux de quelqu'un. C'est alors que son ami prononce son nom. Comment réagir à cette révélation ? L'amitié va-t-elle laisser la place à l'amour ?

Ce titre a été sélectionné par Kana pour introduire le *BL* (*boy's love*) dans son catalogue. Avec huit tomes et toujours en cours de publication au Japon, ce titre met en avant l'acceptation de soi et la bienveillance. La *mangaka* aborde de manière frontale les sujets de l'amitié, l'amour, tout en respectant le point de vue de chaque personnage principal. Le récit nous montre une construction pure et douce des sentiments des héros et de leurs évolutions tout en gardant des « codes » propres au *shôjo* : la peur d'avouer ses sentiments, la maladresse, deux amis d'enfance, sans oublier la fameuse sortie scolaire permettant d'éveiller l'envie de se rapprocher de la personne aimée.

Yamato est l'élève studieux par excellence et froid avec tout le monde sauf avec Kakeru qui, à l'inverse, est jovial et ami avec toute la classe. Nous retrouvons ce qui plaît au lectorat sur ce genre de titre : la douceur, la lenteur pour la mise en place des sentiments. Cela reste deux garçons maladroits qui doivent apprendre à assumer ce qu'ils peuvent ressentir et à affronter la société. Leurs amis sont présents pour les aider quand ils demandent des conseils.

Ce titre a été adapté en *drama* japonais en 2023 et est disponible sur Netflix. Cette série se compose de huit épisodes de vingt minutes chacun.

En ce qui concerne les dessins, il est évident que leur simplicité demeure, mais le lecteur a la possibilité de découvrir plusieurs expressions des personnages principaux qui permettent de comprendre leurs pensées. Kakeru se pose la question de savoir ce qu'il peut ressentir envers Yamato, mais il n'est pas sûr de savoir comment le faire comprendre à son meilleur ami.. Il s'agit d'une romance traditionnelle mais avec les subtilités nécessaires pour décider s'ils veulent aller plus loin, au risque de compromettre leur amitié.

Un scénario classique d'homo-romance *school life* à la retranscription moderne. La *mangaka* se concentre sur le développement des émotions et des sentiments des personnages, même si certaines scènes laissent entrapercevoir au fur et à mesure des tomes une petite tension sexuelle entre les protagonistes, pour le plus grand bonheur des fans de *BL*.

Priscilla RECULARD

Mangaka : Mika
Traduction : Aline Kukor
Année VO/VF : 2018/2022
Éditeur VF : Kana
Statut publication VO : 8 tomes (en cours)
Statut publication VF : 4 tomes (en cours)
Érotisme :
Contenu sensible :

WHAT DID YOU EAT YESTERDAY?

Extrait de l'adaptation *live action* de *What did you eat yesterday?*, saluée par la critique et le grand public.

Le bonheur ? Des petits plats cuisinés avec amour.

Véritable guide culinaire de la cuisine du quotidien, *What Did You Eat Yesterday?* est tout simplement une œuvre monumentale parmi les mangas d'homo-romance actuels. Une ode à la vie, à l'amour, à la famille et aux amis mais surtout : aux papilles !.

Couverture du tome 1. L'édition française comprend deux tomes japonais par volume.

Mangaka : Fumi Yoshinaga

Traduction : Guillaume Mistrot

Année VO/VF : 2007/2024

Éditeur VF : Soleil

Statut publication VO : 23 tomes (en cours)

Statut publication VF : 4 tomes (en cours)

Érotisme :

Contenu sensible :

Shirô Kakei travaille dans un cabinet d'avocat où il parle parfois des petits plats qu'il prépare le soir. Tous sont convaincus que si Shirô est pressé de rentrer chez lui, c'est pour rejoindre sa fiancée et partager avec elle un bon repas. Mais à son domicile, l'avocat est en réalité accueilli par Kenji Yabuki, son compagnon de longue date. Les journées se suivent mais ne se ressemblent pas, sauf quand autour d'un repas les deux hommes échangent sur les petits tracas du quotidien.

*Slice of life** culinaire, le manga est un hommage à la quiétude d'une vie simple dans les aléas de notre monde moderne. Shirô et Kenji constituent au fil des pages un témoignage touchant de la vie d'un couple gay dans le Japon des années 2000. Les chapitres, indépendants les uns des autres, racontent des anecdotes du quotidien accompagnées de plats tout aussi ordinaires. La *mangaka* agrémente son récit de conseils culinaires qui donnent envie au lecteur de passer en cuisine.

Le *chara-design* aux lignes nettes ne s'encombre pas de superflu et représente avec réalisme la diversité des physionomies. Il s'oppose à une représentation détaillée, presque photo-réaliste, des plats dégustés.

Fumi Yoshinaga commence sa carrière dans le *dôjinshi**. Ses mangas s'adressent à un lectorat varié (*seinen*, *josei*, *shôjo*...) et affirment une préférence pour l'homo-romance dans leurs scénarios. Connue en France pour le manga *Le Pavillon des hommes* (aux éditions Kana), elle prépublie depuis fin 2024 une nouvelle série en parallèle de *What Did You Eat Yesterday?* Toujours en cours dans le magazine *Morning*, le manga compte 23 tomes à son actif, dont les sorties font régulièrement partie du top 10 au classement Orion, décrochant même la première place des mangas les plus vendus en mai et octobre 2023 pour les tomes 21 et 22. En 2019, le manga remporte le prix du meilleur *seinen* au 43e prix Kodansha Manga Awards. Il est publié en France chez Soleil dans leur collection Gourmet en édition double.

Adapté en *J-Drama** de deux saisons et un *SP* [1], le manga est porté au cinéma avec les mêmes acteurs dans une nouvelle adaptation en novembre 2021. On retrouve au casting deux grands acteurs du cinéma nippon, Hidetoshi Nishijima (*Doll*, *La Voie du serpent*) dans le rôle de Shirô et Seiyo Uchino (connu du lectorat manga pour son rôle de Van Hohenheim dans les deux *live action* de *Fullmetal Alchemist*) dans celui de Kenji.

Meyra SUDAL

1 Dans la production télévisuelle, l'appellation *SP* correspond au format Tanpatsu. Il s'agit la plupart du temps d'un épisode spécial (*SP*) unique, pouvant aller dans de très rares cas jusqu'à trois épisodes, d'une durée moyenne qui varie entre 90 et 120 minutes. Beaucoup plus longs qu'un épisode de *J-Drama* (d'une durée moyenne de 45 à 60 minutes par épisode), ils ne sont pas considérés comme un film. Les *SP* clôturent souvent un *J-Drama*.

UN COMPTABLE À LA COUR

Quand *isekai* et *boy's love* se mélangent !

Un comptable à la cour est à la base un _light novel_ de Yatsuki Wakatsu. Forte de son succès même si elle est toujours en cours, l'œuvre a été adaptée en manga par Kazuki Irodori, et le côté moderne du dessin a su séduire le lectorat. Ajoutez de l'action, de la romance ou encore des intrigues de cour, c'est le _boy's love_ du moment !

Akata a fait fort en sortant dans son catalogue son premier *isekai boy's love*. Au Japon, *Un comptable à la cour* a été prépublié dans le *B's-Log Comics*, un magazine à l'intention des femmes adultes principalement. Ce titre nous parle de Seichiro qui est un trentenaire banal, exemple parfait du *salaryman* japonais. Il travaille les jours de congé, le repos lui est inconnu et le *burn-out* le guette. Cependant, il va venir en aide à une femme se faisant happer dans un vortex et le voici dans un « autre monde ». Il va y mettre en pratique ses qualités de comptable au service de la cour car il a demandé à travailler. Cela est apprécié d'Aresh, le capitaine des chevaliers qui est surnommé le prince de glace.

Très prometteur, Yatsuki Wakatsu fait fort en « critiquant » la mentalité de Seichiro. En effet, à la limite du *burn-out* dans son monde, il se replonge dans le travail dans « l'autre monde » au point d'abuser des potions qui auraient pu lui coûter la vie. C'est intéressant de pointer du doigt cette méthode de travail qui n'apportera rien de bon.

Aresh le sauve de cette mort mais pour dissiper les effets, ils doivent coucher ensemble. Seichiro ayant ingurgité des potions pour garder son énergie, les effets secondaires peuvent amener à une mort et/ou à une forte excitabilité qu'il faut dissiper, *via* quelques sessions de « sport en chambre. » Est-ce que cela arrive vite par rapport à l'histoire ? À chacun d'en juger mais il ne faut pas oublier que nous restons dans un *isekai*. Les éléments sur le nouveau monde sont rapidement introduits mais permettent de comprendre les aspects de l'univers où va évoluer Seichiro.

Dans cette relation naissante, on va découvrir un Seichiro qui va faire un peu plus attention à sa santé car Aresh va y veiller et un Aresh qui va être moins distant qu'à l'accoutumée. Le « prince de glace » ne paraît pas indifférent à Seichiro. Une histoire de romance avec un protagoniste masculin irréprochable, c'est atypique. S'adressant à un lectorat adulte, la romance s'accompagne de quelques scènes qui laissent suggérer les relations charnelles entre les personnages, mais celles-ci ne sont pas détaillées graphiquement. La romance et les sentiments des protagonistes sont principalement développés par le manga, à la place de scènes érotiques sans doutes plus explicites dans le *LN*.

Un comptable à la cour va prochainement connaître une adaptation animée. Pour l'heure, nous attendons davantage d'informations mais cette nouvelle a ravi les fans.

Priscilla RECULARD

Couverture japonaise du tome 5.

Mangaka : Yatsuki Wakatsu, Kazuki Irodori, Kikka Ohashi

Traduction : David Pollet

Année VO/VF : 2020/2024

Éditeur VF : Akata

Statut publication VO : 6 tomes (en cours)

Statut publication VF : 3 tomes (en cours)

Érotisme :

Contenu sensible :

LE CŒUR DE THOMAS

« Ceci est mon amour pour toi. Ceci est le battement de mon cœur [1] »

Il n'y a pas assez de superlatifs pour décrire *Le Cœur de Thomas*. Œuvre incontournable dans la biographie d'une *mangaka* d'exception, ce récit est un classique dont les thématiques modernes ont traversé les années sans une ride.

Mangaka : Moto Hagio

Traduction : Ryoko Sekiguchi (pour Kazé) & Miyako Slocombe (pour Akata)

Année VO/VF : 1974/2012

Éditeur VF : Kazé (première édition qui n'est plus disponible) / Akata

Statut publication VO : 1 tome (terminé)

Statut publication VF : 1 tome (terminé)

Érotisme :

Contenu sensible :

En ce lundi matin où brille la dernière neige qui marque le début du printemps, le pensionnat Schlotterbetz est secoué par une terrible nouvelle. Thomas Werner, élève de 7e année, est décédé à la suite d'une chute. Il était apprécié de tous, les pensionnaires sont bouleversés par cette annonce. Alors qu'il encaisse l'information, Julusmole Bayhan (surnommé Juli) reçoit une lettre de Thomas postée le matin même de son décès. Il y avoue s'être donné la mort par amour pour lui. Bouleversé, Juli prend conseil auprès de son ami de chambrée Oscar Reiser, qui le convainc de ne rien dire. Juli éprouve des difficultés pour tourner la page, difficultés accentuées lorsqu'un nouvel élève du nom d'Eric Frühling intègre Schlotterbetz. Sa ressemblance troublante avec le défunt Thomas perturbe et agace Juli. Entre les deux élèves commence alors une relation à la fois ambiguë et destructrice.

Moto Hagio développe au cœur d'un *school life** tragique l'évolution des sentiments de jeunes garçons, à l'aide d'une narration poétique. D'une grande sensibilité, *Le Cœur de Thomas* met en scène dans un pensionnat allemand de multiples intrigues familiales et amoureuses, tout en ayant en trame de fond le suicide de Thomas. Cet acte extrême fait suite à une dépression amoureuse et peut heurter par son sujet les lecteurices sensibles.

Eric est décrit comme le strict opposé de Thomas. Celui-ci n'est présenté qu'à travers les souvenirs des personnages dans une retranscription idyllique, qui devient angélique au fil des pages. Eric refuse catégoriquement qu'on l'associe à cet élève décédé qu'il n'a jamais connu. Son personnage est toujours en pleine révolte par rapport aux évènements qu'il vit ; il incarne l'adolescent tumultueux en quête de repères et faisant fi des convenances. Il est guidé par celui d'Oscar. Le jeune homme qui vit sa scolarité un peu en marge des règles strictes du pensionnat endosse à plusieurs reprises le rôle de mentor. Tous deux sont attirés de façon très différente par Juli, dont les réels sentiments restent de l'ordre de l'intime jusqu'au dénouement final à la forte tension dramatique.

Dans un tumulte d'émotions, l'amour pur de l'enfance se voit brisé par l'arrivée à l'adolescence des désirs adultes, par des violences verbales, physiques, et des relations abusives. Mais aussi par la pression d'une société moralisatrice, en lien avec son époque. Juli va trouver la rédemption à travers l'amour qu'il reçoit de ses compagnons. Paradoxalement, Moto Hagio emploie des métaphores qui font référence aux dogmes de la religion catholique, alors même que l'Église chrétienne n'est pas en faveur des relations homosexuelles. La *mangaka* met en avant à travers ce récit un message d'amour qui transcende le genre et la foi.

Le trait fin du dessin et les planches d'une douceur et d'une sensibilité à fleur de peau accentuent la mélancolie qui ressort de la narration. Plusieurs scènes d'un noir profond font ressortir le désespoir et les sentiments torturés des personnages. Le trait rond du *chara-design* accentue les lignes juvéniles des visages d'où se détachent des

1 Citation extraite de l'édition Kazé publiée en 2012 et traduite par Sekiguchi Ryoko.

regards extrêmement détaillés à la forte expressivité.

Pionnière du *shôjo manga* et de l'homo-romance, Moto Hagio aborde dans l'ensemble de ses œuvres des thématiques avant-gardistes dont les sujets sont toujours d'actualité. À une époque où peu de femmes exerçaient la profession de *mangaka* (ou tout simplement pouvaient travailler et mener une vie autre que celle de femme au foyer), Moto Hagio fait partie avec d'autres pionnières du manga féminin du « Groupe de l'an 24 » [2].

Diffusé à partir de 1964, le film français de Jean Delannoy *Les Amitiés particulières*, lui-même adapté du roman de Roger Peyrefitte, est une révélation qui inspire à Moto Hagio un récit torturé, *Le Cœur de Thomas*. Cette série qu'elle dessine d'abord sans penser à la publier, la *mangaka* va l'utiliser pour intégrer une première fois deux de ses personnages dans une histoire courte, *Le Pensionnat de novembre*. Elle profitera de la demande de son éditeur Shogakukan qui veut concurrencer *La Rose de Versailles*, pour lui soumettre la série. Moto Hagio a dû faire preuve de persévérance pour maintenir la publication du manga dans les pages de son magazine. Les votes de popularité la plaçaient en effet souvent en bas des classements. Mais à force de négociations avec son éditeur, la *mangaka* a pu mener son histoire jusqu'au dénouement.

En 1998, *Le Cœur de Thomas* est librement adapté en film par le réalisateur Shusuke Kaneko (connu du lectorat manga pour avoir porté au cinéma *Death Note* [3]), sous le titre *Summer Vacation 1999*. Les quatre rôles principaux, bien évidemment tous masculins, sont interprétés par des actrices redoublées pour trois d'entre elles par des hommes. Une atypique démultiplication de l'inversion des genres. Le film a par ailleurs été primé au Yokohama Film Festival de 1989 avec les prix du meilleur réalisateur et du meilleur directeur de la photographie (Takama Kenji).

Page de gauche : couverture de la première édition française chez Hazé.

Extrait de l'adaptation en film du manga *Le Cœur de Thomas*, où les quatre protagonistes masculins sont interprétés par des femmes.

Moto Hagio devient une autrice phare de la collection Héritage des éditions Akata, après avoir ouvert la collection en 2023 avec *Le Clan des Poe*. Après plusieurs années de rupture de stocks, *Le Cœur de Thomas* sera à nouveau disponible courant 2025 auprès des lecteurs français. La réédition, basée sur la *premium edition* japonaise, comprend une version restaurée, toutes les pages couleurs d'origine, et deux nouvelles illustrées, *Hômonsha* et *Kohan kite*, spin-off officiels de la série.

Meyra SUDAL

Couverture de l'édition japonaise.

2 Pour plus d'informations sur le « Groupe de l'an 24 », se reporter à l'introduction de l'homo-romance page 13.

3 *Death Note*, 2006 : https://www.imdb.com/fr/title/tt0758742/?ref_=nm_flmg_knf_t_1
Death Note 2 : The Last Name, 2006 : https://www.imdb.com/fr/title/tt0810827/?ref_=nm_flmg_knf_c_4

DES LIMITES QUI VOLENT EN ÉCLATS

Initialement cantonnés au *shôjo*, les mangas d'homo-romance s'émancipent et brouillent les frontières restrictives que certains éditeurs et lecteurs tentent de leur imposer.

L'homo-romance est un genre apprécié autant par un lectorat féminin que masculin. Souvent publiée dans des collections qui lui sont dédiées et fortement associées au *shôjo manga*, elle souffre d'une appréhension des lecteurs néophytes. Une crainte remise en question ces dernières années.

Quand le *mangaka* Kaito publie le premier chapitre de son *shônen Blue Flag* (voir p. 191) en mars 2017, celui-ci fait l'effet d'une bombe par son triangle amoureux* inversé ! Un schéma fortement repris depuis, mais atypique à l'époque pour le magazine de prépublication *Shônen Jump +*. Le manga a rapidement su bouleverser par l'authenticité des sentiments décrits de nombreux *lecteurices* internationaux non habitués aux homo-romances. Définir ce manga *school life** comme un *boy's love* n'était pas une préoccupation des lecteurs qui se sont approprié tout au long de la publication des sentiments amoureux sans distinction de genre. La conclusion toute en subtilité de ce *shônen* de romance a su surprendre et émouvoir, à l'image de l'ensemble de son intrigue.

Blue Flag est un exemple parmi tant d'autres. L'homo-romance s'est invitée dans toutes les lignes éditoriales au cours des dernières années. Interpellant les lecteurs là où ils ne l'attendaient pas.

La pression des influenceurs littéraires sur les réseaux sociaux (*bookstagram* et *booktok* particulièrement) influe sur l'évolution des catalogues des maisons d'édition qui sont attentives aux retours de leur lectorat. De plus en plus, les *lecteurices* sont en demande de récits inclusifs, notamment en ce qui concerne la romance. La génération internet ne se reconnaît pas dans le modèle

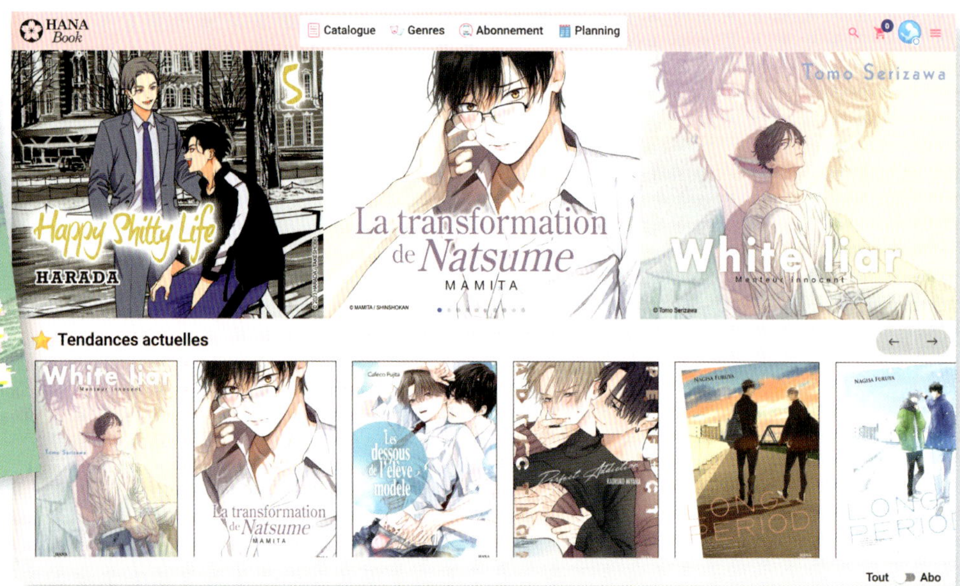

Page de gauche : à gauche, *Internet Love*, le premier *BL* officiel de Glénat. À droite, les éditions Hana en partenariat avec l'éditeur japonais Kaiôhsha proposent un service d'abonnement qui permet de découvrir chaque mois et à moindre frais des nouveautés *boy's love*.

Ci-contre : à gauche, le site de vente en ligne des éditions Hana. À droite, le best-seller japonais *Minato's Coin Laundry* rejoint le catalogue des éditions Véga-Dupuis.

traditionnel du couple hétérosexuel, ayant comme finalité l'union matrimoniale et la conception d'enfants. Une mixité de cultures, de genres, de religions… est attendue dans leurs lectures, en faveur d'une représentation plus variée et tolérante de notre monde.

Cette attente se retrouve dans l'ensemble de la production littéraire et finit par se ressentir chez les éditeurs de mangas. Les schémas précédemment établis sont bousculés. Une question se pose : peut-on en 2025 s'affranchir de la diversité, en maintenant une *genrification* de la romance au sein des maisons d'édition ?

Plusieurs éditeurs français sont connus pour leurs publications de *boy's love*, allant de l'homo-romance à des contenus plus érotiques. Certains ont même réservé des catalogues uniquement au *BL*. Ceux-ci et les œuvres qu'ils publient sont souvent mis en avant ces dernières années à travers des réseaux sociaux où les *lecteurices* partagent leur passion, revendiquant l'appartenance à une communauté *BL*. La publication d'homo-romance accompagne la popularisation du *boy's love* érotique, fortement mise en avant dans le paysage éditorial français des dernières années.

Cette exposition au *BL* du lectorat n'est pas passée inaperçue des groupes éditoriaux français qui se sont rapidement saisi du sujet.

L'année 2024 a marqué un tournant en France, avec pas moins de quatre éditeurs non historiquement de *BL*, qui revendiquent dans leurs campagnes marketing une nouvelle licence *boy's love*.

Même si le groupe Delcourt (qui comprend la maison d'édition Delcourt Tonkam) peut s'associer au *BL* dans l'esprit des lecteurs de la première heure (voir p. 62), cette gymnastique est moins commune pour les éditions Soleil manga. Elles ouvrent le bal en janvier en publiant dans leur collection Gourmet un véritable *hit* du top Oricon, *What Did You Eat Yesterday?* (voir p. 30).

Après un premier *girl's love* en 2019, *Bloom into You*, Kana poursuit sa volonté de diversification de la romance de sa collection *shôjo*. Sorti en mai, *I Cannot Reach You* (voir p. 29) fait l'objet en amont d'une communication importante de l'éditeur, insistant sur l'ouverture au *boy's love* de son catalogue. Une communication qui laisse imaginer d'autres séries à venir si le lectorat répond présent et que les ventes suivent.

Au printemps, Glénat annonce la sortie pour novembre de son premier *boy's love*. Le *one-shot* de Kiko Urino, *Internet Love*, est la deuxième œuvre de la *mangaka* traduite chez eux, mais la première homo-romance de l'autrice. L'éditeur qui possède déjà dans son catalogue deux anthologies de Moto Hagio les réédite en janvier de la même année à l'occasion de la venue au festival d'Angoulême de la *mangaka*. La communication avait alors été moins centrée sur l'homo-romance que contenaient certains récits que sur l'aspect patrimonial de l'anthologie. Avec *Internet Love*, Glénat affirme proposer au cœur de sa ligne éditoriale une romance accessible à tous, qui cible un lectorat plus grand que celui du *shôjo* et du *BL*.

Après une annonce fin 2024, c'est cette fois Vega-Dupuis qui publie en janvier 2025 le premier volume d'une série toujours en cours avec cinq tomes au Japon, *Minato's Coin Laundry*. Scénarisée par Yuzu Tsubaki et illustrée par Sawa Kantsume, la série a déjà eu une histoire annexe publiée en *light novel* et une adaptation en *J-Drama* de deux saisons de 12 épisodes chacune. À leur sortie, les tomes 4 et 5 se sont hissés dans le top Oricon des meilleures ventes de la semaine. Vega-Dupuis s'attaque donc à une série déjà considérée comme un best-seller en devenir dans le paysage du *boy's love* japonais.

La visibilité apportée par cet engouement éditorial permet à l'homo-romance de sensibiliser petit à petit un lectorat jusqu'ici pas intéressé par les histoires d'amour de couples du même sexe. Or, si les *lecteurices* sont réceptifs aux propositions récemment faites par les éditeurs, il est possible d'imaginer dans les années à venir que l'homo-romance quitte son statut de genre pour devenir un sous-genre. Avec une présence de plus en plus régulière dans la romance, il est même envisageable qu'elle ne soit plus un jour distinguée de celle-ci.

Meyra SUDAL

DES RÉCITS ENGAGÉS LGBTQIA+

Même si les droits des personnes queer est un sujet universel et bien que les cultures japonaise et française s'attirent mutuellement, elles n'en restent pas moins différentes. Mieux vaut comprendre ces différences pour mieux appréhender ces mangas engagés en faveur d'une meilleure visibilité et d'une compréhension des difficultés actuelles de la communauté LGBTQIA+ [1].

1 LGBT est un sigle utilisé depuis les années 1990 pour Lesbienne Gay Bisexuel Transgenre auquel se sont ajoutés au fur et à mesure des années QIA+ pour Queer Intersexe Asexuel/Aromantique et « + » pour représenter les nombreuses autres identités qui peuvent faire partie de la communauté. Dans ce livre, le sigle évolue en fonction de la période concernée.

Page de gauche : Mizuho Fukushima, présidente du parti social-démocrate japonais, en meeting pour l'obtention du mariage pour tous dans le pays

Contrairement aux idées reçues, la société japonaise était historiquement très tolérante vis-à-vis de certains types de relations homosexuelles entre hommes alors qu'en Europe, celles-ci étaient proscrites, considérées comme un péché par la religion chrétienne.

Par ailleurs, à l'instar des Grecs antiques, la pédérastie [2] était pratiquée au Japon. C'est le moine Kukai, père fondateur de l'école bouddhique Shingon, qui au début des années 800 formalise au sein de ses enseignements cette pratique déjà présente depuis plusieurs années, avec certaines dérives. D'abord cantonnée aux congrégations religieuses, la pédérastie se développe dans la haute société japonaise, puis chez les samouraïs.

En parallèle, ces derniers vont pour certains intégrer la relation homosexuelle à l'éducation et la transmission des valeurs martiales à leurs disciples. Ainsi, les samouraïs ont durant plusieurs années entretenu librement des relations extraconjugales avec des *wakashu* [3]. Les relations entre le shôgun Ashikaga Yoshimitsu (1358-1408) et le fondateur du théâtre nô Zeami (Kanze Motokiyo, 1363-1443), ou encore celle qui unissait le seigneur de guerre Oda Nobunaga (1534-1582) et son vassal Mori Ranmaru (1565-1582) illustrent le lien puissant et assumé de ses hommes, unis bien au-delà de la simple relation physique qu'ils ont pu entretenir.

Le *danshoku* [4] inspire la production artistique de l'époque, où ces relations homosexuelles sont parfois idéalisées et romancées. Comme dans la biographie romancée de Mori Ogai *Vita sexualis* (1909), où l'auteur décrit les dortoirs des universités qui abritaient des amours homosexuelles entre étudiants. Ou encore à travers la production picturale de Miyagawa Isshô (milieu du XVIIIe siècle), qui représente dans plusieurs de ses peintures des rendez-vous entre samouraï et *wakashu*. L'écrivain et poète de *haïku* Ihara Saikaku (1642-1693) a quant à lui décrit le *danshoku* comme une pratique habituelle dans les milieux populaires dans ses écrits.

Jusqu'au milieu de l'ère Meiji (1868-1912), l'homosexualité masculine n'était donc pas taboue et s'exprimait aussi bien artistiquement qu'elle se pratiquait librement dans la société japonaise.

2 Du grec ancien *paidos* (« enfant ») et *erastês* (« qui aime passionnément »), la pédérastie désigne à l'origine une relation entre un homme adulte et un garçon plus jeune, présente dans plusieurs cultures antiques (Grèce antique, Empire romain, Chine, Japon) et jusqu'à la Renaissance (Italie), qui s'accompagne souvent d'une démarche éducative. Une pratique désormais illégale en raison de la minorité d'un des partenaires.

3 Le mot *wakashu* (若衆) désigne dans son étymologie historique un jeune homme souvent disciple d'un samouraï qui n'est plus un enfant mais pas encore un adulte.

4 Le *danshoku* (男色), littéralement « sexe entre hommes », décrit les rapports physiques entre un homme adulte et un jeune garçon.

Ci-contre : estampe de Miyagawa Isshô représentant un *wakashu* et son maître samouraï.

Les influences occidentales, propagées tel un fléau colonial par les premiers missionnaires jésuites comme François Xavier ou Francisco Cabral [5], apportent avec elles un regard défavorable sur l'homosexualité. Émerge petit à petit l'idée que les relations physiques entre personnes du même sexe sont anormales. Accentué par l'introduction de la médecine occidentale au Japon, qui les considère comme une « maladie », ce basculement, qui a lieu durant l'ère Meiji, va marquer l'histoire sociale et légale du Japon. Dans un mimétisme des modèles juridiques européens et américains, les relations homosexuelles sont proscrites légalement avant d'être criminalisées. Une répression accrue durant laquelle le *wakashudô* persiste malgré tout de façon très marginale dans certains milieux, comme au cœur de l'armée jusqu'au début du XXe siècle, telle une réminiscence des valeurs samouraïs.

Après la Seconde Guerre mondiale, le Japon voit sa structure sociale changer. Et peu à peu, très lentement, l'archipel va aller vers une reconnaissance des minorités sexuelles. L'émeute de Stonewall [6], qui a eu lieu en 1969 aux États-Unis, constitue un point de départ dans l'histoire moderne du mouvement pour les droits des homosexuels à travers le monde. L'année qui suit, plusieurs pays, dont le Japon, voient émerger le sujet de l'homosexualité dans le discours public.

5 Francisco Cabral (1529-1609) était un missionnaire jésuite au Japon entre juin 1570 et 1582. Il travailla activement à la propagation de la foi chrétienne et devint supérieur de la mission fondée par François Xavier. Il est notamment à l'origine de la construction d'église à Miyako (Kyoto) et de la conversion au christianisme du *daimyo* (titre noble assigné aux gouverneurs) de la province du Bungo, anciennement située dans la partie nord-est de l'île de Kyûshû.

6 À New York, le Stonewall Inn était un établissement connu pour accueillir entre autres parmi ses clients des personnes transgenres et travesties. En raison d'un système juridique homophobe, lesbophobe et transphobe, les descentes de police pour atteintes à la pudeur y étaient fréquentes. Mais dans la nuit du 28 juin 1969, les forces de l'ordre perdent le contrôle du raid qu'elles effectuent, ce qui déclenche dès le lendemain une série de manifestations spontanées et violentes dans le quartier de Greenwich Village, afin de faire valoir les droits de ces personnes ostracisées. C'est la naissance du mouvement LGBT. L'année suivante, en la mémoire de ces évènements, ont lieu les premières Marches des fiertés à Los Angeles et New York.

Ci-dessous : émission de téléréalité japonaise où des hommes homosexuels recherchent l'âme sœur.

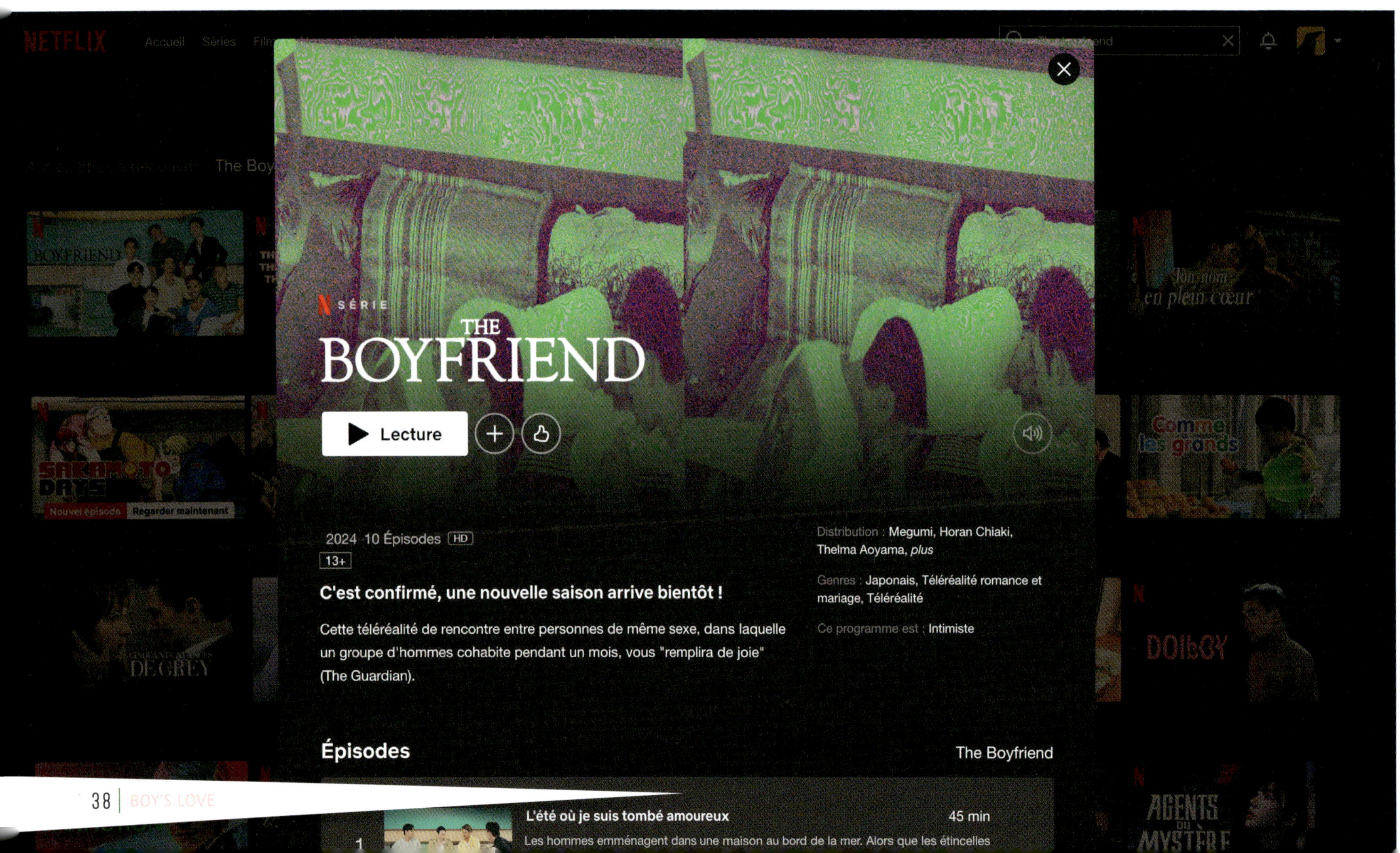

Des magazines destinés aux hommes homosexuels débutent leur publication à partir des années 1970, comme la revue *Barazoku*. Mais il faut attendre 1990 et l'affaire du procès du centre de vacances Fuchu Seinen no Ie pour qu'apparaisse un réel débat aussi bien social que politique sur la question des minorités sexuelles.

Un combat juridique qu'a mené l'association Occur (Groupe des lesbiennes et gays en mouvement) à la suite d'un séjour dans une auberge appartenant à la métropole de Tokyo, un établissement public, donc, où ses membres ont l'habitude de se réunir. Alors qu'elle était tenue jusque-là secrète, les membres décident d'afficher clairement cette fois-ci la dimension homosexuelle de l'association qui réfléchit aux droits humains de la communauté LGBT. S'ensuivit un harcèlement et des injures de la part des autres résidents de l'auberge envers les membres de l'association. Mais surtout un refus de réservations pour les réunions suivantes d'Occur par le gérant de l'établissement, le Comité d'instruction publique de Tokyo. Un refus motivé par des propos homophobes [7]. Occur porte l'affaire devant le tribunal de district de Tokyo et obtient gain de cause en 1994. De ce procès découlent les premières apparitions dans les médias généralistes de personnes qui se revendiquent homosexuelles. Les gays ont alors une image chic, élégante, et sont régulièrement mis en avant dans les magazines féminins.

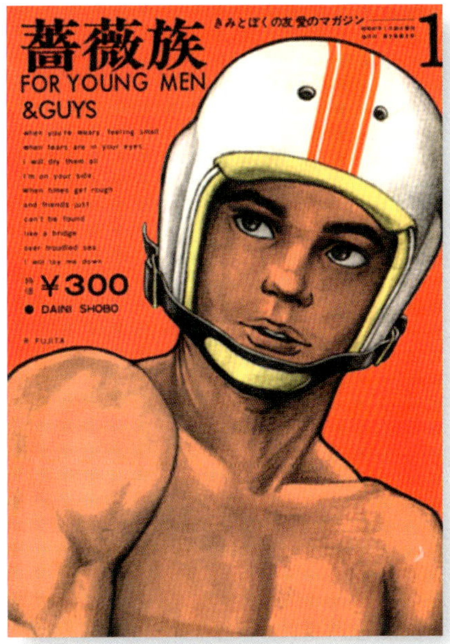

Les premiers magazines gay, à l'origine d'une émancipation et d'une visibilité de la communauté LGBT japonaise.

Jusqu'en 1991, le *Kôjien* [8] définit l'homosexualité comme une « pulsion sexuelle anormale ». Une description qui reste dans les esprits, remise en question par le gouvernement japonais en 1992 quand il exclut l'homosexualité des troubles mentaux, avec le soutien de la prestigieuse Académie japonaise de psychiatrie et de neurologie qui se positionne sur le sujet. Une avancée importante dans la reconnaissance des droits des personnes LGBT, dont la première Marche des fiertés en Asie a lieu au Japon en 1994. Deux ans plus tard, un rapport du comité d'éthique de l'université de médecine de Saitama reconnaît l'existence d'un « syndrome transsexuel » (baptisé ainsi dans son étude). Il préconise l'opération comme traitement approprié. Un premier pas qui conduit le gouvernement japonais en 2003 à adopter une loi sur la dysphorie sexuelle, permettant aux personnes qui remplissent les conditions de changer de sexe à l'état civil.

À ce jour, le pays du Soleil-Levant est le seul membre du G7 à ne pas reconnaître légalement les unions entre couples de même sexe [9]. Mais la mairie de l'arrondissement de Shibuya (Tokyo) annonce en février 2015 la création d'un certificat attestant que la relation entretenue par un couple homosexuel est l'équivalent d'un mariage.

7 Le Comité d'instruction publique de Tokyo a sous-entendu que les membres d'Occur pourraient s'abandonner à des relations sexuelles dans leurs chambres non mixtes et que celles-ci nuiraient à l'éducation saine de la jeunesse. Le jugement rendu et confirmé après appel par la Cour suprême en 1997 est toujours étudié en faculté de droit aujourd'hui. La définition neutre de l'homosexualité formulée par ce jugement, à savoir « une des orientations sexuelles des êtres humains, dans laquelle la conscience sexuelle est orientée vers le même sexe », fait date dans le combat en faveur des droits LGBT.

8 Le *Kôjien* est un dictionnaire japonais, équivalent de notre *Robert*. Ses définitions sont fréquemment citées et il est considéré par les natifs comme le dictionnaire de référence de la langue japonaise.

9 Le premier pays d'Asie de l'Est à légaliser le mariage pour tous est la Thaïlande, en septembre 2024. Les premières unions ont été célébrées à partir du 27 janvier 2025.

Édition française de la biographie romancée de Mori Ogai parue au Japon en 1909.

Cette annonce marque un progrès dans la reconnaissance des droits du conjoint, même si elle n'a concrètement aucune valeur juridique (comme l'union de fait) et n'apporte aucune solution aux problèmes rencontrés comme la transmission d'héritage en cas de décès, la signature d'un bail commun, l'accompagnement au sein des établissements hospitaliers... Si la population japonaise, particulièrement la jeune génération, se montre favorable au mariage pour tous, les partis politiques conservateurs soutenus par des groupes religieux y font obstacle.

L'arrêté pris par les arrondissements de Shibuya et Setagaya à Tokyo en avril 2015 est tout de même aujourd'hui considéré comme une avancée majeure dans l'histoire de la communauté LGBT du Japon.

Kukai, père fondateur de l'école bouddhique Shingon

Neuf ans après, l'arrêté a été instauré dans 459 municipalités, un nombre qui a plus que doublé en deux ans, celles-ci étant au nombre de 219 en juin 2022. Il a permis la délivrance de plus de 7 300 [10] certificats de partenariat civil entre personnes de même sexe.

Mais cette mesure n'est pas encore reconnue à l'échelle nationale à ce jour et conduit en 2019 à une action commune en justice dans cinq circonscriptions. Des couples homosexuels plaident en faveur de la liberté de se marier et de l'égalité devant la loi, toutes deux garanties par la Constitution japonaise en vigueur. En mars et en octobre 2024, la Haute Cour de Sapporo et le tribunal du district de Tokyo ont jugé que « la non-reconnaissance du mariage homosexuel » était inconstitutionnelle. Des décisions de justice qui vont faire évoluer dans les années à venir la législation en faveur du mariage pour tous. En attendant, Disneyland Tokyo et le temple bouddhiste zen Shunkô-in de Kyoto proposent aux couples, quelle que soit leur orientation sexuelle, de célébrer leurs noces. Même si celles-ci n'ont pas de valeur légale.

A contrario, une enquête effectuée en novembre 2015 par l'Institut national de recherches sur la population et la sécurité sociale japonais [11] démontre un certain malaise vis-à-vis de l'homosexualité sur le lieu de travail. Il en ressort que 42 % des salariés trouveraient entre relativement et totalement déplaisant qu'un de leurs collègues se révèle homosexuel. Par ailleurs, plus de 70 % des cadres d'entreprise âgés de 40 à 49 ans ont affirmé qu'ils n'aimeraient pas du tout avoir pour collègue un homosexuel. Une autre étude effectuée en 2016 par la Confédération des syndicats de travailleurs japonais (Rengô) met en exergue que près d'un salarié sur trois serait hostile à l'idée de devoir travailler avec des homosexuels ou des bisexuels. De vives réactions face à l'homosexualité sur le lieu de travail qui conduisent à une crainte du coming out, extrêmement bien retranscrite dans les pages de la duologie *Old Fashion Cupcake* (voir p. 48), prépublié en 2019 dans le magazine *Ihr HertZ* de l'éditeur Taiyô Tosho. Un sujet qui préoccupe autant les associations que les institutions. Dans les grandes villes, où l'acceptation des personnes LGBT est plus marquée, elles réalisent des campagnes de sensibilisation dans les écoles et les entreprises. Une démarche d'information du public au cœur de l'activité de l'organisation Japan Alliance for LGBT qui joue elle aussi un rôle crucial en faveur de la tolérance pour les minorités sexuelles. Une préoccupation reprise ces dernières années dans la presse où le sujet de l'homosexualité au Japon vient régulièrement alimenter les colonnes de la revue littéraire *Bungaku* ou encore celles du journal *Asahi Shimbun*, à travers des articles de fond sur les droits de la communauté LGBT+.

Plus récemment, les médias japonais et les sociétés de production saisissent l'opportunité de renouveler leurs programmes en surfant sur cette vague de communication faite autour de la communauté LGBTQIA+. Ainsi, plusieurs travestis célèbres de l'Archipel font des apparitions fréquentes à la télévision et dans des spots publicitaires, comme Matsuko Deluxe, un personnage féminin créé par un homosexuel travesti au début des année 2000. Ancien rédacteur en chef et écrivain du magazine gay japonais *Badi*, Matsuko Deluxe participe très régulièrement aujourd'hui à plusieurs talk-shows comme *Honma Dekka? TV*.

Après avoir remporté le titre Miss International Queen [12] en 2009, la chanteuse transgenre Haruna Ai enchaîne elle aussi les apparitions télévisuelles.

10 7 351 unions homologuées aux registres municipaux à la date du 31 mai 2024.

11 Le NIPSSR est une institution qui dépend du ministère de la Santé, du Travail et des Affaires sociales. https://www.ipss.go.jp/index-e.asp

12 Un concours de beauté international transsexuel qui se tient chaque année depuis 2004 en Thaïlande.

À droite : une lutte contre l'homophobie et la transphobie au cœur même de la religion, le récit autobiographique du moine bouddhiste Nishimura Kôdô.

Ci-contre : Matsuko Deluxe

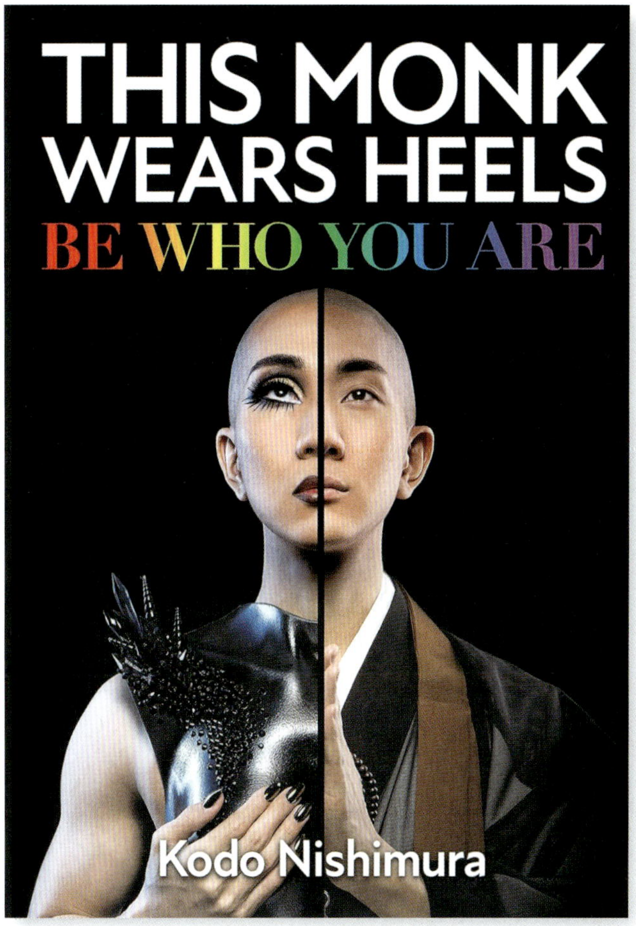

Cette association du divertissement au travestissement n'est pas sans rappeler le théâtre *kabuki*, où les rôles de femmes étaient joués par des hommes. Ou bien la compagnie Takarazuka, véritable institution culturelle qui, inversement, est exclusivement composée de femme interprétant de fait les rôles masculins dans leurs représentations. Mais au-delà de la référence artistique, cette visibilité soudaine soulève la question de la tolérance sociétale vis-à-vis des personnes transgenres.

Le *mangaka* Gengoroh Tagame fait part dans une interview récente de son inquiétude face à la montée de la transphobie. *« En quelques années, les discours transphobes se sont énormément développés, particulièrement via les réseaux sociaux [...]. Le résultat, c'est une haine abrutissante qui a envahi l'espace public et qui est ensuite instrumentalisée à des fins politiques. C'est un peu comme si l'instrument privilégié pour tenter de détruire nos droits LGBTQ+ n'était plus l'homophobie mais la transphobie* [13]. » Un discours qui fait tristement écho à une réalité internationale de montée des propos extrémistes dans le paysage politique de ces dernières années.

Le moine bouddhiste Nishimura Kôdô apporte dans ses mémoires une réponse pleine de sagesse et de philosophie à cette angoisse ressentie. Paru en anglais sous le titre *This Monk Wears Heels: Be Who You Are* (« Ce moine porte des talons : soyez qui vous êtes »), le livre a rencontré un franc succès au Japon lors de sa sortie en 2020. Militant LGBT, victime d'homophobie durant sa scolarité, ne s'identifiant ni au sexe masculin ni au sexe féminin, Nishimura Kôdô est rapidement devenu un porte-parole de tolérance envers la communauté LGBTQIA+. Il souhaite faire évoluer les mentalités à l'égard des LGBT en influant au sein même du bouddhisme. Ses nombreuses apparitions dans les médias, notamment dans un épisode de la série Netflix *Queer Eye: We're in Japan*, lui valent une renommée internationale.

Entre tradition et modernité, l'appréhension de l'homosexualité au Japon ne cesse d'évoluer. Si en matière de visibilité et de droits, les personnes homosexuelles ont conscience des progrès effectués, le chemin est encore long avant l'égalité légale et sociale, que ce soit au Japon ou dans beaucoup d'autres pays.

Un sujet de société dont se saisissent les *mangaka* pour créer des œuvres riches émotionnellement, allant jusqu'à partager pour certains leurs propres expériences de vie, tout en intimité. *Crossdressing*, coming out, homoparentalité, mariage pour tous, transidentité... Quand la fiction interpelle la réalité, la lecture devient aussi instructive que divertissante.

13 Propos recueillis à l'été 2024 par la maison d'édition Akata lors d'une interview exclusive du *mangaka* à l'occasion de la réédition collector du manga *Le Mari de mon frère* (voir page suivante).

LE MARI DE MON FRÈRE

Quand la mémoire d'un défunt consolide les liens familiaux.

Ci-contre : couverture japonaise du tome 3

À gauche : couverture française du tome 1

Le Mari de mon frère fait partie de ces lectures qui ne s'oublient pas. Récompensé par plusieurs prix et encensé par ses lecteurs, le manga est une histoire de famille qui véhicule avant tout un message d'amour et de tolérance.

Mangaka : Gengoroh Tagame

Traduction : Bruno Pham

Année VO/VF : 2015/2016

Éditeur VF : Akata

Statut publication VO : 4 tomes (terminé)

Statut publication VF : 4 tomes (terminé) + 2 tomes édition anniversaire (terminé)

Érotisme :

Contenu sensible :

Divorcé, Yaichi vit seul avec sa fille Kana dont il a la charge. Il voit son quotidien bousculé lorsqu'il reçoit une visite qu'il appréhende particulièrement. Il s'agit de Mike, le mari de son frère jumeau, un canadien barbu à la carrure imposante. Sur la retenue, les deux hommes peinent à exprimer leurs pensées tant les différences culturelles entre eux sont importantes. Leur rencontre aurait pu s'achever rapidement mais l'arrivée de Kana dans leur discussions va désamorcer la situation. Pleine de vie, la petite fille accueille naturellement cet oncle qu'elle rencontre pour la première fois et l'invite même à rester chez eux le temps de son séjour. Commence alors une cohabitation qui amène Yaichi à revoir sa façon de penser.

Tout en douceur, ce *slice of life** familiale apporte un regard sain et décomplexé sur l'homosexualité. Gengoroh Tagame déconstruit à travers les réflexions de la petite Kana les clichés d'une société encore homophobe dans sa façon d'appréhender une personne homosexuelle. Grâce à la naïveté et l'insouciance d'une enfant, le lecteur se remet en question sur ces propres préjugés. Une gentille critique de ces petites réflexions courantes, à première vue innocentes mais malheureusement encore trop intolérantes.

L'honnêteté de Mike combinée à la joie de vivre de Kana insuffle un sentiment de douceur tout au long de la lecture, bien que le fond du sujet reste dramatique. Car *Le Mari de mon frère* est aussi un témoignage touchant sur le deuil qui unit deux inconnus face à la perte d'un être qui leur était cher. À travers sa rencontre avec Mike, Yaichi va renouer un lien malencontreusement brisé des années auparavant. Celui qui l'unissait à son frère jumeau à présent décédé. Le sujet du coming out* revient de façon centrale dans l'intrigue. Tout autant que celui de l'acceptation de l'autre. Opposés par leurs différences culturelles, Yaichi est sur la retenue et le jugement, quand Mike exprime plus facilement ses pensées et émotions. Une barrière culturelle qui s'effrite au fur et à mesure que le dialogue se noue entre les deux hommes.

A travers cette histoire, Tagame décrit un témoignage touchant de l'acceptation de l'homosexualité au sein d'une famille. Mais pas seulement, puisque Yaichi et Kana ne correspondent pas au schéma familial traditionnel. Avec un foyer monoparental où un homme endosse volontiers le rôle de père au foyer, TAGAME amène plus largement le lecteur vers l'acceptation des différents modèles familiaux. Une double lecture qui, sans présenter de front le sujet

Ci-contre : extrait de l'adaptation live action du *Mari de mon Frère*.

Ci-dessous : couverture française du tome 2

de l'homoparentalité, permet au *mangaka* d'apporter une réponse bienveillante aux critiques qui entourent la parentalité masculine.

Le Mari de mon frère a fait l'effet d'une bombe lors de sa publication au Japon. D'autant plus que Tagame est connu pour des *mangas* au style scénaristiques diamétralement opposés à celui-ci. Porte-étendard du *manga gay* japonais (p.136 et suivantes), plusieurs de ses séries proposent un contenu BDSM* pour lectorat averti. Mais quel que soit le sujet, ses mangas possèdent tous la même identité visuelle. Un *chara-design* marqué par des personnages masculins à la carrure imposante, dessiné par des lignes fines et nettes.

Prépublié en 2015 dans la magazine *seinen Gekkan Action*, *Le Mari de mon frère* est tout d'abord édité en France par la maison d'édition Akata en 2016, suivant de près la publication reliée japonaise, avant de paraître l'année suivante en anglais chez Pantheon. Encensée par la critique, cette première œuvre grand public du *mangaka*, principalement connu pour ces productions érotiques, est récompensé de plusieurs prix, et ce dès sa première année de publication en 2015 lors du 19e Japan Media Arts Festival où elle reçoit un prix d' Excellence. En 2017, Gengoroh Tagame est présent au 44e Festival international de la bande dessinée d'Angoulême où le tome 1 fait partie de la sélection officielle du festival. Le manga obtient l'année suivante une double récompense avec le Prix de la meilleure édition américaine d'une œuvre internationale aux Eisner Award et le prix d'Excellence au 47e Japan Cartoonists Award. Depuis, Tagame a publié deux autres mangas grand public, aussi disponibles aux éditions Akata, *Our Colorful Days* en trois tomes et le *one-shot* *Nos rendez-vous gourmands*.

Le Mari de mon frère est adapté en *J-Drama* en 2018 et diffusé sur la chaine NHK en trois épisodes de 49 min. Le rôle de Yaichi est attribué à l'acteur Ryuta Sato, prolifique dans ses apparitions télévisuelles. Il est connu entre autre pour ses interprétations dans *Rookies*, *Konkatsu !* ou encore *Shitsuren Chocolatier*. Mike est quant à lui interprété par l'ancien lutteur de sumo professionnel Kaito Baruto.

A l'occasion des dix ans de la maison d'édition, Akata sélectionne deux mangas phares de son catalogue, dont *Le Mari de mon frère*, pour une édition anniversaire publiée à un seul tirage. À cette occasion, le manga est présenté sous deux tomes grands formats, avec des couvertures inédites et illustrations bonus, agrémenté d'un entretien exclusif avec Gengoroh Tagame.

Meyra SUDAL

CELLE QUE JE SUIS

La transidentité dans les années 1980

***Celle que je suis* a sa place dans le catalogue d'Akata. On aborde le sujet de la transidentité, en particulier dans le contexte des années 1980. Même si, étant donné la portée du sujet, ce titre peut frustrer en n'abordant pas certains points, il est tout de même intéressant car il montre le chemin difficile parcouru.**

Déclinaison anglophone du manga.

Mangaka : Bingo Morihashi, Suwaru Koko

Traduction : Claire Olivier

Année VO/VF : 2016/2019

Éditeur VF : Akata

Statut publication VO : 2 tomes (terminé)

Statut publication VF : 2 tomes (terminé)

Érotisme :

Contenu sensible :

La transidentité est un sujet de société actuel qui a pris de l'ampleur ces dernières années, avec certaines personnalités, politiques ou non, aux positions assez violentes sur le sujet. Akata a été visionnaire en proposant *Celle que je suis* dès 2019. Le manga nous plonge dans les années 1980 vécues par Yûji Manase, un étudiant plein de secrets. Son premier est qu'il est amoureux de son meilleur ami, Masaki Matsunaga. Et le second, qui le ronge, est son mal-être vis-à-vis de son propre corps : Yûji va tomber un jour sur une robe de sa sœur et une perruque qu'il va essayer, et cela va chambouler sa vie.

Yûji ne se sent pas en phase avec son corps ni même avec sa famille. Il vient d'une famille assez aisée : son père étant scénariste, il espère sûrement le même avenir pour son fils mais cela n'intéresse pas Yûji. Il y a un joli panel de personnages : Masaki qui est le génie de l'écriture et l'amour impossible de Yûji ; Tigre, un camarade du club d'écriture de l'université qui va découvrir la « vraie » nature de Yûji et le soutenir ; et les femmes qui sont sous le charme de Masaki.

Tigre est un élément important dans le récit. Il a pu montrer à Yûji qu'il n'était pas seul dans sa transidentité, et en rencontrant Kaoru qui est la gérante du bar où Yûji va travailler en tant que femme, il a pu entendre les mots qu'il souhaitait depuis des années. L'ensemble est poétique et au final, ce qui en ressort pour Yûji est qu'il doit accepter qu'en faisant tous les efforts possibles, il ne ressemblera jamais totalement à une femme. Mais cela n'empêche pas qu'il puisse se sentir femme.

Le lectorat peut ressentir une certaine frustration car dans le second tome, tout s'enchaîne et approfondir davantage le ressenti de Yûji ainsi que connaître son évolution auraient été appréciés. Pour découvrir un manga qui aborde le sujet de la transidentité, *Celle que je suis* donne une base pour, par la suite, développer le sujet à travers d'autres séries plus complètes..

Le titre se finit-il sur un *happy end* ? Difficile à dire. Cependant, nous pouvons souligner une victoire : désormais, Yûji se genre en tant que femme. Masaki ayant assumé de ne pas pouvoir répondre aux sentiments de Yûji, ils restent amis. Yûji en souffre-t-il ? Sûrement, mais cela lui convient. Qui sommes-nous pour le juger ? Tant qu'il se sent mieux dans son corps, c'est l'essentiel.

Priscilla RECULARD

Ci contre à droite, le roman *Ce qu'il n'est pas* à l'origine du manga.

MOON AND SUN

Quand le yakuza se frotte aux drag-queens

Moon and Sun **est un manga d'Akane Abe qui dévoile en partie l'univers des drag-queens. La relation entre un jeune yakuza et un maquilleur professionnel va être un déclencheur dans leurs vies respectives. Un récit mêlant humour, maquillage et avenir tout tracé ou pas.**

Moon and Sun raconte l'histoire de Masahiro, né dans une famille de yakuzas et qui, avec ses amis, va se faire remarquer dans un club de drag-queens en causant des débordements en tant que spectateur. Il se fait attraper et il va se faire réprimander (fessée cul nu) par Tsubaki, un professeur en maquillage réputé et mentor du club. Humilié, Masahiro s'enfuit mais étrangement, Tsubaki ne sort pas de son esprit. Masahiro serait-il attiré par Tsubaki ?

C'est un récit très intéressant déjà par son univers : les drag-queens. Au début de la lecture, les insultes adressées par la bande à Masahiro peuvent être dérangeantes, mais c'est un monde où les hommes peuvent s'exprimer et c'est fort agréable de le remarquer. Les drag-queens montrent que c'est un travail de savoir monter un spectacle et l'aide de Tsubaki leur est nécessaire pour le maquillage.

Masahiro est un jeune sans but défini et sa famille n'attend plus rien de lui. Sa relation avec Tsubaki provoque la colère de son grand-père mais elle donne un nouveau sens à sa vie. Il veut être avec lui, quitte à prendre les rênes d'une entreprise comme le souhaite son grand-père.

Tsubaki ne se conforme pas aux clichés de sa profession : il n'est pas « efféminé » dans tout ce qu'il peut faire, il n'est pas forcément doux et délicat... Il a du caractère et sait en imposer. Il pensait rester seul toute sa vie et faisait en sorte de ne s'attacher à personne. La première personne qui lui donne tort est Hanataro. Ce jeune drag-queen qu'il a pris sous son aile est l'ami d'enfance de Masahiro. Ensuite, sa rencontre avec Masahiro lui donne l'impulsion nécessaire pour qu'il se laisser aller et connaisse enfin l'amour.

Dans le récit, une scène concerne la mère de Tsubaki qui n'a jamais été très présente dans sa vie mais qui, maintenant, souhaite y « revenir ». Grâce aux encouragements de Masahiro, il acceptera cette demande car, en réalité, il souhaitait son amour. Honnêtement, il est possible que certains passages ne soient pas acceptables, mais la frontière entre les personnages est très étroite. On retrouve dans le récit de l'érotisme ainsi que les scènes de sexe, mais il n'y a rien d'exubérant.

Vous apprendrez dans quelques chapitres la relation déjà solide de Hanataro avec son ami, Ikkun.

C'est un titre qui procure du bien-être et qui suscite une grande sensualité.

Un récit en deux tomes qui amènent une évolution des protagonistes très intéressante dans un univers peu connu du public avec les drag-queens.

Priscilla RECULARD

Mangaka : Akane Abe

Traduction : Isabelle Eloy

Année VO/VF : 2017/2019

Éditeur VF : Taifu Comics

Statut publication VO : 2 tomes (terminé)

Statut publication VF : 2 tomes (terminé)

Érotisme :

Contenu sensible :

LE PATRON EST UNE COPINE

Quand dissocier vie privée et vie professionnelle est difficile

Le patron est une copine **est l'œuvre du mangaka Nagabe. Nous lui devons le conte noir *L'Enfant et le Maudit*, paru chez Komikku en France. Ici, il s'attaque au genre *boy's love* en mélangeant les thèmes de l'acceptation de soi, du regard des autres ou encore de l'amour. Sur fond d'humour avec des personnages anthropomorphes, tout est en justesse.**

Mangaka : Nagabe

Traduction : Aline Kukor

Année VO/VF : 2013/2019

Éditeur VF : Kommiku

Statut publication VO : 1 tome (terminé)

Statut publication VF : 1 tome (terminé)

Érotisme :

Contenu sensible :

Le patron est une copine est la première œuvre de Nagabe qui fut publiée en 2013 et utilise des personnages anthropomorphes. Vincent Fainail est un *salaryman* japonais excellent dans son domaine mais comme tout le monde, il a besoin de relâcher la pression. Le soir, il se travestit en femme dans un bar où il assure le service. C'est son hobby et cela ne doit pas s'ébruiter. Toutefois, Georges tombe sous le charme de Fainail. C'est un client du bar mais également un client de l'entreprise de notre protagoniste, tandis que Danto, un collègue sous ses ordres, souhaite se rapprocher de lui, créant ainsi un triangle amoureux amusant et captivant.

Le récit est sur une trame classique avec un triangle amoureux et le secret de cette double vie qui ne doit pas être ébruité. Mais le côté anthropomorphe ajoute un côté fantaisiste et montre que le questionnement reste le même que l'on soit humain ou non.

Nous avons trois protagonistes différents que ce soit physiquement ou mentalement, et au cours du récit, chacun cherchera sa place.

Fainail adore son travail de nuit et surtout son travestissement mais il a d'énormes craintes que cela s'ébruite. Cependant, son environnement de travail ne semble pas particulièrement toxique sur ce sujet. Cela suppose qu'il ne sera pas jugé mais il campe sur ses positions et c'est là que vient la question : a-t-il peur de montrer son hobby du travestissement ou qu'on découvre son attirance pour les hommes ? Nul ne saurait répondre à cette question.

Chaque personnage est attachant, que ce soit les protagonistes ou les personnages secondaires.

Ce titre n'a pas la noirceur des autres titres de Nagabe. Il s'agit ici d'une pure comédie romantique aux personnages attachants et sachant mettre en avant les états d'âmes de chacun. Seul bémol : il est en un tome, d'où une légère impression de rester en surface de l'œuvre. Mais sa brièveté ne permettait pas de tout explorer en profondeur.

Priscilla RECULARD

Smell, le dernier *BL* anthropomorphe de Nagabe sorti en février 2025.

ASANA N'EST PAS HÉTÉRO

Quand être gay au Japon n'est vraiment pas facile

Asana n'est pas hétéro **est une autobiographie du** ***mangaka*** **sur sa vie d'homme gay au Japon. Il y raconte avec humour et simplicité son quotidien et les grandes étapes de sa vie. Ses planches étaient à la base des messages sur son blog. Fort de son audience, il a pu en faire une version éditée.**

Asana est un trentenaire gay vivant dans un Japon très peu ouvert à l'homosexualité. De ce fait, il va dessiner son autobiographie sous la forme d'un blog qui raconte ses anecdotes du quotidien. Amour, travail, coming out... Un très beau cheminement qu'Asana présente avec une grande simplicité et beaucoup d'humour.

Le titre, fort intéressant, se découpe en plusieurs parties. La première se veut éducative car le *mangaka* explique les différentes orientations sexuelles, les identités de genre, les drag-queens ou encore les préjugés au Japon sur les homosexuels. Ce qui pour le lectorat international restitue bien la situation actuelle dans son pays.

Concernant la suite du titre, ce sont ses souvenirs d'enfance et d'adolescence, mais également ce qu'il peut lui arriver au travail ou même sa passion pour le travestissement qui a fini par être découverte par sa mère. Le tout présenté de façon légère, provoquant de nombreux sourires à la lecture.

Bien évidemment, il y a des moments clés comme son coming out auprès de sa mère. Il est intéressant de constater que sa mère a cherché à l'aider de différentes manières, même si elle fait souvent preuve de maladresse , ce qui a entraîné un poids sur ses épaules. Au final, c'est émouvant de constater qu'elle l'accepte et le soutient.

Par la suite, on apprend qu'il a rencontré Tetsu, l'homme avec qui il vit. Leur vie de tous les jours est traditionnelle, la même qu'un couple hétérosexuel, mais Tetsu n'a pas fait son coming out et les tensions se manifestent lorsque Tetsu lui demande de se cacher à chaque appel vidéo de sa mère. Cela souligne que personne n'est pareil sur ce sujet et la peur de l'annoncer aux parents peut réellement être effrayante.

Toutes les planches sont en couleurs dans des tons plutôt pastel, ce qui va avec la légèreté et la simplicité du titre. Les planches ne s'encombrent que de peu de décors mais les expressions des personnages sont bien présentes tout comme les vêtements ou des objets du quotidien.

Si vous recherchez un titre pertinent, enrichissant avec de l'humour et de la douceur, *Asana n'est pas hétéro* est fait pour vous.

Priscilla RECULARD

Avant d'être un mange, *Asana n'est pas hétéro* était un webcomic sur le blog de son auteur.

Mangaka : Sakuma Asana

Traduction : Jordan Sinnes

Année VO/VF : 2018/2020

Éditeur VF : Akata

Statut publication VO : 1 tome (terminé)

Statut publication VF : 1 tome (terminé)

Érotisme :

Contenu sensible :

OLD FASHION CUPCAKE

Quand l'amour dépasse la différence d'âge

Old Fashion Cupcake **raconte une histoire adulte où la différence d'âge peut être un frein pour certains alors qu'elle n'a pas d'importance pour d'autres. Ce titre a été prépublié par le magazine *Ihr HertZ* et a connu un succès immédiat qui a provoqué plusieurs réimpressions de ce *one-shot*.**

Mangaka : Sagan Sagan

Traduction : Blanche Delaborde

Année VO/VF : 2019/2021

Éditeur VF : Akata

Statut publication VO : 1 tome (terminé)

Statut publication VF : 1 tome (terminé)

Érotisme :

Contenu sensible :

Nozue, presque quadragénaire, mène une vie simple de *salaryman* : métro, boulot et dodo. Cependant, son subordonné, Togawa, qui a, lui, 29 ans, va lui proposer une sortie dans une pâtisserie réputée parmi la gent féminine. Nozue accepte et va retrouver une certaine jeunesse. Est-ce en raison de ces sorties ou est-ce la compagnie de Togawa et ses sentiments naissants pour lui qui le rendent ainsi ?

Dans ce titre, les stéréotypes sont fréquents. Ainsi, le fait de se rendre dans une pâtisserie est plutôt perçu comme une activité pour les femmes. Nozue est confronté à ce problème car à son âge dans la société, il est essentiel que le travail et la famille soient prédominants. C'est captivant de constater comment cela engendre des discussions chez les personnages.

Les intentions de Togawa sont rapidement cernées. C'est avec deux parapluies que le subordonné se rend au travail, car il est conscient que son supérieur ne consulte jamais la météo. Cela témoigne de son affection et qu'il veut prendre soin de lui.

Ce récit décrit une tension érotique croissante entre les personnages et aborde plusieurs sujets assez philosophiques : une définition du bonheur ainsi que l'homosexualité, le questionnement sur sa propre vie à un certain âge. Ici, c'est Nozue arrivant à 40 ans qui se demande ce qu'il a accompli.

La déclinaison en *drama* pour Fuji TV

Il faut souligner que dans ce titre, il n'y a pas de réelle crainte des protagonistes de tomber amoureux d'un homme, ce qui en rend la lecture encore plus plaisante. Un sujet qui revient constamment en revanche est le lien hiérarchique entre les deux hommes, et les problèmes que leur homosexualité peut poser sur leur lieu de travail. Ce qui va amener une réflexion de nos deux hommes.

Togawa s'exprime de manière directe et aura quelques gestes non consentis envers son supérieur mais saura vite présenter ses excuses.

Ce titre doux et adulte se concentre sur la relation avant de montrer l'aspect charnel. Il a d'ailleurs remporté le prix du meilleur manga du *Chil-Chil BL Awards* 2021 au Japon. Et a eu droit à une suite, encore une fois sous forme de *one-shot* : *Old Fashion Cupcake with Cappuccino*, sortie en 2019 au Japon et en 2023 en France, sur la vie en couple des deux protagonistes qui doivent affronter le regard des autres.

Priscilla RECULARD

L'ÉCHAPPÉE BELLE - NOTRE VOYAGE AUTOUR DU MONDE

Un voyage de noces avant le mariage

***L'Échappée belle - Notre voyage autour du monde* est un *road trip* dont la destination finale est la tolérance et l'acception de soi.**

Asahi et Mitsuki s'apprêtent à s'envoler pour un tour du monde sans réel itinéraire défini. Leur seul objectif : s'épouser s'ils sont toujours ensemble à la fin du voyage. Ce duo aux personnalités si différentes aura pourtant du mal à s'accorder. Rapidement dépaysés, confrontés à des cultures qui leur sont étrangères, Asahi et Mitsuki doivent faire face à l'inconnu en même temps qu'aux difficultés que leur couple a rencontrées et qui ont conduit à ce *road trip*. Mais à chaque nouvelle destination se cache une nouvelle rencontre. De celles qui bouleversent une vie !

Ce *slice of life** touristique rend hommage aux *backpackers* [1] tout autant qu'il questionne l'amour dans toutes ces déclinaisons. Confronté à une angoisse oppressante, devenue maladive, le personnage d'Asahi est incapable d'envisager son coming out*, alors que Mitsuki, sans complexes, souhaite s'engager dans une relation durable avec lui. Mais face à la diversité dont regorge notre monde, Asahi va petit à petit se libérer grâce à ce voyage qui se révèle thérapeutique. Il s'agit d'un récit humaniste : chaque rencontre que fait ce couple attachant à la *grumpy & sunshine** est une ode à l'amour sous toutes ses formes et dans toute sa diversité, sans contrainte de religion, d'âge, de nationalité et de genre. Une épopée culturelle, culinaire et architecturale à travers la richesse dont regorge le monde qui nous entoure et qui amène autant à la tolérance qu'à l'ouverture d'esprit.

Le style de la *mangaka* est identifiable par son *chara-design* à l'ossature marquée, dessiné avec beaucoup de détails. Une richesse graphique qui se retrouve dans les éléments de décor, les vêtements, l'architecture, la nourriture… au point d'en devenir un véritable guide touristique graphique. Le dessin chargé invite à la contemplation et s'accompagne d'un récit fortement documenté. Le *manga* fourmille d'anecdotes culturelles sur les différents pays visités.

Toujours en cours de publication au Japon, *L'Échappée belle* est la première série longue de Mone Sorai. En parallèle, la *mangaka* a publié deux autres œuvres, un *one-shot** en 2021 et l'année suivante le premier tome d'une série en cours, *Hitotose, Fuku Kumo no Gotoshi*. Sorai s'est spécialisée dans la romance *boy's love* dès le début de sa carrière en 2014. L'unique autre œuvre de la *mangaka* parue à ce jour en France est le *one-shot* *88rhapsody* aux éditions Hana.

Meyra SUDAL

Couverture française du tome 2.

Couverture italienne

Mangaka : Mone Sorai

Traduction : Angélique Mariet

Année VO/VF : 2020/2022

Éditeur VF : Hana

Statut publication VO : 6 tomes (en cours)

Statut publication VF : 3 tomes (en cours)

Érotisme :

Contenu sensible :

1 Personne qui voyage à moindres frais, généralement avec un sac à dos comme seul bagage.

À L'IMAGE DE MONA LISA...

Et si nous pouvions choisir qui nous sommes ?

***À l'image de Mona Lisa* a su sortir des sentiers battus par son originalité. Et si les individus pouvaient choisir leur genre, cela ne serait pas plus simple ? À travers un triangle amoureux complexe, le *mangaka* arrive avec justesse à amener le questionnement sur la vision du genre dans la société.**

Mangaka : Tsumuji Yoshimura

Traduction : Victoria Seigneur

Année VO/VF : 2018/2022

Éditeur VF : Akata

Statut publication VO : 10 tomes (terminé)

Statut publication VF : 10 tomes (terminé)

Érotisme :

Contenu sensible :

Et si en atteignant la puberté, vous pouviez choisir votre genre ? C'est ce qui est possible dans l'univers du manga *À l'image de Mona Lisa*. Les humains naissent sans attributs sexuels et finissent par définir un genre vers l'âge de 12 ans. Cependant, Hinase a 18 ans et ne veut pas choisir. Iel ne trouve pas sa place mais la pression de la société et de ses deux meilleurs amis qui sont amoureux d'iel ne va pas l'aider. Comment Hinase va s'en sortir ?

Un titre en dix volumes qui présente une histoire captivante. Il est possible de croire que le récit va partir dans un triangle amoureux traditionnel, mais avec Hinase qui ne sait pas quel genre choisir, le *mangaka* nous invite à réfléchir sur les genres, la société et les relations humaines...

Hinase incarne les questionnements propres à l'adolescence et cherche les réponses auprès de ses meilleurs amis qui, parfois, ne sont pas forcément bons pour iel. Ritsu et Shiori veulent lui imposer leur façon de penser et même le « genre » qu'ils aimeraient qu'iel prenne.

C'est intéressant de noter qu'il y a eu des réflexions comme : peut-on tomber amoureux d'une personne et continuer de l'aimer si elle change de sexe et/ou de genre ? La société influence-t-elle nos comportements genrés ?

Yoshimura sait nous tenir en haleine en proposant des personnages intéressants dans leur réflexion. Ritsu et Shiori se remettent en question et veulent avant tout aider Hinase dans sa réflexion sur le genre.

La particularité du manga est qu'en plus du noir et blanc, il utilise une encre d'une couleur verte pour marquer les émotions des protagonistes et leurs impacts à des moments précis de la lecture.

Le manga se termine sur une double fin. En effet, les deux derniers tomes correspondent chacun à un choix d'Hinase : être une femme (X) ou un homme (Y).

C'est un titre extèmement d'actualité qui suscite une réflexion approfondie sur le genre et les problèmes qu'il peut poser au quotidien.

Priscilla RECULARD

Couverture japonaise du tome 8.

NOT MY FIANCÉ!

Quand la pression parentale empêche d'être soi-même

***Not My Fiancé!* est une œuvre de Kazuki Minamoto qui met en évidence les pressions familiales subies par un enfant naissant dans un milieu aisé. Malgré cette sensation de forcing de la part d'un protagoniste, le manga traite de sujets intéressants.**

Wataru est l'enfant et l'héritier d'un homme détenant un grand groupe. Wataru se fait passer pour hétérosexuel afin de ne pas décevoir sa famille et souhaite suivre la voie toute tracée pour lui malgré les contraintes. Cependant, le jour de son rendez-vous avec une femme pour un mariage arrangé, il rencontre Masamune, le frère aîné de celle-ci qui est un employé de son entreprise et va chambouler son plan de vie tout tracé. Wataru saura-t-il s'en sortir ?

L'intrigue du titre est ce qui fait son intérêt. Wataru doit se plier à la pression sociale ainsi qu'à la pression parentale de son milieu. À la limite de la trentaine, il n'a toujours pas d'épouse et pas d'enfant. Cette pression repose sur ses épaules car ses parents lui rappellent qu'il est désormais l'heure de fonder sa famille. Il en souffre mais préfère se plier à cette destinée plutôt que de montrer qui il est vraiment et faire son coming-out.

Masamune est le contraire de Wataru. Celui-ci, de nature impulsive, communiquant sans détour et rentre-dedans, va rapidement succomber à l'héritier. Il est possible de reprocher à Masamune ses traits toxiques lorsqu'il pousse Wataru dans ses retranchements pour qu'il s'impose et qu'il exprime les sentiments qu'il refoule depuis si longtemps. Le manga demeure néanmoins captivant car il est évident que Wataru n'est pas le seul parmi la population à être confronté à la pression sociale, à la peur du regard des collègues et à la volonté de garder son secret.

Il s'agit d'une romance plaisante qui s'élabore malgré un certain goût de trop peu, de rapidité et une fin qui présage une suite mais qui n'est pas écrite à ce jour. La réaction de la famille de Wataru à sa relation avec Masamune, qui n'est plus dissimulée, reste inconnue. En somme, c'est un récit avec des personnages attachants et un humour efficace qui s'inscrit dans le sujet d'actualité qui entour le mariage pour tous au Japon.. Les planches sont bien illustrées concernant les expressions des personnages.

Kazuki Minamoto est un *mangaka* qui était déjà connu du lectorat français pour un autre *one-shot* paru aux éditions Akata, *Monstrophobie*.

Priscilla RECULARD

Couverture japonaise.

Mangaka : Kazuki Minamoto

Traduction : Morgane Paviot

Année VO/VF : 2022/2024

Éditeur VF : Akata

Statut publication VO : 1 tome (terminé)

Statut publication VF : 1 tome (terminé)

Érotisme :

Contenu sensible :

L'HISTOIRE DE PAPA, PAPA ET MOI

Quand les liens du sang ne définissent pas la famille

L'Histoire de Papa, Papa et moi **était l'un des titres incontournables de 2024. Roji y dépeint une famille homoparentale avec ses difficultés pour élever un enfant et affronter le regard des autres. Ce titre est une preuve que les liens du sang ne définissent pas une famille mais que c'est plutôt l'amour porté par les uns aux autres.**

Mangaka : Roji

Traduction : Isabelle Eloy

Année VO/VF : 2022/2024

Éditeur VF : Taifu Comics

Statut publication VO : 2 tomes (en cours)

Statut publication VF : 1 tome (en cours)

Érotisme :

Contenu sensible :

L'*Histoire de Papa, Papa et moi* se situe dans un Japon très proche du nôtre, mais ayant accepté le mariage homosexuel et ouvert l'adoption aux couples de même sexe. Nao et Ai étant ensemble depuis l'université, ils décident de sauter le pas en adoptant un bébé, un petit garçon se prénommant Hiro. Les jeunes parents découvrent que s'occuper d'un bébé n'est pas une activité de tout repos. Les premiers moments de vie qui amène bonheur ainsi que doutes et incertitudes sont représentés.

C'est un titre très réaliste qui fait sourire. Ce manga se base sur un couple d'opposés amoureux : Nao est le genre d'homme à avoir la larme facile alors qu'Ai prend régulièrement tout à la légère. Le récit oscille entre des souvenirs de leur vie à l'université et leur existence actuelle avec Hiro qui est, à leurs yeux, la plus belle merveille de leur monde.

Ce titre permet de constater que la parentalité reste la même que ce soit pour une famille hétéroparentale ou homoparentale : les nuits écourtées par les pleurs du bébé, la fatigue qui s'accumule, les joies des premiers gazouillis et premiers pas du bébé… Le tout est l'occasion de sourire au fil des pages, car il est facile, en tant que parent, de s'identifier tantôt à Nao ou à Ai si ce n'est pas les deux en même temps.

Dans ce Japon utopique qui pourrait être la prémonition d'un futur proche, la légalisation du mariage et de l'adoption pour les homosexuels est très récente. Les deux hommes sont confrontés aux regards des autres parents au moment de déposer Hiro à la crèche. Certains osent poser des questions, pensant que Nao et Ai font les choses différemment, mais Nao et Ai sont des parents. Ils font du mieux qu'ils peuvent. C'est important de montrer qu'être parent, ce n'est pas être parfait mais donner le meilleur de soi-même pour son enfant. Ils peuvent compter sur le soutien des parents d'Ai qui sont aussi de bon conseil. Recevoir un soutien lors de l'arrivée d'un enfant aide à maintenir un équilibre et à éviter la solitude.

Ce manga permet de mettre en évidence que les liens du sang ne sont pas ce qui définit une famille. C'est une lecture essentielle pour ceux qui recherchent des histoires ancrées dans la réalité, où l'amour transcende les normes et les attentes. *L'Histoire de Papa, Papa et moi* n'est pas seulement un récit sur la parentalité ou la diversité : c'est une ode à l'acceptation, à la compréhension et à la célébration de ce qui rend chaque famille unique.

Roji nous rappelle avec tendresse que la composition d'une famille importe peu. Ce qui compte, ce sont les liens qui unissent ses membres.

Roji dresse un tableau fidèle de la parentalité, loin d'être idyllique. Elle met en scène la fatigue, les disputes, les maladies du quotidien qui s'invitent ou même le découragement. À travers les yeux innocents de Hiro, on découvre un monde où l'amour et le soutien mutuel priment sur les normes sociales.

Le couple montre qu'ils sont fiers de Hiro au quotidien et Hiro rappelle bien que c'est un enfant qui est turbulent autant qu'adorable.

Il n'y a pas de « normalité » car le plus important est l'amour donné aux enfants pour leur construire un environnement sain et aimant.

Le graphisme est en rondeurs, ce qui est agréable à l'œil. Les illustrations de Roji sont d'une simplicité élégante. Les traits fins et expressifs des personnages permettent de transmettre une large gamme d'émotions, des moments de doute aux éclats de bonheur. Les décors minimalistes laissent toute la place à l'intensité des interactions humaines, créant une atmosphère intime et chaleureuse.

C'est une excellente tranche de vie qui ne laissera personne indifférent avec les nombreux thèmes réalistes et de société présents tout au long du récit. Il est touchant du début à la fin et surtout avec Hiro parlant de ses pères en classe pour évoquer sa famille.

Alors qu'un seul tome a été publié en France à l'heure où nous écrivons ces lignes, ce titre a su conquérir le cœur de nombreux *lecteurices*. La série est encore en cours avec deux tomes sortis au Japon et a remporté la deuxième place au *BL Awards* 2024 du site Chil Chil dans la catégorie *Next Generation*.

Si vous recherchez un titre sachant mettre en avant les familles homoparentales avec douceur et justesse, *L'Histoire de Papa, Papa et moi* saura conquérir votre cœur. Les tomes suivants sont fortement attendus en France pour que l'on puisse découvrir la suite du quotidien de Nao, Ai et Hiro.

Priscilla RECULARD

Bruno Pham, directeur éditorial d'Akata.

PARLONS PEU, PARLONS *BOY'S LOVE* !

Les limites et les possibilités éditoriales derrière l'appellation boy's love

Monstrophobie, un manga sortie chez Akata sur l'homophobie intériorisée

Grande défenseure de la diversité du *shôjo* (*Double je*, *Daisy lycéenne à Fukushima*, *Running Girl, ma course vers les Paralympiques*) mais aussi de la romance (*Orange*, *Love Mix Up*, *A Sign of Affection*), adepte des mangas aux sujets coup de poing (*En proie au silence*, *Moi aussi*, *Colère nucléaire*, *Adieu mon utérus*), la maison d'édition Akata est aussi reconnue comme étant une figure de proue des mangas défenseurs des droits de la communauté LGBTQIA+. De la tolérance avec *Je crois que mon fils est gay* à l'homophobie intériorisée dans *Monstrophobie*, en passant par la transidentité dans les pages de *Celle que je suis* et l'homoparentalité dans celles d'*Autour d'elles*, les mangas publiés par la maison d'édition Akata sont appréciés des *lecteurices boy's love* pour leurs récits engagés. Son catalogue amène aussi à découvrir le *BL* à travers des romances *feel good* à l'image de *Country Diary* jusqu'à des récits érotiques plus explicites comme *Link and Ring*.

Une démarche que l'on doit notamment à Bruno Pham, toujours très attentif à la ligne éditoriale de sa maison d'édition et qui sait surprendre le lectorat français avec des œuvres qui sortent des sentiers battus. Éditeur engagé et traducteur passionné, il partage son expertise autour du *boy's love* à travers cet échange.

L'appellation *boy's love* est aujourd'hui largement employée en France. Ce ne fut pas toujours le cas. Certains sites web de référence continuent d'employer des mots comme *yaoi*, *shônen aï*… Qu'en pensez-vous en tant qu'éditeur de manga *boy's love* ?

Le sujet est complexe, mais il me semble important d'insister sur un point : il faut arrêter d'employer *shônen aï*. C'est une aberration, le terme n'existe pas au Japon et n'est même pas une catégorie. Il ne veut rien dire mais surtout est extrêmement ambigu. Cette expression pourrait presque s'apparenter à de la pédophilie dans la compréhension de son utilisation. Aujourd'hui, des lecteurs stigmatisent en définissant le *boy's love* comme étant un manga qui contient des scènes sexuelles et le *shônen aï* comme étant une histoire exclusivement centrée sur les sentiments. C'est faux ! Un *boy's love* peut ne contenir aucune scène érotique, il n'en devient pas du *shônen aï* pour autant. Bannissons-le en tant que terme à utiliser pour parler des mangas, qu'ils soient homo-érotiques ou homo-romantiques.

À mon sens, l'arrivée d'internet à la fin des années 1990, tout début des années 2000, a apporté plusieurs incompréhensions sur ce qu'était le manga en tant qu'objet culturel. Certaines parutions étaient déjà devenues cultes en France avant même d'être disponibles chez nous. Elles avaient une aura un peu particulière, comme notamment *Bronze* ou *Zetsuai 1989* [1] de Minami Ozaki. Mais il s'agissait de *shôjo* publiés dans le magazine Margaret. Il y a d'ailleurs toujours eu dans le *shôjo* manga des histoires homo-romantiques. À ce moment, le mot *yaoi* a été utilisé en France pour parler plus distinctement de ces œuvres, mais c'est un terme à l'origine employé dans le milieu du fanzine japonais.

1 Le manga *Zetsuai 1989*, fini en cinq tomes, est paru aux éditions Tonkam en 2000, soit dix ans après sa publication japonaise. Il n'est plus édité à ce jour.

La manière dont les lecteurs occidentaux utilisent le terme *yaoi*, mais aussi *shôjo*, *shônen*, *seinen* relève d'une forme de projection de leurs désirs et visions déformées de la culture japonaise et de la réalité du marché japonais, en se réappropriant ces termes (NDLR : voir p. 137). Aux prémices d'Internet, les lecteurs français parlaient moins bien le japonais et ils se sourçaient comme ils pouvaient. Ces mots (*yaoi*, *shôjo*, *shônen*, *seinen*) ont été pris comme des vérités absolues. Ils ont été figés par les fans, par les lecteurs et enfin par les éditeurs. Comme si, d'une certaine manière, la culture japonaise et la culture manga n'étaient pas une culture vivante. Or c'est toute la difficulté : elle est bien une culture en mouvement, qui change et s'adapte à l'évolution de notre monde. Qui se met à jour, comme le fait une langue vivante.

C'est source de confusion, car le terme *yaoi* est encore utilisé au Japon, mais pas pour parler des mangas professionnels. Il y a eu toute cette naissance du *boy's love* sous forme de fanzines, qui détournaient initialement des œuvres connues telles que *Les Chevaliers du zodiaque* ou *Olive et Tom*. La rumeur raconte même que *Bronze* et *Zetsuai 1989* sont des interprétations *boy's love* de *Captain Tsubasa*. Le fanzinat a fédéré des lectrices et des créatrices dans une véritable émulation artistique. Dans un second temps, des fans ont créé des magazines puis des maisons d'édition spécialisés dans les mangas homo-romantiques et homo-érotiques.

Petit à petit, la popularisation de ces œuvres a intéressé les éditeurs professionnels existants. Ils ont alors employé un terme plus intelligible, à savoir *boy's love*, qu'ils se sont approprié. Donc il y avait un réel besoin des éditeurs de professionnaliser l'appellation, mais aussi une demande de certaines autrices qui développaient des scénarios complexes et souhaitaient s'extraire des sous-entendus du terme *yaoi*.

Je pense que la France a emprunté une voie similaire. Les premiers éditeurs à publier des mangas homo-romantiques ont utilisé ce mot pour fédérer une communauté de lecteurs. Ce fut le cas de la première collection dédiée chez les éditions Tonkam, qui s'appelait yahoi (avec une faute de retranscription). Les éditions Taifu et Asuka qui se sont ensuite lancées dans la publication de mangas homo-érotiques utilisaient aussi *yaoi*. Avec le temps, les discours sont devenus plus pointus, autant de la part des lecteurs que des éditeurs.

Fondamentalement, le *yaoi* et le *boy's love*, c'est la même chose. Les professionnels du milieu de l'édition au Japon parlent de *boy's love*. En tant qu'éditeur en contact avec eux, j'emploie les mêmes termes. Le mot *yaoi* évoque, sans être péjoratif, la production fanzine et le milieu amateur. Nous ne l'employons pas chez Akata pour catégoriser les ouvrages que nous publions puisque, au Japon, ils sont étiquetés comme des *boy's love*.

La première édition du magazine *Margaret* sort au Japon en mai 1963

Les lecteurs de *boy's love* ont aujourd'hui conscience de ces connotations péjoratives des termes. N'est-ce pas alors étrange qu'elles se poursuivent, avec même de nouveaux mots tels que le *bara* dont on entend de plus en plus parler, alors qu'il y a une meilleure compréhension de la langue japonaise aujourd'hui ?

Le terme *bara* est seulement utilisé en Occident, justement de par une mauvaise compréhension de ce mouvement. Au Japon, les auteurs gays qui font du manga à destination d'un lectorat gay parlent de gay manga, jamais de *bara* qui a une connotation plutôt négative.

Aujourd'hui au Japon, le terme *boy's love* est neutre avec une connotation professionnelle. On l'emploie de la même manière qu'on pourrait parler d'un manga *shônen*, *shôjo* et autres.

Mais parfois, un terme péjoratif devient une force. Comme c'est le cas du mot *fujoshi*, qui a suivi la même évolution que celui d'*otaku*. Ces mots ont été utilisés par, entre guillemets, une partie dominante de la société, pour décrire ceux qu'ils ne comprennent pas et qui sont souvent minoritaires dans celle-ci. Cette majorité appose une étiquette avec une volonté de rabaisser, comme si « minorité » équivalait à « inférieur ». Mais il y a ce moment de basculement où les personnes concernées par cette dénomination péjorative se la réapproprient et en font une force. C'est valable pour tous les milieux militants ou discriminés. Par exemple, le terme « pédé » peut être réutilisé par des personnes gay comme une revendication : « Bah oui, je suis pédé et je vous emmerde ». Cette réappropriation des termes négatifs devient un acte militant, afin de s'affirmer en tant que tel.

Un doute persiste souvent pour les lecteurs. Le *boy's love* est-ce un genre ou une ligne éditoriale ? Ou encore les deux ?

Les deux. On retrouve le même débat autour du *shôjo*, qui est assez complexe à comprendre pour le lectorat français. Le *boy's love* est une catégorie, une cible éditoriale, mais aussi un genre. Car il possède ces propres codes scénaristiques, graphiques... qui définissent une valeur artistique. De mon point de vue, le *boy's love* et le *shôjo* manga, c'est la même chose. Une sorte de cousine... ou cousin, comme on veut. [*Rires.*] Leurs histoires sont tellement imbriquées qu'ils sont liés et indissociables à mon sens.

Pour reconnaître l'apport culturel du *boy's love* dans l'histoire du manga, il faut voir au-delà de la catégorie éditoriale. Le résumer exclusivement à cela, ce serait le considérer purement comme du marketing. Pour construire un discours sur leurs qualités narratives, graphiques, et sur ce que les *boy's love* ont apporté dans la composition, le découpage, les prises de risques... il faut les affirmer en tant que genre. Il y a toute une histoire autour du développement du *boy's love*. D'où il vient, quelles ont été ses influences et comment il influence aujourd'hui la production de mangas.

Il s'agit donc des deux à la fois, ce qui est difficile à comprendre en tant que Français. Le *boy's love* est tout autant un genre qu'une catégorie éditoriale.

Le terme *boy's love* est adopté unanimement à l'international, un avantage pour une compréhension globale et mutuelle du sujet. Mais n'est-il pas aussi une limite pour un éditeur, tellement il y a de diversité dans les œuvres présentes sous cette appellation ?

Il est important d'utiliser largement ce mot-là. Il s'agit aussi d'une forme de revendication. Par exemple, chez Akata, nous n'affichons pas le terme *shôjo* sur nos mangas, mais je l'utilise dans la promotion pour donner une visibilité à celui-ci [2]. Il est important de dire *boy's love*, car oui, deux hommes peuvent être amoureux l'un de l'autre. Même si l'appellation est aujourd'hui adoptée partout, l'affirmer et la maintenir présente permet de ne pas l'invisibiliser. Le *boy's love* existe, avec ses propres spécificités qui le distinguent des autres mangas. Il a donc d'autant plus le droit d'être revendiqué comme tel.

Ça ne me dérange pas en tant qu'éditeur que, sous un même terme, les contenus soient aussi variés. Au contraire. Je peux apporter les mêmes réponses au sujet du *boy›s love* que celles que je donne au sujet du *shôjo manga*. Derrière ce terme, c'est autant du polar que de la science-fiction, de la romance adulte que lycéenne, des récits historiques que de l'aventure qu'on retrouve. Et c'est pareil pour le *boy's love*. Je pense qu'il faut apprendre à utiliser des mots sans qu'ils deviennent enfermants.

Une difficulté récurrente aujourd'hui en France, c'est que lorsque les lecteurs posent un mot, une étiquette, ils ont tendance à la considérer comme quelque chose de fermé. Mais en réalité, il peut simplement s'agir d'une orientation, une façon de faire exister en devenant aussi un objet de discussion et d'étude. Sans ce mot, il n'y aurait pas d'existence.

Ci-dessus : couverture française du tome 5.

En bas, à gauche : jaquette de la VHS du film d'animation *Bronze : Zetsuai since 1989*.

En bas, à droite : couverture du tome 1 de la réédition japonaise de 2012 de *Bronze* la suite de *Zetsuai 1989*.

2 Comme sur la chaîne dédiée YouTube, Instant Shôjo https://www.youtube.com/watch?v=uZKgd_zy76Q&list=PL2Zh4q6MPzFc94fieF3Bi5KBD3nxkLPge

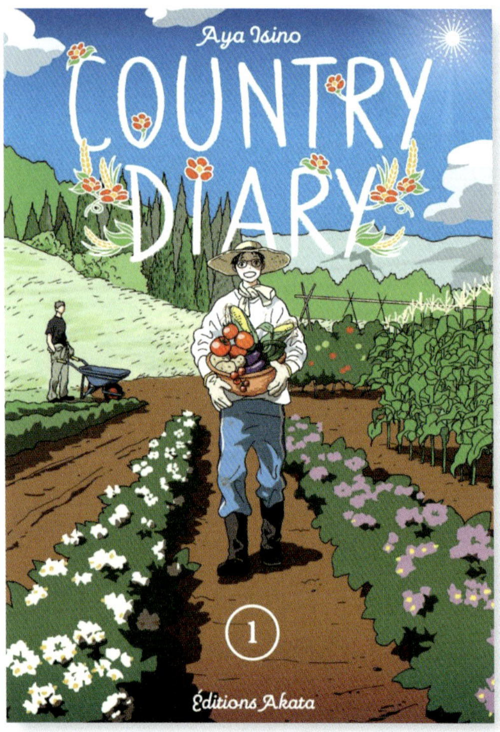

Une ode à la vie à la campagne dans la duologie *Country Diary* où la romance se devine entre les lignes. Couverture française du tome 1.

C'est à travers la nuance que l'on peut affiner la recherche du lecteur. Parler de *boy's love* fantastique, de *boy's love* érotique, ou encore d'un *boy's love* tout public. C'est un outil qui ne doit pas être limitant, mais qu'il ne faut pas s'interdire.

Comme d'autres productions artistiques et littéraires, le manga joue un rôle d'ouverture d'esprit en faveur de la tolérance. Quelle part a le *boy's love* aujourd'hui dans la liberté de prise de parole autour de l'homosexualité ? Ressentez-vous une forte demande du lectorat à aborder ces sujets à travers les mangas ?

La meilleure réponse que je peux donner aux personnes qui se demandent pourquoi le *boy's love* existe, c'est leur dire de regarder les ventes de *Sasaki et Miyano* (voir p. 26). Les chiffres parlent d'eux-mêmes. Est-ce que c'est pertinent ? Ce *boy's love* a bien mieux démarré que plein de *shônen* mangas. *Sasaki et Miyano* est aujourd'hui un des best-sellers du marché français. La raison pour laquelle il n'est pas présent dans les tops des meilleures ventes annuelles par top-série, c'est parce qu'il y a moins de tomes. Les huit premières semaines ont été le meilleur démarrage de toute l'histoire d'Akata en termes de vente, devant *A Sign of Affection*. On a dû réimprimer deux semaines avant la sortie. Et encore, ce démarrage est moins bon que ce qu'il aurait dû être parce qu'on a été en rupture de stock.

Est-ce qu'il y a une demande ? Est-ce qu'il y a un besoin ? Oui, la réponse est juste là, sous les yeux de tout le monde.

Et puis, il n'y a pas que ça. Les romans graphiques comme *Heartstopper*, qui sont *boy's love* adjacents, montrent que les gens ont besoin de ce genre de lecture. Pour en connaître les raisons, il faudrait réaliser une étude sociologique. Il y a tellement de choses à dire à ce sujet. Je pense que pendant des années, des personnes ne trouvaient pas ce qu'ils cherchaient dans la culture en général. Ils avaient besoin de se sentir vus, de se sentir exister. Le *boy's love* apporte plusieurs niveaux de réponses à cette demande. Il y a tout d'abord des hommes gays, évidemment, qui vont se reconnaître plus ou moins à travers ces œuvres. Je ne suis pas persuadé que les hommes gays se retrouvent spécialement dans *Sasaki et Miyano*, qui est un manga peut-être trop vaporeux. Plus à l'image d'adolescents qui sont en recherche d'identité, qui se questionnent sur leur sexualité et sur ce qu'est concrètement le désir physique… Encore que ça serait à discuter.

Mais il y a aussi des femmes qui vont se libérer d'une pression sociale à travers le basculement qu'offre le *boy's love*. Le rapport romantique dans un couple d'hommes est égalitaire. Il n'y a pas un homme face à une femme. Et dans une société misogyne, ces mangas apportent une liberté aux lectrices qui n'éprouvent pas de frustration à la lecture d'un personnage féminin qui les renverrait à une position d'infériorité face aux hommes. Le *boy's love* répond à cette double demande.

Avez-vous eu des retours de lecteurs sur l'impact qu'un manga a pu avoir sur leur vie ?

Oui, mais pas spécifiquement pour le *boy's love*, pour le coup. Je pense au manga *Éclat d'âme* par exemple. Et même, à une autre échelle en revenant un peu dans le passé, à *Switch Girl*. Ce manga a sauvé des vies, des lecteurs sont venus le dire à Natsumi Aida à l'époque.

Des ouvrages comme *Le Mari de mon frère* (voir p. 42) aussi. Plusieurs lecteurs nous ont dit qu'ils avaient plein d'idées préconçues au sujet de l'homosexualité et que cette lecture les a amenés à réfléchir.

Les mangas ont ce pouvoir. Ils sont un média ultra puissant, je n'ai aucun doute à ce sujet. Nous avons fréquemment des personnes qui nous remercient pour notre éditorial, pour les ouvrages qu'on propose mais aussi pour les avoir intégrés dans un catalogue généraliste. Nous sommes attentifs au contenu des œuvres que nous publions et ne souhaitons pas les ghettoïser dans des catalogues spécialisés. Cette visibilité, cet accès, ils ont du sens pour nous en tant qu'éditeur, mais aussi pour beaucoup de nos lecteurs et lectrices.

Comment interprétez-vous l'évolution et la popularisation du *boy's love* des dernières années dans le paysage éditorial français ?

De mon point de vue, il y a eu deux, trois étapes marquantes qui ont contribué à son évolution. Je ne suis certainement pas le seul à avoir cette analyse.

Tout d'abord, les éditeurs spécialisés dans le *boy's love* qui ont eu un impact majeur. Asuka (à l'époque), Taifu, IDP (devenue Hana) ont publié du *boy's love* dans des collections dédiées et ont fédéré un lectorat. Ensuite, l'arrivée du *webtoon* avec l'abondance de séries au format numérique comprenant énormément de *boy's love*. Cela a permis un élargissement rapide des lecteurs ciblés. Et puis, il y a ce moment, qui se dessine de plus en plus aujourd'hui, où un éditeur comme Akata décide de faire des mangas LGBT et du *boy›s love* dans un catalogue généraliste.

À partir du moment où il y a des succès commerciaux, forcément ça intrigue les autres éditeurs. Aujourd'hui, on retrouve de plus en plus de *girl's love* dans les nouvelles sorties et des *boy's love* dans des collections généralistes, chez Glénat et Kana par exemple.

La publication de *boy's love* a évolué et va forcément continuer de le faire, car le monde de l'édition reste soumis à l'économie d'un marché, avec des besoins financiers à respecter. Donc, si parmi les top-ventes il y a des best-sellers qui sont des *boy's love*, de fait les éditeurs vont s'intéresser aux licences *boy's love*. Mais ce succès commercial est lié au public qui s'est fédéré.

Là-dessus, internet, puis le *webtoon* ont joué un rôle crucial qui a permis un accès massif au *boy's love*. Plus disponible et accessible, avec une relative gratuité… Des lecteurs ont pu découvrir le genre dans l'intimité de leur chambre ou de leur téléphone, sans crainte de jugement. C'est un outil ultra puissant qui a permis aux *boy's love* de toucher un public plus grand.

Une popularité qui augmente très rapidement donc, mais avec un public pas toujours aguerri… Quels deviennent les enjeux, en tant qu'éditeur, pour communiquer auprès de ce nouveau lectorat ?

Quand on souhaite s'essayer au genre, se pose forcément la question d'avec quel *boy's love* commencer. Il y a des *boy's love* qui sont de niche, d'autres pour des amateurs, amatrices très spécifiques, et enfin des *boy's love* tout public. Il ne faut pas partir du principe que « si c'est du *boy's love*, on n'en lira jamais », car il y a un *boy's love* pour chaque lecteur, comme pour le *shôjo*. Pour trouver le bon, il faut connaître ses goûts et prendre le temps de se renseigner. Quand on découvre le genre, on peut avoir le sentiment de se retrouver face à tout et n'importe quoi, tellement la production est variée. En fonction des goûts et des moments où on le lit, on peut adorer un *boy's love* ou le trouver extrêmement mauvais. Il ne faut pas non plus mettre le *boy's love* sur un piédestal, sacraliser le genre.

Cette problématique-là aujourd'hui est très importante à mes yeux. Chaque intervenant de la chaîne du livre a une responsabilité pour accompagner les lecteurs vers les *boy's love* qui leur correspondent. Que ce soit les auteurs, les éditeurs, les libraires, mais aussi les influenceurs et les journalistes, il faut orienter les gens vers les bonnes lectures en fonction aussi bien de leurs goûts que de leur âge. En tant qu'éditeur, nous nous devons de bien communiquer, d'avoir des catalogues qui soient cohérents et intelligibles. Un ouvrage dédié à un public adulte se doit d'en porter la mention.

Propos recueillis par Meyra Sudal

En haut : *Éclat(s) d'âme* qui aborde les sujets de harcèlement scolaire et de transidentité.

Ci-dessus : *Link and Ring*, une romance adulte homo-érotique *slice of life*.

Écrire des fictions homoérotiques et les mettre en ligne, même sans recherche de profit, peut être dangereux, l'autrice chinoise de celle-ci a été condamnée à 10 ans de prison pour atteinte aux bonnes moeurs.

L'ÉROTISME FÉMININ AU MASCULIN

Lorsqu'on parle de manga *boy's love*, l'imaginaire collectif associe couramment le genre aux mangas fortement érotiques. Une réputation qui tient son origine du milieu amateur des *dojinka* où les premiers *boy's love* homo-érotiques ont vu le jour sous l'appellation *yaoi*. Des œuvres alors écrites par des femmes, pour des femmes.

Des fans aux origines d'un nouveau genre

En 1969 paraît dans le magazine *Seventeen* les premiers chapitres d'un *shôjo* qui marquera la naissance de ce que l'on appelle aujourd'hui le *boy's love* homo-érotique. Inédit en France, le manga *Fire!* de Hideko Mizuno, qui remportera l'année suivante le 15e Shogakukan Manga Award, marque les années de *shôjo* à venir par son style graphique au *chara-design bishônen*. Il est notamment le premier *shôjo* manga au personnage principal masculin, mais surtout le premier à décrire une relation sexuelle. Bien que cette dernière concerne un couple hétérosexuel, ces deux éléments ouvrent la voie aux *boy's love* à venir.

Les premiers cercles de *dojinshi*, qui ont vu le jour dans des clubs lycéens entre 1950 et 1960, gagnent en importance avec la création du Comiket en 1975.

Précédemment employé par des *dojinka* pour décrire leurs récits homo-romantiques, le terme *yaoi* se popularise à travers des premières anthologies qui le revendiquent en l'affichant dans leur titre. Sans contrainte éditoriale, les artistes y explorent toujours plus loin les limites du genre avec des publications de plus en plus érotiques. Un succès fulgurant et exponentiel, rapidement utilisé au tout début des années 1980 au service des *aniparo* [1]. L'intérêt qu'y portent les *lecteurices* n'échappe pas aux éditeurs. La croissance économique du marché du manga au Japon durant la même décennie permet l'augmentation et la diversification des magazines de prépublication. Apparaît alors la ligne éditoriale du *boy's love* chez plusieurs éditeurs qui vont rechercher les nouveaux talents directement dans les cercles de *dojinshi* et les allées du Comiket.

Le précurseur en la matière, *Comic Jun* [2], dont huit numéros étaient parus entre 1978 et 1979, se réinvente sous le nom *June* avec une ligne éditoriale dédiée au *boy's love*. Le magazine comprend des mangas et des textes de fiction. Mais aussi des articles sur des films, des romans, les arts en général ou encore des interviews d'idoles. Si l'homo-romance et l'homo-érotisme sont au cœur du magazine, tout ce qui correspond à l'esthétique *June* peut apparaître dans ses pages, même des romances hétérosexuelles ou *girl's love* [3]. De plus, une section nommée Junetopia fait le lien entre le magazine, ses lecteurs et les cercles de *dojinshi* en y publiant des entretiens de ces derniers. Un format hybride, où les mangas *boy's love* professionnels croisent le *yaoi* amateur. Une direction portée par son rédacteur en chef et fondateur, Tetsuro Sakuragi, qui avait précédemment été le rédacteur en chef du magazine gay *Sabu*. De fait, la ligne éditoriale de *June* intègre aussi des sujets plus larges que l'homo-romance, tels que des préoccupations propres à la communauté LGBT, et agrandit le lectorat cible initialement féminin. Le magazine a un tel succès que durant les années 1980 au Japon, le *boy's love* est appelé *june* par les *lecteurices*.

Mais d'autres magazines vont marquer le marché, tel *Gust* en 1990 des éditions Ôtô Shobô qui devient rapidement populaire et fut racheté en 2003 par Kaiohsha. Ou encore *BExBOY* créé en 1993 par l'éditeur Biblos, racheté aujourd'hui par Libre Publishing. C'est un magazine de prépublication incontournable, accompagné de *Be-Boy Gold*, *Junk ! Boy*... Plusieurs séries de renom sont apparues dans ces pages : citons *Viewfinder* (voir p. 67), *Fake* [4] et *The Night beyond the Tricornered Window* [5]. Une version française de *BExBOY* a été publiée par l'éditeur Asuka entre 2009 et 2012, pour un total de 15 numéros. Toujours en 1993, ce sont les éditions Kadokawa Shoten qui créent un magazine dédié au *boy's love*, *Asuka Ciel*, un bimestriel où est notamment publié le manga *Black or White* (voir p. 76). La liste ne cesse de s'accroître et s'allonge fortement avec l'apparition des magazines numériques.

Ci-dessus : couverture du magazine *Seventeen*.

En haut : affiche 2025 du Comiket

1 L'*aniparo* est une « parodie d'*anime* », souvent produite par des fans.

2 Le nom *Comic Jun* est par la suite repris chez le même éditeur pour son bimestriel *June DX*, publié entre 1984 et 2004, lorsqu'il devient un magazine mensuel.

3 Le *girl's love* est une romance entre deux femmes, qu'elle soit érotique ou non. C'est le pendant du *boy's love*.

4 *Fake* est un manga de Sanami Matoh terminé en sept tomes. La série publiée chez Tonkam en France est aujourd'hui en arrêt de commercialisation.

5 *The Night beyond the Tricornered Window* est un manga de Tomoko Yamashita, terminé en dix tomes au Japon. La série est en cours de publication aux éditions Taifu Comics avec neuf tomes à ce jour.

En France, hormis les fanzines déjà présents en convention, le premier éditeur de *boy's love* érotique est Tonkam en 2004, avec un premier titre plutôt léger, *Fake*, suivi de *Kizuna* quelques mois plus tard. En 2007, Asuka publie un *one-shot* d'une *mangaka* connue et appréciée des lectrices de *shôjo*, Setona Mizushiro. *Le Jeu du chat et de la souris* ouvre ainsi la collection *boy's love* de l'éditeur. Si Taifu Comics (à l'époque Punch Comics) se lance dans l'homo-romance en 2005 avec *Gravitation*, c'est en 2009 que l'éditeur publie son premier manga homo-érotique avec le *one-shot Wild Rock,* suivi de 15 autres titres la même année. Rapidement devenu incontournable pour son catalogue *BL*, il est rejoint sur le marché français par l'éditeur IDP (devenu depuis Hana).

En haut, à gauche : *June*, le magazine hybride qui marqua l'esthétique homo-romantique. À droite : cinquième numéro du magazine français de prépublication dédié au *boy's love* de l'éditeur Asuka.

Ci-dessus, à gauche : *boy's love* érotique de la *mangaka* Setona Mizushiro, ce *one-shot* à fait découvrir l'homo-érotisme à de nombreux fan de la *mangaka* lors de sa publication française chez Asuka, qui lance ainsi sa collection *BL*. À droite : couverture du numéro 5 du magazine japonais Gust.

Créé par des femmes pour des femmes, mais pas seulement

Si cet érotisme est écrit initialement par des femmes souvent à destination d'un lectorat féminin hétérosexuel, ces récits homo-érotiques n'ont jamais été lus exclusivement par ces dernières. Le *boy's love* a toujours compté dans ses rangs des lecteurs et lectrices homosexuels et même des hommes hétérosexuels. Un lectorat cible n'est pas un lectorat exclusif. Pourtant, cette ambiguïté a conduit à une controverse autour du *yaoi* et du *boy's love* au début des années 1990 au Japon.

C'est dans les pages d'un magazine indépendant féministe, qui aborde la question de la sexualité entre autres, que Satô Masaki porte des propos virulents aussi bien envers les *mangaka* de *boy's love* que les lectrices. Militant gay, il a estimé que ses droits de l'homme en tant qu'homosexuel étaient blessés par la représentation biaisée que le *BL* véhicule. Il a fortement attaqué les femmes qui pouvaient éprouver du plaisir à travers la lecture de scènes décrivant des relations sexuelles entre deux hommes, d'autant plus lorsqu'elle est retranscrite *via* l'esthétique fantasmée du *bishônen*.

Des critiques auxquelles plusieurs *mangaka* ont répondu, dont Takamatsu Hisako. Elle souligne que les œuvres auxquelles fait référence Satô Masaki dans son article étaient majoritairement des productions *yaoi* à destination d'un *fan service* féminin. Inclure l'ensemble du *boy's love* dans ce stéréotype revient à nier les mangas aux scénarios qui abordent déjà à cette époque d'autres problématiques comme le sida, le coming out, l'homophobie… et dont le lectorat n'a jamais été seulement féminin. La *mangaka* Akiko Yanagita a de son côté souligné que l'esthétique du *bishônen* n'était pas exclusive au *boy's love*. Elle se retrouve aussi dans le *shôjo* où les jeunes filles sont tout autant idéalisées dans leur représentation physique. Une critique qui ne peut donc être restreinte au *boy's love* et à la représentation des homosexuels.

Cette controverse qui fut appelée le *yaoi ronsô* a cependant eu un effet sur les parutions qui ont suivi. Akiko Mizoguchi [6] remarque à la suite de cette dernière une évolution des scénarios et des *chara-design*. Un changement accentué par la génération de *mangaka* des années 2000 qui complexifie les relations entre ses personnages et les contextualise d'autant plus dans des problématiques sociétales. « *Le BL a évolué en un genre qui offre une infinité de possibilités de relations entre hommes et femmes, éloignées des normes imposées par les conventions sociales. On peut dire qu'il est devenu plus divers et plus raffiné. L'atmosphère de la société a quelque peu changé récemment, depuis que la préparation aux Jeux olympiques de Tokyo a commencé à prôner la diversité et l'inclusion, à l'initiative du gouvernement et des médias* [7]. »

En 2019, le manga *Momo et Manji* [8] de Sawa Sakura, qui décrit un couple d'hommes à l'époque d'Edo, a reçu le Prix du Festival des arts médiatiques de l'Agence pour les affaires culturelles dans la catégorie manga. Une première pour le genre *boy's love*, qui marque une reconnaissance de celui-ci auprès des lecteurs de mangas et des professionnels.

Le *boyslove*-tionnaire

Le *boy's love* s'accompagne d'une linguistique spécifique dédiée avec un vocabulaire varié et en constante évolution, à l'image d'une langue vivante. L'ensemble des termes propres à l'univers *boy's love* mériteraient une étude à eux seuls tant leur étymologie est complexe et représentative de l'évolution du genre. S'il n'est pas nécessaire de les maîtriser dans leur ensemble pour découvrir le *BL*, certains d'entre eux sont couramment employés et méritent une mise en lumière pour une meilleure compréhension de leur signification.

En commençant par celui qui fut durant de nombreuses années en France le principal mot pour désigner les *boy's love* homo-érotiques, à savoir *yaoi*. Cet acronyme de *yama nashi, ochi nashi, imi nashi* peut se traduire par « pas de climax [dans la narration], pas de chute [au récit], pas de sens [à l'histoire] ». Un terme qui accentue bien l'autodérision des premières *dojinka boy's love* des années 1980, en réponse aux critiques qui leur étaient faites. Les *yaoi* produits à cette époque dans le milieu amateur sont principalement des *fanfiction*. Les *dojinka* n'ont jamais souhaité répondre aux contraintes éditoriales et laissent libre cours à leur imagination et au plaisir de mettre en scène leurs idoles (personnages de mangas, artistes, acteurs…) dans des situations érotiques.

En haut : fresque historique à l'époque Edo, le manga est le tout premier *BL* de la mangaka Sawa Sakura. Couverture française du tome 1.

En bas : le premier *shôjo* manga à représenter dans ses pages une relation sexuelle entre les protagonistes (couple hétérosexuel).

6 Akiko Mizoguchi est professeure en lettres, arts et sciences à l'université de Waseda.

7 Extrait du livre *L'Évolution du BL : le BL fait bouger la société* de Mizoguchi Akiko, Ohta shuppan.

8 Au Japon, le manga *Momo et Manji* est toujours en cours de prépublication dans les pages du magazine *on Blue* de l'éditeur Shodensha avec six tomes. En France, la série est disponible avec quatre tomes à ce jour aux éditions Hana.

L'acteur Bjorn Andersen (extrait du film *Mort à Venise* et affiche promotionnelle) qui a inspiré les traits du personnages d'Oscar François de Jarjayes dans le manga *La rose de Versailles* (couverture française du tome 1).

Dans l'esthétique des *boy's love* revient couramment un type de *chara-design*, le *bishônen*. Il se traduit en français par « beau garçon » (voir p. 14). Cette représentation androgyne d'un jeune homme prend ses racines dans l'art et la littérature du Moyen Âge japonais. Pour les mangas, sa représentation se codifie dans les années 1970, fortement marquée par l'acteur Björn Andrésen [9] qui inspire entre autres Oscar François de Jarjayes, le protagoniste de *La Rose de Versailles* [10]. Une esthétique qui sera reprise pour de nombreux protagonistes *shôjo* et *boy's love*, où les personnages masculins aux visages fins et à la beauté angélique sont élancés et sensuels.

Le *bishônen* est opposé à l'*ikemen* [11], littéralement « homme cool ». Ce mot désigne des protagonistes masculins plus virils, avec une musculature plus affirmée et des caractéristiques physiques plus adultes. Le terme est popularisé à la fin des années 1990 par le magazine gay *G-men* qui est le premier à utiliser la contraction *ikemen* dans ses colonnes.

La représentation des couples *boy's love* a longtemps été codifiée et le reste encore, même si l'évolution du genre tend à troubler les caractéristiques prédéfinies. Le terme argotique *seme*, aujourd'hui plus couramment remplacé par *top*, signifie « pour attaquer ». Tirant son origine des arts martiaux, il désigne le personnage qui pénètre lors d'un rapport sexuel. Au début du *boy's love* érotique, le rôle du *seme/top* s'accompagnait de caractéristiques comme une attitude dominante et puissante, un protecteur au physique plutôt grand, un personnage souvent à l'origine de la relation qui va se tisser.

Face au *seme*, on retrouve l'*uke*, mot dérivé du verbe « recevoir », qui correspond au *bottom* dans le vocabulaire actuel. Lui aussi à l'origine employé dans les arts martiaux, l'*uke/bottom* désigne le personnage pénétré dans le couple. Il s'accompagne dans les premiers récits de caractéristiques physiques plus féminines, souvent *bishônen*.

Les deux termes sont aujourd'hui plus employés pour désigner autant un rôle lié à la relation sexuelle que des caractéristiques physiques ou psychologiques, celles-ci étant fortement interchangeables dans les *boy's love* actuels. Il n'est plus rare de voir un *bottom* viril poursuivre un *top* efféminé. Les termes *seme* et *uke* ont été fortement sous-catégorisés, par exemple [12] :

- *kichiku seme* : un personnage froid, brutal voire sadique vis-à-vis de son *uke* ;
- *hetare seme* : un personnage qui se fait facilement dominé par un *uke* ;
- *mujaki seme* : un personnage pur et timide, souvent inexpérimenté, dont l'attitude est habituellement celle d'un *uke* ;
- *wanko uke* : un personnage loyal et dévoué à son *seme*, comme un chien [13] à son maître ;
- *sasoi uke* : un personnage qui séduit et tente sexuellement le *seme* ;
- *otokomae uke* : un personnage qui agit comme un homme et laisse supposer que son personnage est un *seme* par son attitude et ses caractéristiques physiques.

9 Le jeune acteur suédois Björn Andrésen interprète le rôle de Tadzio dans le film de Luchino Visconti *Mort à Venise*. Il est durant les années qui ont suivi la sortie du film considéré mondialement comme l'icône de la beauté masculine juvénile.

10 *La Rose de Versailles* est disponible en intégralité aux édition Kana.

11 Le terme *ikemen* est la contraction de deux mots. Le premier *ikeru* (ou *iketeru*) est à l'origine uniquement employé dans le Kansai pour parler aussi bien d'objets que de personnes « cool ». Le terme s'est popularisé *via* internet. Les deux mots ont été utilisés pour décrire des hommes séduisants dans la communauté gay du milieu des années 1990. Ils sont ensuite associés à *menzu* qui vient de l'anglais *men*. La forme initiale *ikeru menzu* (ou *iketeru menzu*) signifiait « hommes cool » pour parler d'hommes séduisants.

12 Une liste plus complète est disponible sur le site web de l'association française La Mafia du *yaoi* : https://mafia-yaoi.fr/yaoi-kesako/seme-uke/

13 *Wanko* fait référence à l'aboiement d'un chien.

Ces descriptions stéréotypées sont exclusivement employées dans une communauté de fans, et non dans le milieu éditorial, où les *fujoshi* se sont réapproprié ce terme à l'origine fortement négatif. Il se traduit par « fille pourri » et désigne une femme fan de *boy's love* (mangas, *anime* ou encore jeux vidéo). Son pendant masculin est le terme *fudanshi*, « garçon pourri ».

Un espace de liberté graphique et scénaristique

Les mangas *boy's love* peuvent offrir aux lecteurs des scènes sexuelles extrêmement osées. Si, graphiquement, les parties intimes de ces messieurs sont censurées par diverses techniques, il n'en va pas de même pour les sujets abordés. Scénaristiquement, le *boy's love* n'a pour ainsi dire jamais fait l'objet d'une censure. D'après Fujimoto Yukari [14], *« la liberté d'expression est peu contrôlée au Japon, sans doute parce que le Japon a fait l'amère expérience de ce qu'était une véritable censure pendant la guerre. Je pense que tous ceux qui ont connu le grand renversement des valeurs à la fin de la guerre, y compris parmi l'élite sociale conservatrice âgée, ont conscience du danger que porte en soi un encadrement légal de la liberté d'expression. [...] D'autre part dans le* BL*, les descriptions éventuellement érotiques sont toujours justifiées dans le cadre des relations personnelles des deux protagonistes, la limite avec la pornographie n'est pas franchie. Une autre raison importante est que l'érotisme à destination des femmes n'est pas considéré comme un problème* [15]*. »* Mais récemment, le *boy's love* a fait l'objet de restrictions dans des bibliothèques de la préfecture de Tokyo. Des récits non censurés mais qui, dans un futur proche, pourraient être plus encadrés dans leur mise à disposition auprès des lecteurs ?

La censure scénaristique et graphique est plus présente dans d'autres pays asiatiques comme la Chine. L'autrice Tianyi a même été condamnée à dix ans et six mois de prison pour avoir publié en ligne un roman *boy's love* au contenu extrêmement érotique entre un professeur et son étudiant, *Gongzhan* [16]. En Corée du Sud, les expressions sexuellement explicites sont très strictement encadrées. Mais l'émancipation du *webtoon boy's love* à l'international et la demande croissante de ce lectorat pour des contenus toujours plus érotiques amènent les éditeurs à assouplir leurs restrictions en faveur des enjeux économiques qui se jouent.

Cette non-censure permet un développement et une codification d'un certain nombre de thèmes récurrents du *BL*, sujets de nombreuses controverses auprès des lecteurs non aguerris. Viols, relations toxiques, *stalking*, harcèlement, mais aussi pratiques sexuelles tabouisées comme le BDSM, sont souvent au cœur des scénarios des *boy's love* homo-érotiques. Une prise de parole qui poursuit différents objectifs, souvent avec un effet de catharsis. Comme une critique affirmée qui mène les *lecteurices* à réfléchir à leur propre réalité, avec des récits qui bafouent le consentement des personnages, à l'image de *10 count* (voir p. 69). Ou une projection de fantasmes avec une dissociation des lectrices par rapport aux protagonistes masculins : elles se sentent de fait en sécurité par rapport aux sujets parfois violents abordés, à l'instar de *In These Words* (voir p. 70). Mais aussi la découverte d'une sexualité plus libre et sans jugements, à travers des récits tels que *Vices* (voir p. 96) où le lecteur questionne d'autres pratiques et ses propres désirs. Et plus récemment, des *boy's love* aux issues positives malgré les sévices vécus par leurs personnages, ce qui est le cas dans *Laisse-moi te détester* (voir p. 117), montrant qu'un avenir meilleur est possible. Ces derniers s'opposent aux nombreux récits dramatiques et tragiques qui ont marqué les premiers *BL*. Autant d'aspects librement exprimés qui offrent un éventail varié aux histoires homo-érotiques.

Meyra SUDAL

Couverture de *Generous*, magazine de prépublication accueillant des *BL*.

14 Yukari Fujimoto est professeure à l'université de Meiji. Elle est chercheuse et critique de mangas, ainsi qu'autrice de livres théoriques.

15 Propos recueillis par Itakura Kimie pour le site *Nippon.com*.

16 L'homosexualité n'est plus considérée comme un crime depuis 1997 et comme une maladie mentale depuis 2001 en Chine. Cependant, les autorités réprouvent la présence de l'homosexualité dans les arts et poursuivent les artistes dont les profits qu'ils peuvent obtenir de ces œuvres dépassent un certain montant, en raison de « mise en danger de l'unité nationale » ou de « perturbation de l'ordre social ». La condamnation de l'autrice Tianyi a été fortement critiquée en Chine.

SAKURA GARI

Un drame historique au service d'un boy's love sans amour entre les protagonistes

Yuu Watase imagine l'intrigue de *Sakura Gari* en voulant démystifier l'idée préconçue qu'une famille est forcément unie. Il en ressort un manga au drame puissant dont l'issue tragique est laissée à l'appréciation du lecteur dans une fin ouverte.

Mangaka : Yuu Watase

Traduction : Jacques Lalloz

Année VO/VF : 2008/2009

Éditeur VF : Tonkam

Statut publication VO : 3 tomes (terminé)

Statut publication VF : 3 tomes (terminé – plus édité)

Érotisme :

Contenu sensible :

Au début de l'ère Taishô (1912-1926), le jeune Masataka Tagami se rend à la capitale pour suivre des études. Afin de les financer, il entre au service de la famille Saiki et du jeune maître de maison, Soma.

Masataka est rapidement entraîné malgré lui dans les secrets de cette famille destructrice et sa bienveillance envers le jeune maître le conduira à sa perte.

Sakura Gari raconte l'histoire de deux âmes meurtries en quête de rédemption. Leur salut naîtra de leur union dévastatrice. Soma et Masataka ne sont pas homosexuels. Ils ont une relation de pédérastie [1] imposée de force par Soma, et qui symbolise la fin des pratiques qui avaient lieu jusqu'au milieu de l'ère Meiji (voir p. 37) dans une période d'occidentalisation du Japon qui les réprouve fortement. Le manga dépeint avec froideur un contexte de violence sexuelle quasi omniprésent où la victime devient bourreau. Soma subit plusieurs traumatismes durant son enfance qui influent sur l'ensemble de ses actions et décisions d'adulte. Dépressif, il est en quête d'amour, quitte à subir des relations non désirées, où il se prête à des actes sexuels de façon impassible. Il reproduit par la suite lors de sa relation avec Masataka le schéma dont il a été victime. Loin de tout sentiment amoureux, la relation entre les deux jeunes hommes se mue en une affection commune. La conclusion du manga laisse la porte ouverte vers un futur sentiment amoureux, en fonction du désir du lecteur.

Ci-contre : couverture du tome 3 de l'édition Espagnole qui reprend l'illustration de l'édition japonaise.

À gauche : couverture française du tome 1

Yuu Watase est une *mangaka* réputée pour ses mangas *shôjo* parus dans les années 1990 et 2000, et publiée en France au catalogue de la maison d'édition Tonkam. La *mangaka* avoue méconnaître totalement les *boy's love* lorsqu'elle se lance dans l'écriture de *Sakura Gari*. Elle y aborde son récit sous le prisme d'un drame humain, tout en se renseignant sur les codes narratifs propres aux *boy's love*. La sortie française du manga a droit à une magnifique édition reliée et cartonnée, grand format, avec une *surcover* et des illustrations en couleurs. La *mangaka* fait partie du cercle Ganohana, où elle publie en décembre 2012 un *dojinshi* qui contient les 16 années de travail qui ont mené à la publication de *Sakura Gari*.

Meyra SUDAL

1 La pédérastie désigne à l'origine une relation entre un homme adulte et un adolescent ou jeune homme plus jeune. Pas forcément liée à une orientation sexuelle, cette pratique présente dans plusieurs cultures antiques et jusqu'à la Renaissance s'accompagne souvent d'une démarche éducative ou d'un rite initiatique.

VIEWFINDER

Quand la curiosité est un vilain défaut

Viewfinder **est un titre datant du début des années 2000 qui présente des aspects problématiques mais qui demeure captivant en termes de réalisme sur le dessin et l'univers mafieux. La *mangaka* manifeste son intérêt pour l'érotisme tout au long de son œuvre, mais ce titre n'est pas accessible à tous.**

Le proverbe est pourtant clair : la curiosité est un vilain défaut. Mais écoutez-vous ce conseil ? Dans *Viewfinder*, Akihito Takaba a fait ce qu'il voulait. Ce photographe à scandales est en quête de son prochain scoop afin de stimuler sa carrière et il est prêt à tout. Il prendra même des photos des transactions que les yakuzas peuvent effectuer et il rencontrera alors Asami Ruyichi, un membre de la mafia japonaise. Celui-ci va s'intéresser au photographe et le prendre en otage. Tous deux se mettent alors à jouer au chat et à la souris jusqu'au moment où Akihito rencontre Liu Feilong, un membre de la mafia chinoise. Akihito voit alors sa vie se métamorphoser.

Ce titre est plutôt « ancien » et suit les codes d'une époque révolue. Ainsi, dès le premier tome, les scènes de sadomasochisme sont très crues. De plus, il comporte de nombreuses scènes de rapports non consentis, autrement dit de viols. En 2025, c'est assez dérangeant à lire, d'autant que Akihito donne l'impression d'en redemander mais encore une fois, cela correspond aux attentes des lectrices de *BL* à l'époque de la sortie du titre.

L'univers tourne autour des mafias japonaise et chinoise. Un monde très intéressant dans lequel Akihito va devoir s'impliquer car en se montrant auprès d'Asami, il va être considéré comme le point faible de celui-ci, donc victime de nombreuses tentatives de kidnapping.

L'histoire devient de plus en plus captivante au fil des tomes. La *mangaka* prend le temps de mettre en place l'histoire et de maintenir son récit autour de la mafia en ajoutant des complots ou de la politique.

En ce qui concerne le dessin, il s'agit de traits fins et réalistes. En outre, les visages peuvent sembler figés, mais cela ne nuit pas à l'appréciation de la lecture.

Si les scènes brutes ne sont pas un frein, et si la capacité à prendre du recul est présente, *Viewfinder* demeure un titre indispensable à découvrir pour comprendre l'origine du *boy's love* et pour proposer désormais des titres mettant en avant le consentement.

Priscilla RECULARD

Mangaka : Ayano Yamane

Traduction : Julie Gerriet & Margot Maillac

Année VO/VF : 2007/2010

Éditeur VF : Asuka

Statut publication VO : 14 tomes (en cours)

Statut publication VF : 13 tomes (en cours)

Érotisme :

Contenu sensible :

JUNJO ROMANTICA

Les cours particuliers ne sont plus ce qu'ils étaient

***Junjo Romantica* est un classique du *boy's love*. Il s'agit d'un manga sorti au début des années 2000, avec des personnages attachants. C'est une comédie romantique qui commence mal mais qui mérite d'être lue. Un moment de vie remarquable qui fait évoluer à la fois les personnages principaux et les récits secondaires.**

Mangaka : Shungiku Nakamura

Traduction : Julie Gerriet

Année VO/VF : 2003/2011

Éditeur VF : Asuka

Statut publication VO : 29 tomes (en cours)

Statut publication VF : 28 tomes (en cours)

Érotisme :

Contenu sensible :

Misaki Takahashi veut intégrer l'université Mitsuhashi où son frère n'a pas pu aller car celui-ci a dû s'occuper de lui à la mort de leurs parents. Cependant, ses notes ne lui permettent pas d'entrer dans cet établissement. Son frère, Takahiro, va faire appel à son meilleur ami, Usami Akihiko, un écrivain réputé, pour qu'il lui serve de professeur particulier. Misaki découvre à cette occasion qu'Usami est amoureux de son grand frère. Cela le met en colère mais il va continuer de découvrir Usami. Toutefois, le soir de l'anniversaire de son frère, il s'énerve au nom d'Usami car Takahiro annonce son mariage. Misaki s'éclipse avec Usami et pleure. Usami va se rendre compte que son amour se porte désormais sur Misaki. Comment va évoluer cette relation ?

Il s'agit d'un synopsis assez classique et il ne faut pas se focaliser sur le non-consentement qui se manifeste dès le premier tome. Le passage où Usami contraint Misaki à avoir un rapport sexuel avec lui n'est pas agréable à lire, mais cela était conforme aux normes littéraires de l'époque.

Au-delà de ce passage, le récit va se concentrer sur le passé douloureux d'Usami et la façon dont Misaki l'aidera à y faire face. De plus, étant donné qu'Usami est un écrivain renommé, ce titre présente les coulisses de la conception et de l'édition d'un roman.

En parallèle, *Junjo Romantica* suit également deux autres couples qui sont liés entre eux : Junjo Egoïst avec Kusama Nowaki et Kamijô Hiroki qui est le meilleur ami d'enfance d'Usami, et Junjo Terrorist avec Takatsuki Shinobu et Miyagi Yô qui est le collègue de Kamijô Hiroki.

Chaque tome présente l'histoire des différents couples qui ont leurs problématiques, que ce soit sur les sentiments qu'ils peuvent ressentir, la jalousie, etc. Malgré des disputes, ces couples finiront par communiquer pour exprimer ce qu'ils ressentent.

Le manga a eu droit à un *anime* en trois saisons dont les deux premières sont sorties en 2008 et la troisième en 2015 ainsi que deux OAV en 2012 et 2015.

Priscilla RECULARD

Affiche promotionnelle de l'anime diffusé en 2008.

10 COUNT

Affronter sa phobie par la pratique

La romance de *10 count* s'affirme comme immorale tout en prenant soin de développer une belle histoire d'amour pour des *lecteurices* avertis.

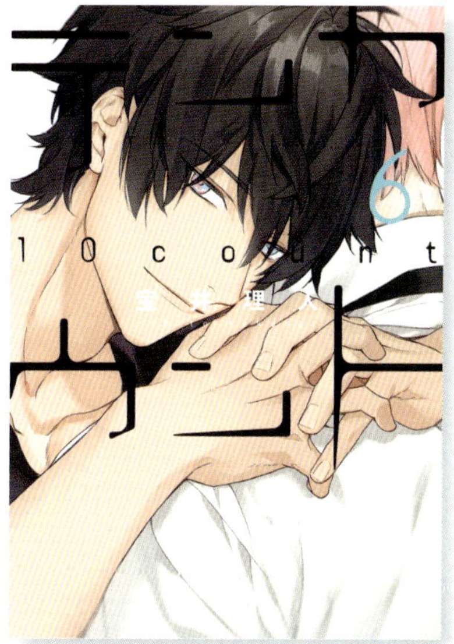

Couverture japonaise du tome 6.

Shirotani Tadaomi souffre de mysophobie [1] sévère. Sa rencontre avec le psychologue Kurose Riku l'amène à vouloir guérir de cette maladie. Sur la réserve, Shirotani accepte finalement la méthode proposée par ce dernier et dresse une liste de dix actions qui sont répugnantes à ses yeux. Shirotani doit les réaliser de façon progressive en présence de Kurose lors de rendez-vous hebdomadaires. Mais une relation ambiguë émerge entre le psychologue et son patient.

10 count décrit de multiples désirs interdits dans une romance contemporaine à la tension sexuelle croissante. La relation entre Shirotani et Kurose transgresse la déontologie propre aux professions médicales quand, à travers des flash-back, leur passé révèle d'autres liens déviants avec leurs proches. Des désirs interdits moralement qui s'opposent avec force aux désirs physiques ressentis par les protagonistes. Le rapport implicite de domination qu'exerce Kurose en tant que psychologue donne lieu à des scènes qui interrogent les *lecteurices* sur la notion de consentement. Malgré un plaisir visible, Shirotani s'oppose catégoriquement aux premiers attouchements de Kurose, qui nie son refus. Le manga place de fait les *lecteurices* en pleine conscience d'une relation qu'iels refuseraient de vivre, mais qu'iels ont plaisir à fantasmer.

Rihito Takarai publie au début des années 2000 des *dojinshi* de Prince du tennis [2] au sein du cercle Giga Traper. Elle commence sa carrière professionnelle en 2007 aux cotés de scénaristes pour le manga d'homo-romance *Seven Days* et le *shôjo Welcome to Hotel Williams Child Bird* [3]. Elle déploie son talent à travers des séries aux genres variés, dont récemment un *shônen* sous le nom d'Octo. Elle est invitée par les éditions Taïfu à la 15e Japan Expo de Paris.

À sa sortie, le dernier tome de *10 count* se hisse à la première place du top oricon, où la série est déjà apparue plusieurs fois au cours de sa publication. Un succès qui amène à une adaptation en *CD-Drama* et à la sortie d'un jeu de séduction pour mobile. Annoncé en 2017, l'adaptation en série animée est malheureusement annulée.

Meyra SUDAL

Mangaka : Rihito Takarai

Traduction : Margot Maillac

Année VO/VF : 2013/2014

Éditeur VF : Taifu Comics

Statut publication VO : 6 tomes (terminé)

Statut publication VF : 6 tomes (terminé)

Érotisme : 🌶🌶🌶

Contenu sensible : 🚩

1 La mysophobie est une maladie psychologique et fait partie des diagnostics liés aux trouble obsessionnels compulsifs. Il s'agit d'une peur irrationnelle d'être en contact avec la saleté ou d'être contaminé par des microbes, des bactéries et des parasites.

2 Un *shônen* sportif sur le tennis, dont l'intégralité des 42 tomes est disponible aux éditions Kana en France.

3 Les trois tomes de la série sont disponibles au catalogue de la maison d'édition Ototo.

Sur cette page : couverture française du tome 4

Page suivante de gauche à droitee : couverture du tome 2 de l'éditeur BBC Deluxe.
Préquels de la saga *In These Words* en manga et *light novel* qui complètent l'intrigue principale.

IN THESE WORDS

La lecture qui procure le plaisir le plus coupable !

Thriller glaçant dont les révélations sont à couper le souffle, *In These Words* s'est imposé dès ses premiers chapitres comme un manga qui marquera l'histoire du *boy's love* par son positionnement risqué dans sa retranscription graphique des scènes érotiques non consenties.

Mangaka : Guilt | Pleasure

Traduction : Aude Merchiers (tomes 1 à 3) puis Audrey Abebsi (tome 4)

Année VO/VF : 2011/2014

Éditeur VF : Taifu Comics

Statut publication VO : 4 tomes (en cours)

Statut publication VF : 4 tomes (en cours)

Érotisme :

Contenu sensible :

Psychiatre ayant suivi une formation de *profiler* aux États-Unis, Katsuya Asano vient en aide à la police de Tokyo pour arrêter un tueur en série. Mais si l'opération est une réussite, le tueur, du nom de Shinohara Keiji, refuse de passer aux aveux. Obnubilé par la personne qui est à l'origine de son arrestation, ce dernier exige que ce soit Katsuya qui recueille ses aveux. Commence alors une série d'entretiens entre le psychiatre et le *serial killer* dans une bâtisse sous haute protection... Depuis le début de l'enquête, Katsuya est troublé par des cauchemars incessants où il se retrouve être la victime de tortures et de sévices sexuels de la part d'un homme dont il ne voit pas le visage. Serait-ce dû à une empathie trop grande de sa part vis-à-vis des victimes ? À moins qu'il ne s'agisse d'autre chose, comme Shinohara semble le sous-entendre.

C'est un incroyable thriller psychologique que livre Guilt | Pleasure dans cette œuvre qui est déjà considérée comme un incontournable du genre ! L'intrigue non conventionnelle pour un *boy's love* est digne des meilleurs scénarios de film. Rêve et réalité s'affrontent dans un jeu de fausses pistes qui trouble le lecteur et le pousse à s'interroger sur les limites de notre conscience quant à la réalité et la véracité de nos souvenirs. Les révélations chocs s'enchaînent et percutent tout autant que la violence des scènes de torture subies par le protagoniste. L'incroyable talent de Guilt | Pleasure réside dans l'érotisation et la sensualité de celles-ci. Sans jamais romantiser ni excuser la violence des viols et des tortures commis par le tueur en série, ceux-ci sont retranscrits de façon à ne pas mettre les lecteurs mal à l'aise, mais plutôt à leur faire ressentir un plaisir durant leur lecture. Un plaisir forcément coupable aux vues des scènes décrites, d'où le nom du duo d'artiste. Un véritable tour de force parfaitement maîtrisé. Frôlant la *dark romance* [1], l'histoire maintient une tonalité sombre tout en s'allégeant au fil des tomes. Une romance contemporaine salvatrice pour le lecteur se développe petit à petit et nuance par sa douceur l'atrocité de l'affaire du tueur en série qui reste la trame de fond principale du manga.

Le cercle de *dojinshi* Guilt | Pleasure est composé de deux artistes taïwanaises expatriées aux États-Unis. Dessinatrice naturalisée américaine, Chen Jo publie

1 La *dark romance* est un sous-genre littéraire de la romance, apparu dans les années 2010 et fortement popularisé à travers les réseaux sociaux dans les années qui ont suivi. Elle soulève de grandes polémiques par ses thématiques de fond (violence, rapports immoraux, remise en question du consentement) et son positionnement marketing vis-à-vis d'un public jeune. Les intrigues amoureuses questionnent les limites entre amour et désirs dans des récits qui franchissent parfois les cadres imposés par la loi et/ou la morale.

ses œuvres *boy's love* sous le patronyme de Jun Togai (TogaQ pour les publications japonaises). Elle commence sa carrière professionnelle en Asie à l'âge de 14 ans, avant de suivre sa famille au États-Unis à 18 ans. Elle y intègre le milieu du comics où elle se fait connaître par ses illustrations de *Racer X*[2]. Elle devient rapidement une *comics artist* de couverture aux éditions DC et Dark Horse[3].

La scénariste Narcissus, qui emploie aussi le pseudonyme de Kichiku Neko, a travaillé dans la police pendant 11 ans tout en écrivant des polars durant son temps libre. Le succès international de *In These Words* l'amène à quitter son poste pour se consacrer entièrement à l'écriture.

En 2010, le duo crée le cercle Guilt | Pleasure à travers lequel elles souhaitent proposer des *yaoï*[4] aux graphismes plus réalistes et détaillés, dans un style mature, avec des récits qui explorent tout à la fois la *dark romance*, le polar et la psychologie.

Initialement publiés sur Internet, les premiers chapitres de *In These Words* ont un succès retentissant auprès des *lecteurices* de *boy's love*, ce qui interpelle rapidement les éditeurs. La célèbre maison d'édition japonaise Libre Shuppan achète les droits et prépublie la série dans les pages du magazine *Be x Boy Gold* pour les deux premiers volumes. Le manga est aussi publié au format relié en Allemagne (Tokyopop) où le collector du volume 1 fut épuisé en quelques semaines, en Chine (Scalar Studio, LLC) et en Corée du Sud.

En France, *In These Words* paraît dans deux éditions différentes chez Taifu Comics : une normale et une en plus grand format collector (15 x 21 cm). Cette dernière comprend une couverture rigide et un signet. Elle est agrémentée de deux doubles posters recto-verso en couleurs. Les versions françaises sont non censurées, à l'image de la version d'origine. La saga *In These Words* comprend de nombreux *light novel* et *dojinshi* qui viennent enrichir l'intrigue principale de préquelles et suites autour des deux protagonistes, mais pas seulement. Certains sont disponibles en français aux éditions Taifu Comics comme *Father Figure* ou encore *Bad Company*. L'ensemble de ces histoires annexes contribuent à faire vivre le manga *In These Words* et à maintenir la patience du lectorat face au rythme de parution particulièrement lent qui marque la série.

In These Words remporte le tournoi *Yaoi* 2014 du site Manga News, dans une finale serrée face à *10 count* (voir p. 69). L'année qui suit la publication du tome 1 en France, les artistes de Guilt | Pleasure sont les invitées de la maison d'édition Taifu Comics pour la Japan Expo de Paris de 2015.

Meyra SUDAL

---

2 *Racer X* est une mini-série faisant partie du comics *Speed Racer*, publiée par Wildstorm D. C. Comics en 2000.

3 Elle signe notamment les couvertures des comics *Fugitifs* et *Buffy contre les vampires* (saisons 8 et 9). Elle a aussi travaillé sur des séries de chez Marvel comme *X-Men Unlimited* et *Thor*.

4 Leurs œuvres étant initialement produites pour un *dojinshi*, le terme *yaoi* a été ici employé.

L'ÉTRANGER DE LA PLAGE

Une histoire touchante sur la découverte de l'amour

Le *one-shot*, *L'Étranger de la plage*, et la série qui lui fait suite, *L'Étranger du zéphyr*, de Kanna Kii se distinguent par leur esthétique épurée et la représentation touchante et subtile qu'ils font des relations humaines. Sur l'ensemble du titre, les thèmes de l'amour, de l'identité et de l'acceptation sont abordés.

Mangaka : Kii Kanna

Traduction : Aline Kukor

Année VO/VF : 2013/2016

Éditeur VF : Hana Edition

Statut publication VO : 1 tome (terminé)

Statut publication VF : 1 tome (terminé)

Érotisme :

Contenu sensible :

Sur une petite île japonaise baignant dans une atmosphère apaisante et contemplative, Shun Hashimoto, un jeune écrivain ouvertement homosexuel, rencontre Mio Chibana, un lycéen solitaire qui vit une période difficile après la perte de sa mère. Leur rencontre, marquée par une douceur presque onirique, débouche sur une amitié naissante et une attirance mutuelle qui n'ont rien de forcé ou de cliché.

Cependant, Mio quitte l'île peu de temps après, laissant Shun seul avec ses sentiments. Trois ans plus tard, Mio revient, adulte et plus affirmé, prêt à affronter les questions laissées en suspens.

L'Étranger de la plage n'est pas seulement une histoire d'amour, c'est aussi une exploration profonde des peurs et des espoirs qui accompagnent la quête d'identité. Shun lutte avec les attentes de sa famille et les stigmates liés à son orientation sexuelle, tandis que Mio tente de comprendre ses propres sentiments tout en naviguant entre sa douleur et son désir de connexion.

Kanna Kii parvient à capturer ces émotions complexes à travers des dialogues sincères et des silences évocateurs. Le rythme est lent, presque contemplatif, reflétant les va-et-vient des vagues omniprésentes dans le décor. Ce rythme permet au lecteur de s'immerger dans les émotions des personnages et de savourer la beauté des illustrations.

Après les aventures que les protagonistes ont pu vivre, une suite se nommant *L'Étranger du zéphyr* a vu le jour. Shun et Mio, désormais en couple, tentent de construire une vie commune. Alors que *L'Étranger de la plage* explorait les premières étincelles de leur amour, cette suite plonge dans les défis quotidiens d'une relation mature. Shun, un écrivain en proie à ses propres insécurités, doit faire face à son passé familial conflictuel. Mio, de son côté, doit concilier ses propres aspirations avec son amour pour Shun. Ces luttes internes et partagées sont au cœur de l'intrigue, offrant un portrait nuancé et authentique de l'évolution d'une relation.

Kanna Kii excelle à dépeindre la vulnérabilité de ses personnages. Les dilemmes auxquels Shun et Mio font face ne sont jamais surdramatisés, ils sont traités avec une subtilité qui permet aux lecteurs de s'identifier facilement à leurs problèmes. Qu'il s'agisse de l'acceptation de soi, du poids des attentes sociales ou des difficultés à communiquer dans une relation, le manga aborde ces thèmes avec une sincérité touchante.

Les interactions entre les personnages secondaires, notamment la famille de Shun, ajoutent une richesse supplémentaire au récit. Les conflits familiaux, tout en étant spécifiques à l'expérience de Shun, résonnent universellement.

Le trait de Kanna Kii est léger et délicat, parfaitement adapté à l'atmosphère mélancolique et romantique du manga. Les paysages côtiers, dessinés avec soin, renforcent l'impression de calme et d'évasion. Chaque planche respire l'émotion et la simplicité, créant une expérience visuelle aussi apaisante qu'émouvante. Les expressions subtiles des personnages et les jeux de lumière contribuent à créer une atmosphère à la fois apaisante et immersive.

Chaque case est une œuvre d'art à part entière, reflétant l'état émotionnel des protagonistes tout en renforçant l'ambiance globale du manga.

Depuis sa sortie, *L'Étranger de la plage* a touché de nombreux lecteurs par sa représentation positive et respectueuse de l'amour homosexuel, un thème encore trop rarement abordé dans le manga grand public. En 2020, l'adaptation en film d'animation a permis à l'œuvre de gagner en visibilité tout en restant fidèle à l'essence du manga.

Avec *L'Étranger du zéphyr*, plutôt que de se concentrer uniquement sur la romance, l'histoire met en lumière la complexité des relations humaines et les défis individuels auxquels chaque personnage est confronté. Ce manga s'adresse ainsi à un public bien plus large, qu'il soit familier ou non avec le *boy's love*.

C'est une œuvre à la fois intime et universelle, une invitation à contempler les vagues de l'amour et de l'acceptation. Par son approche sincère et artistique, Kanna Kii livre un manga marquant, à mettre entre toutes les mains, que l'on soit amateur de *BL* ou simplement en quête d'une belle histoire humaine.

L'Étranger de la plage et *L'Étranger du zéphyr* forment ensemble une œuvre qui s'impose comme une référence dans la bande dessinée japonaise contemporaine. Avec sa narration émotionnellement résonnante, son art magnifique et ses personnages attachants, elle offre une expérience de lecture inoubliable que l'on soit fan de la série ou que l'on découvre le genre *boy's love*. Ce manga sait toucher en plein cœur.

Priscilla RECULARD

Affiche du film (en haut), jaquette (ci-contre) du coffret DVD et extrait de l'*anime* réalisé par le Studio Hibari.

BLUE SKY COMPLEX

Une histoire d'amour et de vie

Comme les histoires d'amour ne se terminent pas après le premier baiser suivi de la phrase « et ils vécurent heureux », *Blue Sky Complex* raconte à la façon d'un *slice of life* l'évolution d'un couple des années lycée jusqu'à...

Mangaka : Kei Ichikawa

Traduction : Aline Kukor (tomes 1 à 7), Angélique Mariet (tome 8), Amandine Martel (tome 9)

Année VO/VF : 2013/2018

Éditeur VF : Hana

Statut publication VO : 10 tomes (en cours)

Statut publication VF : 9 tomes (en cours)

Érotisme :

Contenu sensible :

En quête d'un lieu tranquille pour lire, Narasaki accepte la requête de son professeur qui lui demande de surveiller la bibliothèque de son lycée jusqu'aux vacances d'été. Mais une fois sur place, il découvre qu'il doit partager le poste avec Terashima, un élève à la mauvaise réputation. Narasaki est tout d'abord réticent. Bien que tout les oppose, il va petit à petit se laisser apprivoiser par un Terashima différent de l'image qu'il donne. À l'approche des vacances, la séparation semble inévitable, mais une demande de Terashima va sceller leur rencontre d'une façon inattendue.

Avec ses personnages aux caractères bien trempés mais aussi différents l'un de l'autre, *Blue Sky Complex* met en scène une romance contemporaine qui évolue avec beaucoup de maturité en même temps que les protagonistes avancent dans la vie. Leur rencontre au lycée s'enchaîne avec leur entrée à la faculté, complexifiant les problèmes auxquels Narasaki et Terashima font face. L'intrigue s'étoffe au fil des tomes de personnages secondaires accompagnés de leurs histoires de cœur.

L'érotisme est parfaitement intégré au récit dans une représentation qui entrecroise psychologie et rapports intimes, à travers des relations physiques où peuvent se mêler désirs, angoisses, jalousie, chagrin... La sexualité du couple est abordée avec franchise et représente sans faux-semblants l'état d'esprit des personnages, augmentant de fait l'aspect dramatique de certains moments de leur vie.

À gauche : couverture française du tome 1.

Ci-dessous : premier tome regroupant les *doujinshi* de la *mangaka* qui complète l'intrigue principale d'histoires courtes *spicy*. Édition française.

Kei Ichikawa oscille depuis ses débuts professionnels en 2012 entre homo-romance et *boy's love* érotique, avec une prédilection pour la romance *school life**. Connue depuis 2007 pour ses *dojinshi** de Gintama, diffusé au sein du cercle Hyakkei, Kei Ichikawa poursuit son activité de *dojinka** avec notamment des histoires inédites de *Blue Sky Complex*, qui ont fait l'objet depuis d'une publication en deux *one-shot* (le premier, *Dégradé bleu indigo*, est paru en France chez Hana en 2024). La série qui vient de fêter ses dix ans de publication est la plus longue de la *mangaka*. Pour l'occasion est paru en novembre 2024 un *fan book* de 280 pages intitulé *So Blue*. Au Japon, les tomes 3 à 8 du manga sont sortis accompagnés d'une édition spéciale comprenant un livret et une jaquette exclusive. La série est adaptée dès 2016 en *CD-Drama** avec les interprètes Takuya Sato pour le personnage de Narazaki et Takuya Eguchi (voix de Loid Forger dans *Spy×Family* et Kaji Akihiko dans *Given*) pour celui de Terashima.

Meyra SUDAL

MY PRETTY POLICEMAN

Un amour de dix ans qui va pouvoir enfin s'exprimer

Le *one-shot* à l'origine du spin off en trois tomes *My pretty policeman*.

My Pretty Policeman **est un manga de Niyama et une œuvre incontournable pour les amateurs de *boy's love*. Avec une histoire empreinte de douceur et de sensualité, ce titre explore des thèmes classiques du genre tout en y ajoutant une touche de maturité et d'authenticité, caractéristique du style de la *mangaka*.**

My Pretty Policeman se concentre sur la relation entre Seiji Tajima, propriétaire d'une petite boutique et qui est du genre insouciant ainsi que toujours célibataire, et Shin Nakamoto, un jeune policier sérieux et dévoué qui lui rend souvent visite pendant le travail. Ils se connaissent depuis dix ans mais ils ne s'étaient jamais revus jusqu'à ce que Shin soit engagé dans le poste de police à côté de la boutique de Seiji. Mais un beau jour, Seiji étant fatigué de son célibat, il se demande à voix haute s'il ne devrait pas s'intéresser aux hommes. Cela réveille les sentiments de Shin envers Seiji qu'il gardait en lui depuis dix ans. Comment cette relation va-t-elle évoluer ?

Le manga se distingue par son exploration des dilemmes internes : le poids des normes sociales, la peur de l'inconnu et le courage nécessaire pour s'accepter tel que l'on est. À travers cette histoire, Niyama dépeint un amour authentique, avec ses imperfections et sa beauté.

Niyama excelle à créer une narration qui mêle scènes explicites et moments d'introspection sincère. Les scènes d'intimité sont magnifiquement dessinées, sans jamais basculer dans la gratuité. Elles servent à illustrer l'évolution des personnages, notamment Seiji, qui se découvre peu à peu à travers ses interactions avec Shin.

Le trait distinctif de Niyama est un point fort du manga. Son dessin fin et détaillé donne vie aux émotions des personnages, qu'il s'agisse de leurs moments de tendresse ou de leurs instants d'hésitation. Le *chara-design* des personnages est à la fois réaliste et séduisant, reflétant parfaitement la personnalité de chacun : Seiji, avec son allure décontractée, et Shin, avec son uniforme et son côté taciturne.

C'est une exploration subtile des relations humaines. La vulnérabilité des personnages rend l'histoire d'autant plus captivante. Les lecteurs y trouveront un mélange parfait de comédie légère, de moments d'intensité dramatique et de romance passionnée qui touche le cœur.

Pour les amateurs de *boy's love*, ce manga est une belle entrée dans l'univers de Niyama, connue pour sa capacité à allier sensualité et profondeur émotionnelle.

Niyama est une figure reconnue dans le monde du *boy's love*, appréciée pour ses récits à la fois émouvants et audacieux. Avec *My Pretty Policeman*, son talent est confirmé : elle livre une œuvre qui marie esthétique et récit captivant. Ses œuvres séduisent par leur authenticité, et ses fans sont souvent touchés par la manière dont elle traite les émotions et les relations complexes.

À la base, ce récit est le spin-off du *Chien innocent et le Chat hypocrite* qui est sorti en 2015 au Japon et en 2020 en France.

Priscilla RECULARD

Mangaka : Niyama
Traduction : Laurie Asin
Année VO/VF : 2017/2019
Éditeur VF : Hana Edition
Statut publication VO : 3 tomes (terminé)
Statut publication VF : 3 tomes (terminé)
Érotisme :
Contenu sensible :

BLACK OR WHITE

Une histoire d'amour où les désirs s'opposent aux rêves professionnels

Romance contemporaine qui s'apparente à un drame social par son sujet, *Black or White* dépeint la volonté de deux hommes de vivre leur amour malgré la réticence du milieu professionnel dans lequel ils évoluent.

Ci-dessous : couverture du tome 1 de l'édition française.

À droite : couverture japonaise du tome 13.

Mangaka : Sachimo

Traduction : Laurie Asin

Année VO/VF : 2017/2019

Éditeur VF : Hana

Statut publication VO : 13 tomes (en cours)

Statut publication VF : 7 tomes (en cours)

Érotisme :

Contenu sensible :

Shin Washimiya et Shige Ôsawa sont deux jeunes acteurs connus, en pleine ascension professionnelle. Apprécié des réalisateurs pour son excellent jeu d'acteur, Shin a la réputation d'avoir un mauvais caractère et enchaîne les rôles d'antagoniste, alors qu'il cache en réalité une timidité maladive derrière des regards froids. Shige est, lui, adulé du public pour ses rôles de prince charmant, séducteur et plein d'assurance. Il est la coqueluche du moment. Tout le monde ignore que loin des caméras, ces deux hommes vivent ensemble. Mais au cours d'une émission de variétés, un évènement va propulser Shin sur le devant de la scène et menacer l'équilibre du couple.

Complexe d'infériorité et possessivité sont les sentiments qui caractérisent la romance entre Shige et Shin. Les deux hommes affrontent leurs propres démons, afin de toujours devenir un meilleur compagnon pour l'autre. Une noble cause où le couple fait face aux obstacles qu'il rencontre en s'appuyant sur l'amour qu'ils ressentent mutuellement. Ces difficultés peuvent concerner aussi bien leur vie privée que professionnelle. Sans être matérialisée, l'homophobie présente dans le monde du divertissement est montrée aux *lecteurices*. Les acteurs sont utilisés par leurs agences comme des produits de vente qui doivent correspondre aux attentes d'une société conformiste et d'un public qui rejetterait leur homosexualité. Shige et Shin décident de mener de front leur relation de couple et leurs carrières d'acteurs. Deux objectifs qui semblent incompatibles dans ce contexte. Tel un fil prêt à rompre à tout moment, *Black or White* décrit cet instant de vie avec une tension dramatique palpable : le lecteur redoute le point culminant de l'histoire qui risque de briser cet équilibre précaire.

Après avoir participé à plusieurs anthologies et *dojinshi* du cercle Mofumoffu, Sachimo débute sa carrière professionnelle dans les pages du magazine de prépublication Baby, avec le *one-shot 5 Seconds*. Commencé en 2017 aux éditions Kadokawa, *Black or White* est la série la plus longue de la *mangaka*, avec 13 tomes en cours au Japon. Sa deuxième série longue, *Yes, My Destiny*, a remporté le tournois *Yaoi* 2017 du site français manga news, quand *Black or White* a été éliminé pour le même tournoi en 2019 lors d'une finale serrée où le manga a remporté 45 % des votes.

Sachimo est régulièrement éditée dans le catalogue de la maison d'édition Hana, où l'on retrouve sept de ses mangas à ce jour.

Meyra SUDAL

LIFE

Jusqu'à ce que la mort nous sépare et au-delà

Life **est un *boy's love* comme on en fait peu car nous suivons le couple de leur rencontre jusqu'à leur mort. La *mangaka* a su évoquer tous les moments importants dans une vie à travers le couple de Nishi et Itou. Touchant ce qui, à la base, était dû à de l'imagination en suivant une ligne qui mènera à des retrouvailles jusqu'au bout de leur vie.**

Yuuki Nishi et Akira Itou se rencontrent d'une façon particulière : un jeu où ils suivent la même ligne blanche mais ne peuvent pas en dévier. Nishi finirait noyé et entouré par des requins alors qu'Itou se ferait empaler sur des pics de glace. Une solution est trouvée et tout le monde est heureux ! Les jours se suivent et les rencontrent ne s'arrêtent pas jusqu'au jour où une discussion finit par être entamée. Est-ce le début d'une amitié ou d'un amour de toute une vie ?

La créativité de ce jeu va permettre la rencontre des protagonistes de façon attendrissante. L'histoire mérite le détour car dès le début, le récit suit le jeune couple de leur rencontre jusqu'à leur accession à la vie adulte et les étapes qu'ils vont devoir affronter, ce qui est rare dans le *boy's love*. Les histoires se passent principalement soit au lycée sans réelle suite, soit à l'âge adulte.

Comme l'indique le titre de ce manga, il raconte la vie d'un couple qui va grandir ensemble et où la pression sociale de fonder une famille va s'inviter, et cela sera le drame de ce récit qui mènera à une réflexion sur la vie et ce que désire Itou, puis à des retrouvailles méritées.

Tout au long du manga, comme dans la vraie vie, le récit nous fait passer du rire aux larmes en fonction des épreuves endurées par le couple. Les deux protagonistes vont même se séparer, mais Akira saura se réveiller à temps pour passer outre la pression sociale et retourner auprès de Yuuki.

Le graphisme reste simple mais se révèle très efficace pour dévoiler clairement les expressions des personnages.

Ce manga a eu droit à une adaptation en *drama* japonais en 2020 avec 8 épisodes de 28 minutes sur Viki.

Life nous permet d'avoir une histoire qui est complète du début à la fin. Celle-ci est déchirante tout en faisant sourire car Yuuki et Akira font comprendre qu'ils sont heureux du début jusqu'à la fin de leur vie. Ils finissent par trouver le bonheur jusqu'à la fin de leur vie.

Priscilla RECULARD

Affiche de la mini série japonaise *Life, Love on the line*.

Mangaka : Miya Tokokura

Traduction : Margot Maillac

Année VO/VF : 2016/2019

Éditeur VF : Taifu Comics

Statut publication VO : 1 tome (terminé)

Statut publication VF : 1 tome (terminé)

Érotisme :

Contenu sensible :

L'OISEAU DE SHANGRI-LA

Une utopie sur la prostitution masculine

L'Oiseau de Shangri-la est une des nombreuses œuvres de Zariya Ranmaru qui a su faire mouche dans le *boy's love*. Sorti en 2020 en France, ce titre arrive à nous transporter dans l'univers de la prostitution masculine en beauté avec des personnages qui évoluent tout le long du récit.

Mangaka : Zariya Ranmaru

Traduction : Laurie Asin

Année VO/VF : 2017/2020

Éditeur VF : Hana Edition

Statut publication VO : 3 tomes (en cours)

Statut publication VF : 3 tomes (en cours)

Érotisme :

Contenu sensible :

Le manga nous parle d'Apollon, hétérosexuel en pleine procédure de divorce, et embauché à la maison close du nom de Shangri-la. C'est une maison atypique de prostitution masculine et son rôle est de faire naître le désir chez les prostitués pour qu'ils puissent être en condition avec les clients par la suite. Pour lui apprendre les ficelles du métier, Fee, un prostitué, va s'occuper de lui. Cependant, Apollon va avoir du mal à s'habituer car caresser le corps d'un homme ne l'attire pas autant que caresser le corps d'une femme. Fee a de la ressource, surtout qu'il fait tout pour séduire cet homme. Apollon arrivera-t-il à prendre ses marques dans ce nouveau travail ?

La caractéristique principale et non des moindres est que la maison close sort des représentations « classiques » de ce genre d'endroit. Le Shangri-la est dans un lieu qui n'est pas défini géographiquement mais qui semble paradisiaque avec une belle plage et la possibilité d'observer de magnifiques couchers de soleil. Le luxe est mis en avant avec des clients qui sont suffisamment fortunés pour entrer au Shangri-la. Les prostitués ont l'air tous heureux d'être dans cet endroit et de pouvoir profiter du plaisir qui s'y trouve. Avec *L'Oiseau de Shangri-la*, la maison de prostitution n'a rien à voir avec ce qui peut être connu pour ce type d'établissement, sombre, cruel.

Le gérant de cet établissement détient le lieu seulement pour son propre plaisir. Les clients sont soigneusement sélectionnés et il n'en retire aucun bénéfice. Ses « oiseaux », comme il aime nommer ses employés prostitués, ne sont pas forcés de travailler. Le Shangri-la apparaît donc comme un établissement surréaliste et fantasmé car il semble que les employés soient constamment en vacances dans ce magnifique environnement qui est irrémédiablement suspendu dans le temps.

Concernant les protagonistes : Apollon devient un « étalon » au sein de la maison afin d'exciter les prostitués. Sa beauté est égale à son prénom et cela ne passe pas inaperçu chez les « oiseaux » et encore moins pour Fee, chargé de le guider dans cet établissement. Apollon ne cachera pas sa non-connaissance concernant les relations homosexuelles mais il saura faire preuve de délicatesse lors de ses rendez-vous avec Fee.

Fee est le plus apprécié des prostitués chez les clients et il ne se laisse pas faire, en général. Mais derrière ce caractère se cache un homme avec un passé trouble et qui recherche l'amour et l'attention qu'il n'a jamais pu avoir.

Tout au long du récit, l'évolution de la relation entre Apollon et Fee est omniprésente. Au début, cela peut paraître complexe surtout vu qu'Apollon est hétérosexuel mais l'alchimie qui va naître entre eux est autant intéressante qu'attendrissante. Les deux hommes finissent par s'attacher l'un à l'autre : Apollon n'arrive pas à toucher un autre homme que Fee, et Fee a du mal à laisser Apollon aux autres prostitués. Le manga fait preuve de maturité pour les personnages et la *mangaka* arrive à faire ressentir qu'ils ne croient plus en l'amour alors qu'ils s'apportent mutuellement ce besoin d'être aimé.

L'aspect psychologique des personnages peut être ajouté à cela, et il y a de nombreux indices sur le passé d'Apollon au début du titre. Son recrutement en tant qu'étalon, son divorce... Apollon est un individu aimable qui aspire à réussir dans son travail, même s'il peut parfois se demander s'il sera capable de toucher un homme.

Zariya Ranmaru offre avec ce titre de la sensualité et du raffinement. Au niveau du graphisme, les scènes de sexe sont érotiques et le lecteur a l'impression d'être dans un rêve tout comme l'île où les personnages se trouvent. Les corps sont bien dessinés et les expressions des différents personnages sont très bien retranscrites. Ce sont des scènes de sexe et non des scènes d'amour entre deux partenaires. Mais nous pouvons souligner que rien n'est exagéré. C'est intéressant de voir qu'avec les planches, nous sommes comme dans un fantasme auquel le lecteur veut croire. Le seul élément qui pourrait être incompréhensible est la censure sur ce titre. Étant donné sa splendeur, il est regrettable de constater que certaines planches ne permettent pas de voir toute la beauté du travail de Zariya Ranmaru, même si elle nous propose des décors et des détails magnifiques. De même, les autres prostitués sont mis en retrait dans le récit. Peut-être auront-ils une place plus importante dans la suite du récit.

Malgré des couvertures aguichantes et sexy, la *mangaka* nous propose un scénario avec de la bienveillance et beaucoup de profondeur venant des personnages et très intéressant du fait que ce soit dans une maison close utopique. La narration est fluide et le lecteur se laisse rapidement prendre par l'histoire.

Si vous n'avez pas de réticences pour les scènes de sexe qui peuvent être présentes, nous vous conseillons ce merveilleux titre de la *mangaka* avec comme point fort des dessins d'une beauté saisissante.

Priscilla RECULARD

LE FIL DU DESTIN

Le fil rouge du destin ne se trompe jamais sur les âmes sœurs

***Le Fil du destin* est un titre qui donne des papillons dans le ventre. Entre douceur, destin et bienveillance, ce titre offre une aventure où la destinée ne se trompe jamais. La *mangaka* a su exploiter la légende du fil rouge du destin dans ce *one-shot*.**

Mangaka : Yoshio Akira

Traduction : non créditée

Année VO/VF : 2016/2020

Éditeur VF : Hana Edition

Statut publication VO : 1 tome (terminé)

Statut publication VF : 1 tome (terminé)

Érotisme : 🌶

Contenu sensible : 🚩

Kei est un étudiant qui a un pouvoir : il peut voir le fil rouge du destin des personnes. Le fil rouge correspond à un lien entre deux âmes sœurs, normalement invisible. Kei, lui, est capable de voir les connexions. Étant amoureux de Yui, une camarade de classe, il espère que son fil qui n'est pas encore noué se nouera justement avec elle. Un jour, ce fil se noue enfin et ça a l'air d'être dans la direction de Yui. Heureux, Kei suit le fil et là, le choc ! Son fil est noué à un homme ! Un étudiant plus jeune du nom de Hiro. Comment cela est-il possible que Kei soit lié à un homme ?

Ce récit très doux montre l'évolution des sentiments entre les personnages. Kei, ne supportant pas d'être lié à un homme, va tout faire pour éviter Hiro mais il a oublié une chose : c'est son destin ! Les circonstances vont multiplier les rencontres entre eux, les pousser à discuter, car le but de ce fil qui les lie est de les faire tomber amoureux l'un de l'autre.

Les protagonistes sont intéressants et plus particulièrement Kei. Il a rapidement réalisé que ce fil pouvait être à la fois une source de joie et de crainte, car étant plus jeune, il a remarqué que ses parents n'avaient pas ce lien entre eux. Avec son innocence enfantine, il a exprimé qu'il ne voyait pas de lien entre eux et l'inévitable s'est produit : ses parents se sont séparés et Kei se sent responsable de cette séparation. En plus de la destinée, ce titre évoque l'acceptation de soi. Avec cette mésaventure, Kei a du mal à accepter sa particularité de voir les fils liant les âme sœurs mais Hiro saura lui faire comprendre que cela fait son charme et qu'il doit l'accepter pour avancer.

Le succès du *one-shot* a donné lieu à une suite toujours en cours.

Hiro tombe sous le charme de Kei et malgré les tentatives de fuite de Kei, Hiro va toujours vers lui.

Le manga se conclut sur une scène érotique qui est la seule présente dans le one-shot.

Les dessins sont agréables aux yeux et les personnages très expressifs.

La *mangaka* nous offre un spin-off avec un autre couple et la même légende sur le fil rouge qui est en quatre tomes : *Comment défier le destin*, *Comment réaliser nos destins* et *Comment lier nos destins* qui, lui, est en deux tomes.

Priscilla RECULARD

THERAPY GAME

Quand une histoire de vengeance finit en histoire d'amour

Therapy Game est le second titre de Meguru Hinohara qui propose des dessins sublimes avec une histoire de passion mélangée à de l'humour. Ce titre démontre que le désir de se venger peut entraîner quelque chose d'insoupçonné et ici, cela aboutira à une relation magnifique entre Minato et Shizuma.

Shizuma est un jeune homme hétérosexuel vivant une rupture qui le touche particulièrement. Il décide de noyer son chagrin dans l'alcool. Durant cette nuit d'ivresse, il fait la connaissance de Minato et ils finissent par coucher ensemble. Malheureusement pour Minato, Shizuma ne se rappelle rien le lendemain et son égo en prenant un coup, Minato va faire en sorte de le séduire juste pour le larguer et se venger. Et si l'amour se mêlait à cette vengeance ?

Therapy Game montre l'évolution du couple qui va se créer entre Shizuma et Minato.

Ce manga se distingue par le réalisme qu'il présente dans la construction de la relation entre les deux hommes, pleine de quiproquos et de disputes. Toutefois, cela reste un titre à la trame « classique » qui présente à travers différents rendez-vous comment les sentiments vont naître, ainsi que le passé compliqué de Minato dont les souvenirs viendront parfois faire obstacle à sa relation avec Shizuma.

Au fil du récit, il est évident que la confiance est essentielle dans une relation. Cette peur de la perdre est toujours présente, surtout que Shizuma est toujours en contact avec son ancienne partenaire. Pourtant, Minato refuse de se montrer jaloux pour éviter que Shizuma ne se détourne de lui.

Shizuma va lui faire comprendre qu'il aimerait qu'il communique beaucoup plus avec lui pour lui permettre de lui enlever un poids de ses épaules.

Il y a une forte présence d'érotisme qui ajoute clairement son charme au titre. On retrouve des scènes de sexe qui sont très bien dessinées par la *mangaka*.

Meguru Hinohara a sorti en 2019 le manga *Secret XXX* qui raconte l'histoire de la relation du grand frère de Minato et du petit frère de Shizuma. Les protagonistes de *Therapy Game* font de brèves apparitions et c'est de là que la *mangaka* s'est lancée dans ce qui deviendra son titre phare.

Et si votre cœur est capturé par le couple, vous pouvez les retrouver dans *Therapy Game Restart* sorti en 2023 en France et qui montre nos protagonistes vivant le parfait amour mais pour combien de temps... Pour le moment, deux tomes sont disponibles en France et cinq au Japon où il est en cours de parution.

Priscilla RECULARD

Mangaka : Meguru Hinohara

Traduction : Margot Maillac

Année VO/VF : 2017/2020

Éditeur VF : Taifu Comics

Statut publication VO : 2 tomes (terminé)

Statut publication VF : 2 tomes (terminé)

Érotisme :

Contenu sensible :

LES FANTAISIES DU ROI

L'extravagance d'un roi jetant son dévolu sur un cuisinier

Les Fantaisies du roi **est un manga d'Owal qui se situe au croisement de la romance et de la comédie loufoque. Cette œuvre séduit par son univers atypique, son humour exubérant et ses personnages hauts en couleur. Avec son ton décalé et son esthétique soignée, c'est une lecture à la fois divertissante et émouvante.**

Mangaka : Owal

Traduction : Amandine Martel

Année VO/VF : 2019/2020

Éditeur VF : Hana Edition

Statut publication VO : 1 tome (terminé)

Statut publication VF : 1 tome (terminé)

Érotisme :

Contenu sensible :

Les Fantaisies du roi se déroule dans un endroit un peu éloigné des rivages du golfe Persique. Fati est le troisième fils de la famille royale. Il est connu pour sa tyrannie ainsi que ses nuits de débauches et de perversions. S'occupant du tourisme dans le pays, il se rend dans le restaurant où travaille Kadori pour annoncer que les employés vont être expulsés et le lieu remplacé par un centre commercial. Kadori refusant, Fati lui annonce qu'il prendra sa décision « grâce au sexe ». Kadori hésitant, il se met à penser à sa grand-mère à qui il ne veut pas causer de souci et il se rend chez Fati. Kadori étant vierge, il va découvrir les plaisirs charnels avec Fati qui va le guider. Ne serait-ce pas le moment de profiter de la confusion du prince pour lui faire oublier le projet du centre commercial et sauver le restaurant ?

À travers des situations souvent absurdes, Owal explore la dynamique complexe entre les deux protagonistes : Fati, impulsif et flamboyant, qui exprime sans détour ses envies, et Kadori, souvent pris au dépourvu. Il peine à comprendre comment réagir aux avances du roi. Et lorsque celui-ci cède, il n'arrive plus à s'arrêter. C'est d'ailleurs un élément répétitif de leur relation.

L'un des points forts du titre est son habileté à jongler entre comédie et romance. Les situations sont cocasses, souvent teintées de rapports de force car Fati devient le *bottom* (celui que se fait prendre) seulement avec Kadori, mais sous cet humour apparent se cachent des moments de sincérité touchante. Fati, malgré son comportement fantasque, dévoile ainsi une vulnérabilité surprenante qui donne de la profondeur à son personnage. Par exemple, le prince refuse de déguster la spécialité culinaire de Kadori afin de préserver le goût du même plat fait par sa mère même s'il n'est pas délicieux. Tandis que Kadori, bien que réservé, commence progressivement à se laisser attendrir par le prince qu'il trouve charmant dans ses réactions.

Owal utilise ce contraste pour explorer des thèmes tels que le pouvoir des émotions, la différence de statut et l'acceptation de soi. L'amour qui unit les deux personnages transcende leurs rôles sociaux et met en lumière une relation où le respect et la compréhension mutuelle sont essentiels. Surtout que ce sont deux personnages qui n'ont pas peur d'être franc. Ils peuvent même se rendre jaloux. Fati se laissant influencer par son meilleur ami qui est amoureux de lui et qui évoque la différence de classe entre Kadori et lui. Kadori l'abandonnera et cela va permettre une prise de conscience des deux protagonistes quant à leurs sentiments.

Visuellement, *Les Fantaisies du roi* est une véritable œuvre d'art. Le style d'Owal, précis et élégant, sublime chaque page avec des détails soignés. Les expressions exagérées du prince accentuent l'humour de l'œuvre, tandis que la douceur des scènes plus intimes capte l'attention des lecteurs. Le *chara-design* des personnages reflète parfaitement leur personnalité : Fati, flamboyant et théâtral, et Kadori, discret mais plein de charme.

La *mangaka* excelle également dans la mise en scène, jouant habilement avec les cadrages et les contrastes pour renforcer l'impact émotionnel ou humoristique des scènes.

Fati est accompagné de deux serviteurs dont un qu'il utilisait pour assouvir ses envies sexuelles et un jour, il a décidé de mêler l'autre serviteur. En les observant, il a remarqué leur attirance mutuelle et il fera en sorte de les réunir. Comme dans l'ensemble des oeuvres de la *mangaka*, les scènes de sexe sont très présentes et non censurées. C'est un des rares titres où on peut voir deux couples coucher l'un à côté de l'autre.

Owal montre une grande maîtrise de la narration et une capacité à captiver les lecteurs grâce à une combinaison unique de légèreté et de profondeur.

Les Fantaisies du roi est hors du commun. Excentricité y rime avec tendresse. Fati est un prince ayant apprécié Kadori pour sa franchise et qui n'a jamais eu peur de le réprimander, et Kadori a su voir Fati comme un être humain sans l'idolâtrer. Le début de leur histoire commence de façon charnelle mais se termine de la plus belle des manières pour ce couple. Ce titre est la meilleure vente d'Owal aux éditions Hana et cette *mangaka* n'a pas fini de faire parler d'elle.

Priscilla RECULARD

Ci-dessus : PLV promotionnelle

Ci-contre : pochette du *CD-Drama* adapté du manga.

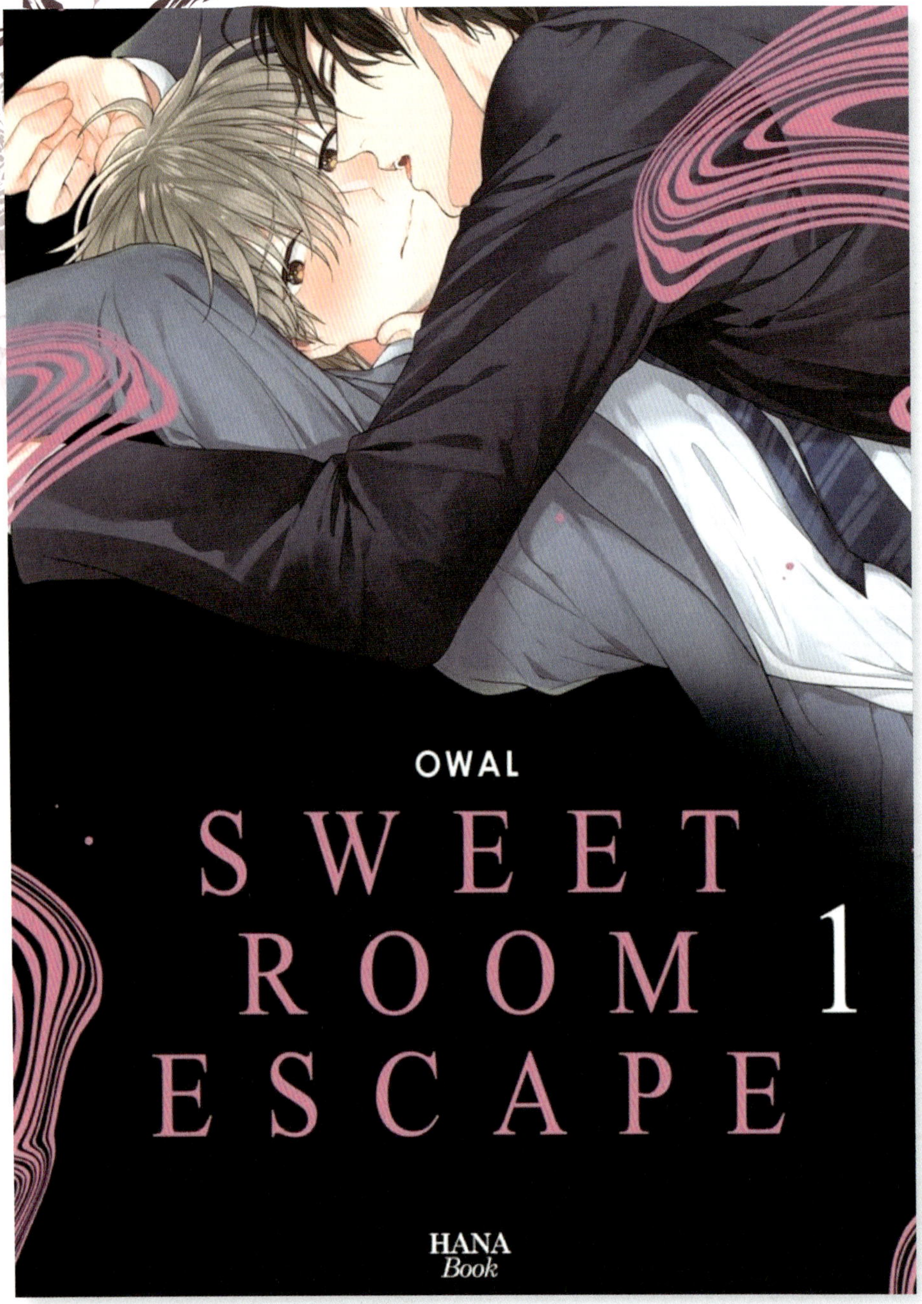

Pour garder son anonymat, Owal n'a accepté aucune photo durant la Japan Expo, elle s'expose sur le web grace à ce petit avatar.

INTERVIEW D'OWAL, *MANGAKA* DE *SWEET ROOM ESCAPE*

« C'est une espèce d'inversion des rôles qui me plaît beaucoup. »

Pour la 23e *Japan Expo* qui s'est déroulée en juillet 2024, la *mangaka* Owal était l'invitée d'honneur de la maison d'édition Hana. Un évènement qui a marqué la convention qui n'avait plus accueilli de *mangaka boy's love* depuis de nombreuses années.

Régulièrement publiée au catalogue de la maison d'édition Hana, Owal s'est fait connaître auprès du lectorat français à travers six *one-shot* parus en France, dont *Sur un malentendu, ça peut marcher !*, *Mignon et incompréhensible* ou encore *Les Fantaisies du roi* (voir p. 82) qui fait partie des meilleures ventes de l'éditeur.

Owal a publié ses premières histoires dans le cercle de *dojinshi* Shuuten au début des années 2010, avant d'être repérée par son éditrice actuelle et commencer sa carrière professionnelle. Spécialisée dans la romance fortement érotique, la *mangaka* a aussi exprimé sa créativité à travers d'autres genres que le *boy's love*. Comme en 2014 avec le *one-shot Ijimete! Haisha-san* prépublié dans le magazine *YCL* de l'éditeur Ohzora Shuppan, un *josei* érotique comprenant plusieurs histoires courtes de romance contemporaine mettant en scène des couples hétérosexuels. Jusqu'à ce jour, les protagonistes d'Owal sont toujours des adultes dans la vie active, ce qui distingue sa production des *boy's love school life*, et lui a permis d'acquérir une réputation solide auprès des lectrices françaises en demande de récits matures à forte dominante explicite. Les mangas d'Owal sont régulièrement adaptés en *Audio-Drama* au Japon.

Toute première *mangaka* invitée par la maison d'édition Hana, Owal était présente pour faire la promotion de sa première duologie, *Sweet Room Escape*. L'occasion pour l'éditeur français de proposer les deux tomes de la série dans un coffret collector qui s'accompagnait d'ex-libris et d'un poster inédit, *sold out* avant la fin de la convention le dimanche. La *mangaka* a participé à trois séances de dédicaces pour le plus grand bonheur de son lectorat français. L'occasion aussi pour Owal de partager dans une interview réalisée sur place, son parcours et sa démarche artistique comme *mangaka boy's love* et son envie d'être performante pour le public français qui demande qu'il n'y ait aucune censure des titres.

Pourquoi êtes-vous devenue *mangaka* ?

Quand j'étais à l'école élémentaire, j'adorais dessiner et les personnes autour de moi disaient que j'étais très douée. Cela m'a donné envie de continuer sur cette voie. Je me suis un peu emballée ! À partir de ma première année au collège, qui a lieu à 13 ans chez nous, j'adorais tout ce qui était en rapport avec les mangas et j'ai commencé à publier des *dojinshi*. J'ai eu beaucoup de retours positifs sur ce que je publiais des lecteurs qui m'ont fait très plaisir. Je suis entrée dans le club manga de mon lycée en tant que passe-temps et je vendais mes *dojinshi* au Comiket. C'est à ce moment-là que mon éditrice m'a repérée et depuis, je dessine des œuvres originales.

Quelles sont vos inspirations pour faire de nouvelles œuvres ?

Très bonne question. Je dois reconnaître avoir du mal moi-même à trouver l'inspiration ! Je fais pas mal de promenades, je réfléchis de mon côté mais au final, je finis par pleurer auprès de mon éditrice pour qu'elle puisse m'aider. Nous prenons rendez-vous pour en discuter et on se renvoie mutuellement la balle.

Pourquoi avoir choisi l'univers du *boy's love* ?

Sans que je ne m'en rende compte, le *boy's love* me plaisait. Quand je ne connaissais pas encore l'existence du *BL*, j'ai acheté une anthologique consacrée à ce genre ; ça a été un choc ! Un nouveau monde s'ouvrait à mon sens ! C'était deux hommes et pourtant, ça fonctionnait ! C'était beau et excitant !

Comment votre éditrice a accueilli votre choix du *boy's love* ?

Réaction de l'éditrice, présente lors de l'interview : J'ai rapidement adhéré à l'idée car je suis une fan de *boy's love*. J'en ai lu plus de 1 000.Quand je suis entrée dans mon entreprise, je gérais un manga en quatre cases et plus tard, il y a eu une petite annonce comme quoi ils cherchaient quelqu'un pour du *boy's love* et moi, j'adore ça ! Et en commençant dans le *boy's love*, j'ai rencontré Owal.

Dans l'univers du *boy's love*, avez-vous des types de couple préférés ?

J'ai une préférence pour les couples qui ont une différence d'âge ! Je peux même ajouter que j'aime les personnages un peu arrogants et qui sont un peu obsédés par l'être aimé. Et dernièrement, ce qui me plaît, ce sont les personnages qui sont très musclés, très costauds.

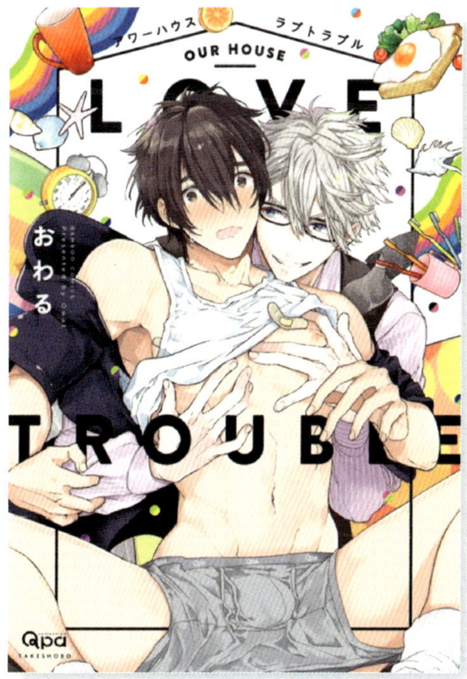

Deux autres *one-shot BL* d'Owal, dont *Love Trouble* qui a été publié chez Hana.

La mangaka a eu droit en 2021 à une exposition de ses oeuvres à la Vanilla Gallery, à Ginza, le quartier chic de Tokyo.

Quels types d'histoires aimeriez-vous dessiner ?

En ce moment, j'écris une histoire d'amour entre une idole et un *YouTubeur* virtuel (ou *VTubeur*).

J'espère que nous pourrons découvrir cette œuvre en France ! Pour évoquer un de vos titres que j'aime particulièrement, *Les Fantaisies du roi*, pourquoi avoir choisi un thème lié à l'univers oriental ?

Merci d'avoir lu mon titre ! Je suis très touchée. Pour répondre à la question, c'est que je voulais introduire un personnage typé de peau. À la base, j'avais dessiné un *one-shot* où se trouve le *bottom* des *Fantaisies du roi* et il me plaisait beaucoup. Et c'est comme ça que c'est devenu une série. Puis je me suis demandé ce que j'allais écrire ensuite. Mon éditrice m'a simplement dit de continuer. Je l'ai donc fait en faisant en sorte de dessiner des personnages arrogants car j'adore ça !

J'ai apprécié me plonger dans ce titre car un personnage qui se pensait hétérosexuel va se retrouver dans les bras d'un homme et se rendre compte que ce n'est pas déplaisant ! C'est une espèce d'inversion des rôles qui me plaît beaucoup.

Avec les œuvres que vous dessinez, qu'est-ce que vous voulez transmettre comme émotions aux lecteurs ?

Je veux transmettre l'excitation, avoir le cœur qui bat ! Surtout dans les scènes un peu érotiques. Je fais un maximum de jolies fins heureuses pour que les lecteurs se disent : *Ah, j'ai bien fait de le lire !*

En parlant d'excitation et d'érotisme, que pensez-vous de la censure dans les *boy's love* ?

C'est dur. Au Japon, tout est censuré. Mais en France, dans *Les Fantaisies du roi*, tout est décensuré ! Et j'en suis très heureuse ! Dans le monde, seul le public français peut apprécier et découvrir cette œuvre sans censure. C'est la raison pour laquelle les lecteurs japonais disent qu'ils veulent l'édition française. Il y a de la demande. La maison d'édition reçoit des messages de lecteurs japonais demandant comment se procurer la version française.

Je me répète mais je suis vraiment très heureuse de pouvoir sortir mes œuvres dans leur intégralité en France et c'est un honneur. Quand j'ai appris que la France allait sortir l'œuvre, j'ai fait : *Yes!* Et cette réaction doit être la même pour les autres autrices de *boy's love*.

Au Japon, comme c'est censuré, nous sommes plus souples dans notre façon de dessiner car nous savons que personne ne verra les parties intimes. Mais quand une version française est annoncée, le fait que les *lecteurices* français vont tout voir, cela nous motive et stimule notre imagination pour mettre tout ce qu'on veut !

Réaction de l'éditrice, présente lors de l'interview : Surtout qu'elle est très douée pour dessiner les parties intimes ! *[Rires.]*

Owal : C'est du gâchis qu'il n'y ait que nous et la France qui puissions en profiter. Je veux que tout le monde puisse les voir ! Même si ce n'est pas autorisé au Japon.

Je suis très heureuse que les Français puissent en profiter. C'est comme une récompense pour moi.

Parmi toutes les histoires que vous avez dessinées, laquelle préférez-vous ?

Ce n'est pas facile ! Quand j'écris une histoire, c'est ma préférée du moment. Donc si je dois répondre, c'est ma dernière entre une idole et un *VTubeur*.

Pour *Les Fantaisies du roi*, c'est un souvenir qui a une certaine place dans mon cœur.

Pourriez-vous nous en dire plus sur cette dernière histoire entre l'idole et le *VTubeur* ?

Elle a commencé à être publiée au Japon dans un magazine de prépublication, donc je peux en parler. Il y a quatre chapitres de sortis cette année et je ne sais pas si on va en faire une série de deux tomes ou un *one-shot*. J'ai demandé ce qui plaisait aux lecteurs et le retour qu'on m'a fait est que les séries en deux ou trois tomes sont très appréciées.

Vous nous faites l'honneur d'être présente à la Japan Expo 2024. Que ressentez-vous en découvrant votre lectorat français ?

Je suis comblée ! Je n'aurais jamais pensé qu'un jour comme ça arriverait.

Est-ce que vous auriez aimé faire un tour des librairies pour faire plusieurs dédicaces dans plusieurs villes ?

Je suis super honorée, super émue de pouvoir venir faire des séances de dédicaces ici et je n'oserais pas demander plus. Mais si vous m'appelez, je viens sans problème ! *[Rires.]*

Qu'est-ce que vous voudriez dire à vos lecteurs qui vont lire le guide ?

Merci beaucoup de lire mes mangas. Je vais travailler dur pour écrire des œuvres qui vous plairont.

Un petit mot en français pour les fans ?

Je t'aime ! Enchanté.

Au Japon, quand nous voyons des jolis couples d'hommes dans un *boy's love*, on a des expressions, des petits mots... Vous en avez en France ?

Priscilla : On dit souvent Beau Gosse et on abrège avec BG !

Propos recueillis lors de la Japan Expo 2024 par Priscilla Reculard.

Ci-dessus : *Sweet Room Escape* tome 2.

Ci-contre : couverture du *CD-Drama* du manga *Mignon et incompréhensible*.

En haut à droite : couverture de l'adaptation en *CD-Drama* d'un autre manga d'Owal.

DEAR GENE

Aimer au point de refouler ses sentiments pour le bien de l'autre

C'est avec une romance fortement dramatique que *Dear Gene* est devenu l'un des plus gros coups de cœur de nombreux *lecteurices* de *boy's love*. Une romance qui questionne, à travers le temps qui passe, le regard que notre société porte sur l'homosexualité.

Couverture française du tome 1.

Mangaka : Kaya Azuma

Traduction : Laurie Asin

Année VO/VF : 2020/2021

Éditeur VF : Hana

Statut publication VO : 2 tomes (terminé)

Statut publication VF : 2 tomes (terminé)

Érotisme :

Contenu sensible :

Envoyé pour les vacances chez son oncle Trevor, Gene ne profite pas exactement de New York comme il l'avait espéré. Coincé à devoir faire du tri dans le bureau de cet oncle avocat, le jeune ado va tomber par inadvertance sur son journal intime. Au fil des pages qui relatent des évènements datant de 1973, il découvre la rencontre de Trevor avec un jeune amish du nom, lui aussi, de Gene. Sans domicile depuis qu'il a quitté sa communauté, Gene est accueilli par Trevor. Entre entraide et admiration, le respect qui unit les deux hommes se transforme rapidement en une multitudes d'autres sentiments. Et en 1990, le jeune Gene découvre, lui, une facette qu'il n'avait jamais connue de son oncle, celle de son homosexualité.

Bouleversante, l'histoire d'amour dramatique entre Gene et Trevor est une lecture qui ne laisse aucun lecteur insensible. La *mangaka* questionne l'homosexualité à travers les époques dans une romance où l'*age gap** entre les protagonistes est décrit avec beaucoup de sensibilité. Véritable mentor, Trevor perçoit toute l'intelligence et la curiosité de Gene. Il veut offrir le meilleur à son pupille, quitte à enfouir cet amour naissant qu'il ressent pour lui. Il a conscience que la soif d'apprentissage et de liberté que ressent le jeune homme, trop longtemps bridé par la culture amish qu'il a reçue, amènera sans aucun doute Gene à le quitter un jour pour assouvir cette quête de connaissance qui le dévore. Une épée de Damoclès qui vient s'ajouter à la honte qu'éprouve Trevor envers ses sentiments amoureux, qu'il qualifie lui-même d'immoraux. De par son éducation, Gene évolue loin de la pression sociale et morale de l'époque. Il évoque librement ses sentiments ainsi que sa découverte de la sexualité, ne comprenant pas les limites que s'impose Trevor. L'épanouissement de Gene s'accompagne d'une culpabilité croissante de Trevor, qui désire de plus en plus le jeune homme. Cet adulte, qui intériorise son homosexualité, est convaincu d'avoir exercé sans le vouloir une influence malsaine sur un Gene trop naïf. Trevor est un personnage extrêmement tragique dans l'expression de son *échoïsme* [1]. Il représente l'amour dans son interprétation la plus pure, celle d'une dévotion complète à l'autre, allant jusqu'au sacrifice de soi.

L'intrigue de *Dear Gene* se développe donc à travers une double temporalité maîtrisée. L'histoire d'amour entre les deux hommes se découvre en flash-back à travers la lecture que le jeune Gene fait du journal intime de son oncle. Parfaitement documentée, la romance historique dans les États-Unis des années 1970 est entrecoupée d'interludes qui mettent en avant la révolution sociétale des années 1990 (métissage, musicalité punk rock, homosexualité…).

1 L'*échoïsme* est un terme psychologique qui décrit une personne faisant passer les besoins des autres avant les siens, allant jusqu'à s'oublier elle-même.

Spin-off* du *one-shot* My Rumspringa*, *Dear Gene* est l'occasion pour Kaya Azuma d'aborder une nouvelle fois le genre de la romance historique et la culture amish. La *mangaka* fait un clin d'œil discret à son personnage d'Oz, issu de l'histoire d'origine, bien avant les évènements de son premier opus. Mais le jeune amish Gene est surtout l'un des personnages principaux de l'intrigue de *My Rumspringa* bien que complètement absent de celle-ci. Lui qui n'était présent qu'à travers les souvenirs et paroles des autres personnages, est enfin dévoilé au lecteur.

Kaya Azuma est une *mangaka* spécialisée dans le *boy's love* depuis les années 2010. Elle débute sa carrière au sein du cercle de *dojinka** Sanctuary où elle signe ses productions Hotama. Ses premières publications professionnelles commencent en 2016, avec *Minasoko ni Sumu Kodomotachi*, prépublié dans le magazine *Reijin Uno!* de l'éditeur Takeshobo. Une romance tragique entre un lycéen absentéiste et son professeur. Kaya Azuma s'essaie brillamment à tous les genres (postapocalyptique, drame historique, *fantasy*, comédie, *school life**, BDSM*, romance contemporaine...) exclusivement sous le format *one-shot* à ce jour, la duologie de *Dear Gene* étant son seul contre-exemple.

Les mangas *My Rumspringa*, *Dear Gene* et *La Reconversion de Sakurada* sont actuellement les trois seules séries de la *mangaka* disponibles en France, toutes aux éditions Hana.

Dear Gene arrive à la troisième place dans la catégorie *Best Comics* des *BL Awards* de 2021 du site Chil Chil. Les deux tomes de la série sont adaptés en deux *CD-Drama** en 2024, à un mois d'écart. Les *seiyû* [2] Ayumu Murase (interprète entre autres de Skip dans *Banana Fish*, Kenjiro Minami dans *Yuri!!! on Ice* ou encore Hinata Shôyô dans *Haikyu!!*) et Toshiyuki Morikawa (un très grand *seiyû* qui interprète les personnages de Blanca dans *Banana Fish*, Griffith dans *Berserk* ou encore Namikaze Minato dans *Naruto*) prêtent leurs voix aux deux protagonistes de *Dear Gene* dans une interprétation émouvante qui a reçu unanimement un avis favorable des amateurs d'*Audio-Drama**.

Meyra SUDAL

L'histoire du *one-shot My Rumspringa* fait suite à celle de *Dear Gene* mais fut publiée avant ce dernier. Couverture de l'édition française.

À gauche : *CD-Drama* qui adapte la première partie du diptyque.

À droite : couverture du tome 2.

2 *Seiyû* est le nom donné aux acteurs japonais spécialisés dans le doublage de voix. Cette profession est beaucoup plus reconnue au Japon qu'en France et le travail effectué par les *seiyû* est considéré comme équivalent à celui des acteurs par le public.

NOMI ET SHIBA

Les premiers émois amoureux et les hormones en surchauffe

Le manga *Nomi et Shiba* de Tohru Tagura est une œuvre qui a fait parler d'elle dans le monde du *boy's love*. Avec une narration à la fois touchante et profonde, ce titre s'impose comme une lecture drôle et permettant à la jeunesse de s'identifier dans la découverte de l'amour et des hormones qui jouent des tours.

Mangaka : Tohru Tagura

Traduction : Aline Kukor

Année VO/VF : 2019/2023

Éditeur VF : Akata

Statut publication VO : 4 tomes en cours)

Statut publication VF : 4 tomes (en cours)

Érotisme :

Contenu sensible :

L'adolescence, une période unique, pleine de découvertes et de désirs... Nomi vient d'entrer dans un internat pour garçons. Il ne s'intéressait pas à l'amour jusque-là, mais son camarade de chambre, Shiba, lui fait ressentir des émotions nouvelles. Comment lui avouer ses sentiments ? La danse maladroite de ces deux adolescents commence... pour le meilleur et pour le rire !

En effet, ces deux protagonistes n'arrivent pas à s'avouer leurs sentiments alors que tout le monde voit qu'ils s'aiment, sauf eux. Le manga s'interroge sur des thématiques telles que l'identité sexuelle, le poids des attentes sociales et le chemin vers l'acceptation personnelle.

Ce n'est pas évident de gérer toutes ses émotions et surtout en pensant aux attentes sociales. Est-ce que deux hommes ensemble, cela va poser problème ? Que vont penser les autres camarades de l'internat ? Heureusement qu'un élève plus âgé qu'eux saura les guider et répondre aux interrogations des protagonistes.

Le récit montre la complexité des sentiments de Nomi et de Shiba, qui doivent chacun naviguer à travers leurs propres questionnements. Nomi, en particulier, lutte pour comprendre ses émotions et ses désirs dans un monde qui impose des normes rigides sur la sexualité.

La grande qualité du titre est son humour omniprésent. En effet, les deux protagonistes ne sont pas conscients de leurs

sentiments réciproques alors que tous les élèves de l'internat ont eux bien constaté l'attraction mutuelle qu'ils ressentent l'un envers l'autre. Un enchaînement de situations cocasses au fil du récit va leur permettre de se rapprocher pour les plus grand plaisir des *lecteurices*.

L'artiste de *Nomi et Shiba* a su créer un univers visuel qui reflète parfaitement l'atmosphère du récit. Les dessins sont à la fois épurés et riches en détails, permettant une immersion totale dans l'histoire. Les expressions des personnages sont particulièrement travaillées, capturant avec finesse chaque émotion et moment de vulnérabilité.

Avec *Nomi et Shiba*, les personnages attachants et drôles sauront captiver le lectorat. Ce manga est une invitation à explorer les complexités de l'adolescence et des premiers émois amoureux à travers une comédie romantique *school life* qui flirte avec un huis clos dans une chambre d'internat.

Priscilla RECULARD

FANGS

Le mythe du vampire revisité avec brio

Le manga *Fangs*, écrit et illustré par Billy Balibally, est une œuvre captivante qui mêle habilement sensualité, mystère et une touche de noirceur. Publié pour la première fois en 2020 au Japon, *Fangs* s'inscrit dans la lignée des récits vampiriques contemporains en y injectant une dynamique romantique entre ses personnages principaux.

Dans un monde où les vampires coexistent discrètement avec les humains, un système bien établi veille à maintenir l'harmonie parmi les buveurs de sang : chaque vampire doit avoir un partenaire pour éviter de perdre le contrôle et céder à ses instincts les plus sombres.

En, un jeune vampire récemment transformé, cherche à s'adapter à sa nouvelle condition. Désemparé et sans repères, il est pris sous l'aile d'Ichii, un vampire expérimenté et charismatique qui travaille pour l'organisation Fangs, chargée de veiller sur les nouveaux transformés. Alors qu'En et Ichii apprennent à se connaître, une tension palpable se développe entre eux, mêlant attirance, méfiance et une profonde exploration de leur lien naissant.

Ce qui distingue *Fangs* des autres récits vampiriques est la façon dont Billy Balibally traite la romance. La relation entre En et Ichii évolue graduellement, offrant une alternance entre moments sensuels et discussions sincères sur l'acceptation de soi. Les scènes intimes sont réalisées avec une élégance visuelle et narrative qui évite les excès tout en captivant le lecteur. L'alchimie entre les deux protagonistes repose sur une dynamique équilibrée : Ichii, malgré son expérience, n'est pas invincible, tandis qu'En, malgré son statut de novice, montre une grande force intérieure.

Le manga explore des thèmes universels tels que la solitude, l'identité et la recherche d'un équilibre entre désir et responsabilité. En et Ichii, comme de nombreux personnages secondaires, sont confrontés à des dilemmes moraux et émotionnels liés à leur condition de vampire, ce qui ajoute une profondeur supplémentaire à l'intrigue.

L'organisation Fangs elle-même est un élément fascinant, introduisant des règles et des traditions propres aux vampires, tout en offrant un cadre pour examiner les relations entre ces êtres immortels. Cette toile de fond enrichit le récit en le situant dans un monde complexe où les émotions humaines et vampiriques se mêlent.

Les personnages sont magnifiquement dessinés, avec des traits expressifs qui capturent parfaitement leurs émotions, qu'il s'agisse de passion, de douleur ou de doute. Les scènes d'action et les moments plus intimes bénéficient d'un cadrage dynamique, tandis que les décors sombres et élégants renforcent l'ambiance vampirique.

C'est une œuvre qui explore les recoins les plus sombres et lumineux de l'âme humaine (et vampirique) à travers une intrigue envoûtante. Grâce à son écriture soignée, son univers riche et son style artistique, *Fangs* s'impose comme une lecture incontournable pour quiconque souhaite plonger dans une histoire captivante et profondément émouvante.

Priscilla RECULARD

Mangaka : Billy Balibally

Traduction : Laurie Asin

Année VO/VF : 2020/2021

Éditeur VF : Hana Edition

Statut publication VO : 3 tomes (en cours)

Statut publication VF : 2 tomes (en cours)

Érotisme : 

Contenu sensible : 

DAISY JEALOUSY

Quand la jalousie est aussi un moteur positif

***Daisy Jealousy* est un manga d'Ogeretsu Tanaka, reconnue pour ses récits intenses et émotionnellement chargés. Avec *Daisy Jealousy*, elle explore les thèmes de l'amour, de la rivalité et de la quête de soi, tout en mettant en lumière les failles humaines avec une honnêteté désarmante.**

Mangaka : Ogeretsu Tanaka

Traduction : Isabelle Eloy

Année VO/VF : 2020/2022

Éditeur VF : Taifu Comics

Statut publication VO : 1 tome (terminé)

Statut publication VF : 1 tome (terminé)

Érotisme :

Contenu sensible :

Deux jeunes hommes, Misaki et Kaname, se rencontrent lors de leur formation dans une école spécialisée en animation 3D. Misaki est perfectionniste mais arrogant, tandis que Kaname est talentueux mais pas sociable et plus discret. Très vite, une rivalité s'installe entre eux, alimentée par l'admiration que Misaki porte secrètement à Kaname et la frustration de ne pouvoir égaler son talent inné. Misaki craque en lui disant toute sa frustration et jalousie, et la réponse de Kaname est un baiser sans explication. Ils se retrouvent quatre ans plus tard à travailler sur un même projet. Comment vont se terminer ce projet et leur relation ?

Ogeretsu Tanaka excelle dans l'art de capturer la complexité des relations humaines, et *Daisy Jealousy* en est une brillante démonstration. Ce manga ne se contente pas de raconter une romance : il plonge au cœur des insécurités et des contradictions de ses personnages. La jalousie, qui sert de fil conducteur au récit, est abordée avec une profondeur rare. Elle n'est pas seulement source de conflit mais aussi un moteur de croissance personnelle.

Misaki, en particulier, traverse un arc narratif poignant. Derrière son arrogance et sa compétitivité se cachent une peur de l'échec et un désir maladroit de reconnaissance. Kaname, de son côté, semble plus serein mais porte en lui une timidité qui l'empêche de s'affirmer pleinement. Leur relation met en lumière les luttes internes de chacun, tout en montrant comment l'amour peut devenir un espace de rédemption et de compréhension mutuelle.

La jalousie et la fascination se transforment progressivement en émotions amoureuses. Cependant, les incompréhensions et les blessures d'ego rendent leur relation plus complexe, les plongeant dans un océan de doutes, de désirs et de regrets. Il s'agit d'une analyse subtile des interactions humaines.

Au-delà de la romance, *Daisy Jealousy* aborde des thèmes universels qui résonnent chez les lecteurs, quelles que soient leur sensibilité ou leur orientation. La jalousie, la peur de l'échec, la pression sociale et le désir de se surpasser sont autant d'éléments qui trouvent un écho dans le quotidien de chacun.

Ce manga parle aussi de réconciliation : avec soi-même, avec ses failles, et avec les autres. Misaki et Kaname apprennent à se connaître au-delà des apparences et des rivalités, offrant un message d'espoir sur la capacité des relations humaines à évoluer et à guérir.

Daisy Jealousy est un voyage émotionnel dans la psyché de deux individus imparfaits mais profondément attachants. Ogeretsu Tanaka, fidèle à son style, propose un récit mature et sincère, où la passion et la vulnérabilité s'entrelacent.

Le dessin est l'un des points forts de *Daisy Jealousy*. Les expressions faciales des personnages sont d'une grande finesse, capturant chaque émotion avec précision. Les scènes intimes, bien que passionnées, restent empreintes de délicatesse, reflétant parfaitement la complexité des sentiments des protagonistes.

Les arrière-plans, souvent simples mais évocateurs, permettent aux émotions de prendre le dessus. Le découpage des pages et le rythme narratif renforcent l'intensité des moments clés, qu'il s'agisse d'une confrontation houleuse ou d'un moment de tendresse.

Ce manga s'adresse aussi bien aux amateurs de *boy's love* qu'aux lecteurs en quête d'une histoire riche en émotions et en nuances. La beauté de l'écriture et du dessin, combinée à des personnages réalistes, en font une œuvre très intéressante à découvrir.

Avec ce titre, Ogeretsu Tanaka prouve une fois de plus qu'elle est une conteuse hors pair. Ce manga, à la fois touchant et percutant, rappelle que derrière chaque rivalité se cache une histoire, et que même les sentiments les plus complexes peuvent donner naissance à un amour sincère.

C'est un titre fort réaliste et qui apporte le message de ne pas abandonner ses rêves. Misaki et Kaname, malgré la jalousie, vont finir par se comprendre. Ce *BL* saura pousser les lecteurs à se questionner sur les sentiments négatifs qui peuvent être ressentis et l'importance de la communication dans ce genre de situation. Ce titre est en un seul tome et il se suffit à lui-même même s'il aborde plusieurs thèmes.

Priscilla RECULARD

Nouvelle série *BL school's life* de la mangaka, non encore publiée en France.

Ci-contre : PLV promotionnelle japonaise.

MY BEAUTIFUL BOY

L'histoire d'amour du lieutenant canard pour son roi[1]

***My Beautiful Boy* démontre brillamment que l'érotisme d'une scène n'est pas exclusivement lié à l'acte de pénétration, à travers une romance à la forte tension sadomasochiste entre les protagonistes.**

Couverture française du tome 1.

Mangaka : Yu Nagira (scénario et autrice du *light novel*) & Megumi Kitano (dessin)

Traduction : Léonore Carasscosa

Année VO/VF : 2022/2023

Éditeur VF : Hana

Statut publication VO : 4 tomes (terminé)

Statut publication VF : 3 tomes (en cours)

Érotisme :

Contenu sensible :

Depuis son enfance, Hira est souvent exclu à cause de son bégaiement. En proie à de nombreuses idées sombres, il ne se fait pas d'illusions pour son entrée au lycée. Mais dans sa classe, il découvre Kiyoi. À ses yeux, ce dernier est un roi magnifique. Rapidement, le bégaiement de Hira le conduit à devenir le souffre-douleur d'un groupe d'élèves dont fait partie Kiyoi. Mais Hira accepte avec plaisir cette fois-ci son rôle de larbin. Chaque mot, chaque regard de Kiyoi attise en lui un sentiment nouveau et un plaisir de se soumettre qu'il ne connaissait pas.

La romance qui se développe sur plusieurs années retranscrit avec une grande justesse psychologique l'apparition de désirs *sadomasochistes**. Un sujet rarement abordé avec autant de réalisme. L'intrigue de *My Beautiful Boy* se concentre sur l'émergence de ce penchant sexuel souvent dénigré par la société. Le personnage de Kiyoi est lui-même pris au dépourvu par son attirance face à ces sentiments qu'il ne comprend pas. Tout en sensualité, le moindre regard ou contact physique, comme un baisemain, est plus érotique qu'une scène de pénétration. Une alchimie mutuelle et une attirance à fleur de peau que retranscrivent à merveille les dessins de Megumi Kitano. Dans son désir de soumission, Hira prend sans le vouloir le contrôle de sa relation avec Kiyoi qui se laisse entraîner par la force de ses sentiments, dans une inversion intéressante des rôles dominants/dominés. Hira aime à se soumettre aux désirs de son « roi » mais il impose par sa naïveté l'évolution de leur relation à Kiyoi qui n'arrive pas à prendre l'ascendant sur lui.

Adaptée d'un *light novel** de Yu Nagira, dont le premier tome date de 2014, l'histoire a conquis un grand lectorat et fut régulièrement dans le top Oricon des meilleures ventes de *LN*. Elle fut adaptée en *J-Drama** en 2021. On retrouve l'acteur Riku Hagiwara dans le rôle de Hira et Yûsei Yagi, dont c'est le tout premier rôle, dans celui de Kiyoi. Le *J-Drama* comprend deux saisons et un film qui adapte l'intégralité de l'œuvre d'origine. En 2022, Yu Nagira scénarise son histoire dans une adaptation manga à quatre mains avec la *mangaka* Megumi Kitano.

Connue pour ces *dojinshi** de *Yuri on Ice*, Megumi Kitano fait partie du cercle de *dojinka** Kojirase Cherry. Spécialisée dans le *boy's love*, elle a récemment publié un *one-shot* sous un autre nom de plume, Mitsumame Sekihara.

Meyra SUDAL

1 Le personnage de Hira se compare lui-même à un canard en plastique qu'il a vu, enfant, abandonné dans une rivière. Le jouet balloté entre les déchets était abîmé mais ne coulait pas. L'allusion à ce « lieutenant canard » revient régulièrement dans l'histoire à travers les monologues introspectifs de Hira, de même que l'allusion au « roi » qui fait référence au personnage de Kiyoi.

LULLABY OF THE DAWN

Quand être ensemble permet d'espérer vivre plus longtemps

***Lullaby of the Dawn* est un manga d'Ichika Yuno qui s'est rapidement imposé comme un incontournable dans l'univers du *boy's love*. Publié pour la première fois en 2020 au Japon, ce titre poétique d'Ichika Yuno transporte son lectorat dans un monde où l'amour se heurte à la complexité des relations humaines, des contraintes sociales. Il faut regarder au-delà des apparences.**

L'histoire de *Lullaby of the Dawn* se déroule dans un royaume où Elva est un chaman qui combat des monstres marins chaque nuit pour défendre un village qui le fuit car ses habitants pensent qu'il est maudit. Sa vie de chaman sera courte car chaque nuit raccourcit sa vie et cela est commun à tous les chamans qui combattent les monstres marins. Néanmoins, Arnor, un enfant du village, ne partage pas cette opinion et ne comprend pas le mépris à l'égard d'Elva. Tout au long de l'évolution d'Arnor jusqu'à l'âge adulte, une relation va se développer, oscillant entre fascination et affection. Un élément va se dévoiler : les marques noires d'Elva diminuent lorsqu'il est en contact avec Arnor. Pourquoi cela ne se produit qu'avec ce jeune homme ?

L'une des forces de *Lullaby of the Dawn* est sa capacité à équilibrer les thèmes fantastiques et romantiques. Le monde créé par Ichika Yuno est richement construit : l'histoire d'Elva ainsi que les monstres de vagues donnent une profondeur immersive à l'histoire. Les éléments de *fantasy* ne sont jamais envahissants mais servent à sublimer la relation entre les personnages principaux.

La romance, quant à elle, est traitée avec une grande subtilité. Elva et Arnor évoluent dans un monde qui limite leur liberté d'aimer, mais leur lien transcende ces barrières. Ichika Yuno explore des thèmes universels comme l'acceptation de soi, la lutte contre les préjugés et la quête d'identité.

Elva, par son statut de maudit, est un personnage ayant accepté son destin mais doté d'une force intérieure remarquable car il ne souhaite pas mourir. Son parcours est une ode à la résilience et à l'acceptation de sa différence.

De son côté, Arnor va toujours faire en sorte de faciliter la vie d'Elva. Son adoration va rapidement se changer en amour et il tentera de toucher le chaman qui éprouve des difficultés à se projeter.

Les personnages secondaires ne manquent pas d'importance, apportant des subtilités au récit et contribuant à l'univers riche du manga.

Le style artistique est un pur délice. Chaque page est travaillée avec soin, des décors jusqu'aux expressions subtiles des personnages. Les scènes romantiques sont empreintes d'une beauté onirique, tandis que les moments de tension sont renforcés par des contrastes marqués et des jeux d'ombres captivants.

Lullaby of the Dawn a su conquérir le cœur des lecteurs à travers le monde. Il a été le lauréat des *Chil-Chil BL Awards* 2022.

Priscilla RECULARD

Couverture française du tome 1.

Mangaka : Ichika Yuno

Traduction : Margot Maillac

Année VO/VF : 2020/2023

Éditeur VF : Taifu Comics

Statut publication VO : 5 tomes (en cours)

Statut publication VF : 4 tomes (en cours)

Érotisme :

Contenu sensible :

VICES

Ci-contre : couverture française du tome 3.

À gauche : couverture française du tome 4.

Libère le démon qui sommeille en toi

Avec une parfaite maîtrise de la psychologie de ses personnages, *Vices* développe une histoire où violence et esthétisme fusionnent à merveille.

Mangaka : Limo

Traduction : Delphine Desusclade

Année VO/VF : 2017/2023

Éditeur VF : Hana

Statut publication VO : 4 tomes (terminé)

Statut publication VF : 4 tomes (terminé)

Érotisme : 🌶🌶🌶

Contenu sensible : 🚩

Dans son entreprise, Daimon a la réputation d'être un homme tolérant face aux réflexions désagréables de ses collègues. Particulièrement celles de Kojima, sans limite dans ses répliques désobligeantes. Si Daimon réagit en pacifiste, son inaction est considérée comme une faiblesse et une soumission aux yeux des autres. À la suite d'un incident anodin, Daimon doute des raisons qui motivent l'attitude de Kojima envers lui. Mais pousser Daimon dans ses retranchements risque de réveiller les pulsions que ce dernier réfrène depuis des années.

Si la romance salvatrice entre les deux protagonistes permet au récit de s'alléger au fur et à mesure de l'avancée de l'intrigue, le manga s'apparente à la *dark romance* [1] durant ses premiers chapitres. Pratiques BDSM*, pulsions meurtrières, relation toxique... un arsenal de sujets chocs au service d'une rencontre explosive entre deux adultes consentants. Chacun meurtri par des traumatismes vécus dans leur enfance, Daimon et Kojima trouvent un équilibre en exprimant sans retenue leurs pulsions dans une relation qui s'assainit rapidement. Leur complémentarité et le désir qu'ils éprouvent pour cette tension malsaine qui les unit, adoucissent une lecture dont les sujets de fond fortement dramatiques peuvent heurter la sensibilité des *lecteurices* (dont des viols et tentatives de meurtre). D'autant plus que le personnage de Kojima cherche à s'autodétruire à travers ces relations abusives. Une échappatoire psychologique pour un enfant qui a grandi avec un fort déséquilibre émotionnel, couplé à un choc post-traumatique.

Le manga décrit de nombreuses scènes explicites, avec une esthétique particulièrement soignée dans les pratiques BDSM. Elles s'accompagnent ici d'une représentation décadente de la luxure d'une classe élitiste et richissime.

Mangaka de plusieurs *boy's love* depuis 2015, Limo signe en 2019 un *seinen* de thriller horrifique sous le patronyme Tamiya Hisago. Adaptée d'un *light novel*, la série en deux tomes est sa première œuvre non-*boy's love* publiée. *Vice* est à ce jour le seul manga disponible de Limo en France.

Meyra SUDAL

1 La *dark romance* est un sous-genre littéraire de la romance, apparu dans les années 2010 et fortement popularisé à travers les réseaux sociaux dans les années qui ont suivi. Il soulève de grandes polémiques par ses thématiques de fond (violence, rapports immoraux, remise en question du consentement) et son positionnement marketing vis-à-vis d'un public jeune. Les intrigues amoureuses questionnent les limites entre amour et désirs dans des récits qui franchissent parfois les cadres imposés par la loi et/ou la morale.

SANCTIFY

Quand le thriller s'invite dans le boy's love

***Sanctify* est un manga *boy's love* mêlant mystère, horreur et romance, écrit et illustré par Godsstation. L'histoire s'impose comme une lecture fascinante grâce à son mélange unique d'éléments surnaturels et de relations intenses.**

L'histoire suit Lance Hunter, un exorciste désabusé de 33 ans, vivant une vie de solitaire. Chargé de protéger la population contre les forces maléfiques (démons, sorcières et autres entités surnaturelles), Lance rêve secrètement d'abandonner ce métier usant.

Sa vie bascule lorsqu'il est appelé à enquêter sur une série de meurtres surnaturels particulièrement violents. Sur l'une des scènes de crime, il rencontre William Gilbert, un jeune policier aux yeux verts et à l'attitude serviable. Mais derrière l'apparente innocence de William se cache une facette plus sombre, un désir trouble qui pousse Lance à le garder à distance… tout en étant inéluctablement attiré par lui.

Sanctify se démarque par sa capacité à marier la tension romantique avec une atmosphère oppressante. Les interactions entre Lance et William sont imprévisibles, alternant entre suspicion, attirance et moments de vulnérabilité. Le manga explore des thèmes profonds, notamment le poids des secrets, la solitude et la lutte intérieure entre le devoir et les désirs personnels.

Il n'est pas à mettre entre les mains de tout le monde de par sa représentation graphique crue et choquante des scènes de crime avec le sang apparent ainsi que les corps. De plus, les relations sexuelles sont elle-aussi représentées avec une forte puissance graphique.

L'ambiance visuelle de *Sanctify* est un de ses points forts. Avec des décors urbains sombres et des scènes surnaturelles magnifiquement rendues, Godsstation parvient à créer une immersion totale. Les illustrations mettent en valeur les contrastes entre lumière et ombre, reflétant les luttes internes des personnages et le danger omniprésent qui les entoure.

En combinant des éléments des récits de *boy's love* avec ceux du thriller surnaturel, *Sanctify* offre une expérience de lecture unique. Les amateurs de *boy's love* apprécieront la romance bien construite entre Lance et William, tandis que les fans de mystère et d'horreur seront séduits par l'intrigue captivante.

Avec *Sanctify*, Godsstation propose une œuvre riche en émotions, où se croisent désirs humains et forces surnaturelles. Ce manga s'adresse aussi bien aux adeptes du *boy's love* qu'à ceux qui aiment les thrillers sombres et intrigants. Une lecture incontournable pour quiconque souhaite plonger dans une histoire alliant passion et danger. Et il est terminé en trois tomes.

Priscilla RECULARD

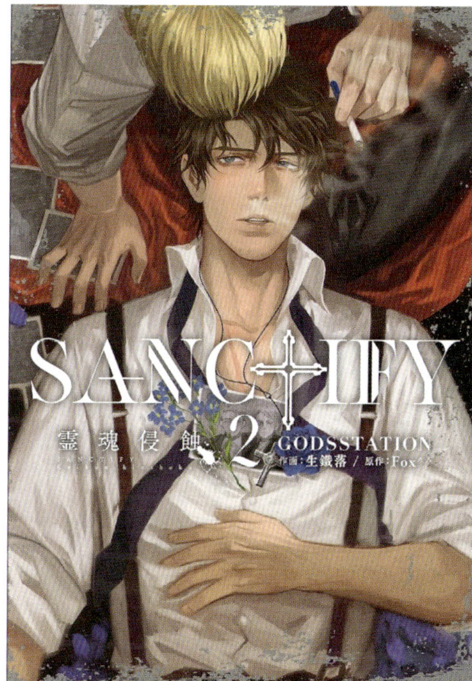

Manhuajia : Godsstation

Traduction : Loïc Aloisio

Année VO/VF : 2019/2023

Éditeur VF : Taifu Comics

Statut publication VO : 3 tomes (terminé)

Statut publication VF : 3 tomes (terminé)

Érotisme :

Contenu sensible :

À gauche : couverture française du tome 1.

En bas : couverture italienne du tome 2.

DICK FIGHT ISLAND

Et à la fin, il n'en restera qu'un !

S'affranchissant de toute logique, *Dick Fight Island* est une œuvre qui aborde la masculinité de façon décomplexée. Elle intègre à l'extrême, à travers son histoire improbable, l'idée que le pouvoir est associé à la virilité.

Mangaka : Reibun Ike

Traduction : Isabelle Eloy et Nicolas Pujol

Année VO/VF : 2016/2024

Éditeur VF : Taifu Comics

Statut publication VO : 2 tomes (terminé)

Statut publication VF : 1 tome (en cours)

Érotisme :

Contenu sensible :

L'archipel de Pulau Yang Indah est resté caché aux yeux du monde jusqu'à la fin du xxe siècle, préservant ses habitants de leurs coutumes. L'une d'entre elles est le grand tournois des serpents qui a lieu tous les quatre ans afin d'élire le prochain roi qui gouvernera l'ensemble des tribus. Chaque prétendant au titre revêt une armure ayant pour but de protéger sa partie la plus intime. Car pour remporter les duels, il faut résister aux assauts érotiques de son opposant et ne pas éjaculer en premier. Harto, guerrier du clan des Pierres précieuses, revient de son séjour à l'étranger avec une technique redoutable qui pourrait lui permettre de remporter le tournoi.

Le scénario burlesque de ce *boy's love* fantasy a conquis ses lecteurs par son originalité. Même si elle est improbable, l'intrigue est parfaitement menée. Elle s'accompagne d'une richesse graphique aux décors et *chara-design* extrêmement détaillés (variations de morphologies, de styles vestimentaires et architecturales). La *mangaka* maîtrise aussi bien dans sa narration que leur représentation les scènes érotiques qui constituent l'élément central de l'histoire.

Tous les coups sont permis pour mener son adversaire vers l'orgasme, dans des combats qui relèvent du voyeurisme, ceux-ci étant exécutés aux yeux de tous. *Dick Fight Island* s'inspire à la fois des joutes médiévales et des jeux romains. Le tournoi a lieu dans une arène qui rappelle par son architecture les cirques où avaient lieu les combats de gladiateurs. Les armures des combattants, tout aussi improbables que le scénario, exagèrent la représentation de la virilité masculine, qui devient une arme de combat. Il ressort du manga une ambiance exotique par ses références multiculturelles des différents clans et son cadre d'île tropicale.

L'autrice, Reibun Ike, publie son premier manga en 2005 aux éditions Biblos, un recueil de sept histoires courtes sous le format *one-shot*. Prolifique et régulière, la *mangaka* est depuis publiée chaque année au format relié, principalement pour des *one-shot** ou des séries courtes en deux tomes, comme *Dick Fight Island* qui fut prépubliée dans le magazine *BExBOY Gold*. Grande spécialiste de *boy's love* fortement érotiques, Reibun Ike s'est expérimentée en 2011 au *shôjo* manga avec un drame dystopique, *Geofront*, qui fut disponible en France chez Taifu Comics entre 2016 et 2021. Plusieurs mangas de Reibun Ike sont traduits en France aux éditions Taifu Comics et Hana.

Meyra SUDAL

QUEUTARD LÉGENDAIRE VS CUL D'ACIER

Entre la lance la plus forte et le bouclier le plus fort, qui l'emportera ?

Derrière un titre plus que provocateur, *Queutard légendaire VS Cul d'acier* raconte une histoire d'amour lycéenne d'une mignonnerie déconcertante.

Au lycée Hachiten, une guerre des clans fait rage pour déterminer qui l'emportera entre deux rivaux, considérés comme les deux élèves les plus forts de l'établissement. D'un côté, Iori, le Queutard légendaire, couche avec une fille différente tous les jours. De l'autre, Minami, le Cul d'acier, affronte tous ceux qui s'en prennent à lui et les sodomise une fois vaincus. Pour cet ultime combat, Iori propose à Minami de s'affronter sur leur virilité. Prêt à tout pour qu'on ne lui colle plus cette étiquette de racaille qu'il n'a jamais souhaitée, Minami accepte le défi, mais celui-ci va prendre une tournure inattendue.

Comédie romantique *school life** décomplexée et addictive, *Queutard légendaire VS Cul d'acier* est une satire *boy's love* des mangas *furyô* [1]. Le scénario détourne la figure du lycéen rebelle prêt à en découdre pour la transformer en celle d'un amoureux au cœur tendre. Le récit est fortement érotique et non censuré. La tension palpable entre les deux protagonistes est extrêmement mignonne : timides, hésitants, rougissant à outrance… Les attitudes de Iori et Minami l'un envers l'autre tranchent complètement avec leurs profils de chef de gang. Une opposition scénaristique qui accentue fortement l'humour du manga. Quiproquos et comique de situation s'enchaînent dans une narration au rythme soutenu dont l'intrigue a pour vocation de mettre en avant la libido exacerbée des deux lycéens, aussi attachés l'un à l'autre physiquement qu'émotionnellement.

Le *chara-design* anguleux s'accompagne d'une multitude d'expressions faciales qui réhaussent l'humour du manga. Les regards aux yeux bridés des protagonistes ont une expression féline envoûtante.

En décembre 2023, le tome 1 de *Queutard légendaire VS Cul d'acier* est adapté en *Audio-Drama*, par la suite édité sous forme physique d'un *CD-Drama* à l'occasion de la sortie japonaise du tome 3.

Totofumi est membre du cercle de *dojinshi* 10.10 MHz. où elle commence ses premières publications comme *dojinka* au début des années 2010. *Queutard légendaire VS Cul d'acier* est son premier manga paru en France et la toute première série longue de la *mangaka*.

Meyra SUDAL

1 Le *furyô* est un genre de manga qui raconte une histoire de lycéens regroupés en bande. Ces racailles, dont les codes peuvent s'apparenter à ceux des yakuzas, imposent leur domination sur un territoire et sont souvent en conflit avec d'autres groupes dans une guerre de gangs.

Ci-dessous : couverture allemande du tome 2. L'illustration marque toujours plus l'opposition entre le titre racoleur du manga et son contenu érotique plutôt mignon.

En bas : couverture française du tome 1.

Mangaka : Totofumi

Traduction : Isabelle Eloy

Année VO/VF : 2021/2024

Éditeur VF : Taifu Comics

Statut publication VO : 4 tomes (en cours)

Statut publication VF : 2 tomes (en cours)

Érotisme :

Contenu sensible :

NAGAHAMA TO BE, OR NOT TO BE

Une histoire de découverte et d'amour silencieux

Nagahama to Be, or Not to Be **est un manga écrit et illustré par Scarlet Beriko, célèbre pour ses œuvres au style unique et ses récits émotionnels, tels que *Jackass!* ou *Jealousy*. Ce *one-shot* explore les thèmes de l'amitié, de l'amour naissant et de la quête d'identité, le tout dans une ambiance paisible et introspective.**

Mangaka : Scarlet Beriko

Traduction : Nicolas Pujol & Océane Tamalet

Année VO/VF : 2023/2024

Éditeur VF : Taifu Comics

Statut publication VO : 1 tome (terminé)

Statut publication VF : 1 tome (terminé)

Érotisme :

Contenu sensible :

Nagisa, un adolescent un peu bourru, commence à s'interroger sur ses sentiments lorsqu'il suspecte que son meilleur ami Issa, qu'il connaît depuis l'enfance, a trouvé une petite amie. Contrairement à Nagisa, Issa est passionné par son travail au marché aux poissons de Nagahama et préfère souvent y consacrer son temps au détriment de l'école. Est-ce que Nagisa va réussir à trouver les réponses à ses interrogations ?

Le récit navigue au gré de leurs interactions, mêlant jalousie, confusion émotionnelle et moments de tendresse, alors que Nagisa se débat avec l'idée qu'il pourrait être amoureux de son ami. Pendant ce temps, Issa semble porter un amour sincère mais secret pour Nagisa. Ensemble, ils affrontent ces émotions complexes, découvrant ce que signifie « être là » l'un pour l'autre.

Nagisa est un personnage intéressant car il se veut proche des autres mais en même temps, il n'arrive à être lui-même qu'avec Issa. Sa joie de vivre ne se manifeste qu'en compagnie de son meilleur ami. D'où son trouble lorsqu'il apprend que celui-ci aurait une petite amie. Cela va le conduire à une réflexion personnelle sur ses sentiments pour Issa et à la crainte de voir cette relation très forte entre eux se briser au moindre faux pas.

Issa, de son côté, est un personnage plus solitaire mais très enjoué. Il sait où il veut aller et ce qu'il désire faire dans la vie. C'est pour cela qu'il ne va pas souvent en cours mais préfère être sur le marché aux poissons ainsi qu'à la pêche privilégiant son avenir professionnel à sa scolarité. Cependant, sa relation avec Nagisa est forte et il ne semble pas indifférent à son meilleur ami. Il se montre toujours présent pour lui et doux. Le contraste entre sa joie de vivre et son sérieux lorsqu'il est question de Nagisa montrent un jeune homme prêt à tout pour être avec l'homme qui l'attire et qui le connaît mieux que n'importe qui.

Le manga explore avec beaucoup de délicatesse la dynamique entre les deux jeunes garçons. Scarlet Beriko utilise un cadre paisible, proche de la mer, pour créer un contraste avec la force des émotions des personnages. L'un des sujets principaux est la transition de l'amitié à l'amour, abordée avec finesse et délicatesse. Étant amis depuis leur tendre enfance, les deux garçons ont du mal à admettre que cette puissante relation amicale pourrait se transformer en amour et risquer de compromettre leur relation si les sentiments qu'ils éprouvent l'un pour l'autre ne sont pas identiques.

Ci-contre : l’’annonce par Scarlet Beriko d'une suite à *Nagahama To Be or Not To Be* a fait la une du magazine *Cheri+*

Ci-dessus : *Minori no te*, autre manga *one-shot* de Scarlet Beriko suit un couple installé dans la vie active.

Nagisa va se montrer patient envers Issa lorsque celui-ci va partir en mer pour plusieurs mois. Mais à chaque sortie en mer, il craint de ne pas le revoir et redoute que ses inquiétudes ne les éloignent l'un de l'autre. Communiquer seulement par téléphone montre un profond intérêt des deux hommes à garder le lien.

La place des rêves et des aspirations, notamment illustrée par la passion d'Issa pour le marché de Nagahama et son envie d'être pêcheur, est ainsi mise en avant. D'ailleurs, c'est un sujet de discussion entre les deux meilleurs amis.

L'un des atouts du manga est le style visuel de Scarlet Beriko. L'artiste, avec des détails minutieux et des arrière-plans travaillés, saisit à la fois l'élégance du banal et l'intensité des sentiments. Chaque scène, qu'il s'agisse d'un dialogue muet ou d'un coup d'œil discret, véhicule une puissante intensité émotionnelle.

Le titre, qui est une référence claire au fameux monologue de Hamlet de Shakespeare, confère instantanément une dimension philosophique à l'histoire. Cette référence confronte les lecteurs à un questionnement crucial : la recherche de soi-même et l'importance de l'existence. Ce sous-texte apporte une grande richesse à l'histoire.

Nagahama to Be, or Not to Be est une œuvre qui va au-delà du genre *boy's love* traditionnel, en présentant une narration universelle de quête d'identité et de romance émergente. Scarlet Beriko, par le biais de ses personnages profondément humains et de son univers poétique, propose une lecture chargée d'émotions qui séduit autant les fans de *boy's love* que les lecteurs en quête d'histoires intimes et sincères. L'habileté avec laquelle Scarlet Beriko traite ces thématiques confère à cette œuvre un caractère indispensable.

Priscilla RECULARD

A gauche, Pierre Niedergang, philosophe ; à droite, Agnès Giard, universitaire spécialiste de la culture japonaise.

À BÂTONS ROMPUS: LE *BOY'S LOVE*, *SO GAY* ?

Le *boy's love* est-il destiné aux hommes gays ? C'est l'opinion que s'était forgée, à partir de son expérience personnelle, le philosophe de la sexualité Pierre Niedergang [1]. En effet, le *boy's love* a pu avoir une importance auprès d'un jeune lectorat gay en tant qu'ensemble de représentations (plus ou moins sublimées, plus ou moins normées) de l'homosexualité. Et pourtant, comme lui explique dans cet entretien Agnès Giard [2], spécialiste de la culture japonaise populaire, les *boy's love* sont davantage des productions destinées aux femmes et c'est là que réside leur pouvoir subversif.
Ils échangent tous deux sur cette subtilité qui interpelle fortement les lecteurs découvrant les mangas homo-érotiques.

1 Pierre Niedergang est l'auteur du livre *Vers la normativité queer*, publié en avril 2023 aux Éditions Blast (https://www.editionsblast.fr/vers-la-normativite-queer).

2 Agnès Giard mène des recherches sur l'industrie des simulacres affectifs (épouse holographique, partenaire numérique, poupée vocale, clones *post-mortem*) dans le contexte du dépeuplement du Japon. Elle est autrice de cinq livres consacrés au Japon dont *L'Imaginaire érotique au Japon* (Albin Michel 2006, Glénat 2007) ou encore *Un désir d'humain. Les love doll au Japon* (Belles Lettres, 2016).

Pierre : Les Occidentaux se représentent habituellement le rapport de la culture japonaise à l'homosexualité comme fortement lié au *boy's love*. À quel point est-ce un cliché ? Quelle importance a vraiment le *boy's love* dans la représentation de l'homosexualité au Japon ?

Agnès : Contrairement aux apparences, les histoires *boy's love* ne s'adressent pas aux hommes gays mais aux femmes hétérosexuelles. Pour l'essentiel, ces histoires sont d'ailleurs dessinées par des femmes. Leur but : créer un espace protégé, pour construire et explorer une identité collective sur la base de fantasmes romantico-pervers. L'idée d'utiliser des personnages masculins relève de la stratégie. Il s'agit, tout d'abord, de démarquer radicalement les productions pour femmes de celles qui s'adressent aux hommes, en faisant « mauvais genre », au sens propre du terme. Mais il s'agit, surtout, d'entrer en résistance contre les normes sociales qui assignent aux femmes le devoir de tomber amoureuses pour faire couple et devenir mères. Grâce aux *boy's love*, les femmes peuvent se projeter dans une histoire d'amour (et de sexe) sans être subordonnées au devoir de reproduction.

Donc le *boy's love*, c'est féministe ?

Pour comprendre le phénomène, il faut remonter en arrière : le *boy's love* prend racine dans la révolution sexuelle des années 1970 au Japon. Jusque-là, les mangas pour filles (*shôjo* mangas) étaient monopolisés par des artistes hommes qui dessinaient des histoires mièvres dans le style « ils vécurent heureux et eurent beaucoup d'enfants ». Prenant les rênes du genre, une poignée de jeunes femmes artistes – plus tard estampillées « Groupe de l'an 24 » – renouvelle le *shôjo* manga en y introduisant des thématiques adultes et des techniques graphiques inédites dont *La Rose de Versailles* (*Berusaiyu no bara*), le manga phare d'Ikeda Riyoko, contribue à fixer les canons : dans cette fresque historique, dépeignant la cour de France à la veille de la Révolution, Ikeda Riyoko met en scène une aristocrate travestie en homme, éduquée en garçon depuis son enfance et promue capitaine de la garde royale à Versailles.

Dans *La Rose de Versailles*, l'héroïne – nommée Oscar – se conduit et se perçoit comme homme, proposant aux lectrices un modèle d'identification nouveau : celui de la guerrière hermaphrodite qui traite les hommes sur un pied d'égalité. La Révolution française qui sert de cadre au récit n'est qu'une transposition de cette autre révolution appelée au Japon *ûman ribu* (*women lib*), dont Ikeda Riyoko devient une des égéries. Sous l'impulsion du « Groupe de l'an 24 », les *shôjo* mangas des années 1970 se peuplent de créatures androgynes, les *dansô no shôjo* (filles habillées en hommes) et les *bishônen* (beaux garçons) aux ressemblances troublantes : silhouettes élancées, longs cheveux, cils de phalène... Les distinctions de sexe ne sont plus opérantes dans ces œuvres qui contribuent à populariser l'idéal de l'amour pur, un amour sans mariage ni bébés.

Sous l'influence du *shôjo* manga – qui met volontiers en scène des relations homosexuelles, c'est-à-dire paritaires et stériles – non seulement les lectrices peuvent s'identifier à des personnages forts mais vivre par procuration des relations transgressives, délivrées des contraintes sociales liées aux normes de genre. Mieux : l'amour, dans ces mangas, n'apparaît plus comme le pôle constitutif de l'identité féminine, mais comme un espace de jeu où « succomber aux émotions » reste sans conséquences : même amoureuse, Oscar demeure un être tourné vers l'action. À son image, les héros du *boy's love* peuvent confesser leurs sentiments sans que cela ne remette en cause leur virilité. Par l'intermédiaire de ces personnages aux allures masculines, les lectrices sont libres de s'approprier les qualités du sexe fort tout en s'adonnant à leurs amours par procuration. Des amours libres. Des amours entre des êtres dont les traits caractéristiques sont le courage, l'indépendance et la force.

D'accord. Il y a donc un certain décollement d'avec la sexualité reproductive permise par le *boy's love* et qui ouvre un espace de liberté fantasmatique. Dans ce cas, qu'en est-il du *girl's love*, son équivalent féminin ? Quelle est la place des femmes lesbiennes dans les représentations de l'homosexualité au Japon ?

Là encore, il ne faudrait pas croire que le *girl's love* soit représentatif de la communauté lesbienne. Même si, bien sûr, des femmes lesbiennes peuvent produire ou lire ses histoires, celles-ci sont souvent déconnectées de la réalité vécue par les homosexuelles. Beaucoup d'œuvres *girl's love* sont des romances fantasmatiques, utilisant les personnages féminins à la façon de paravents ou de trompe-l'œil pour exprimer des désirs anticonformistes.

Pourtant, dans le *boy's love*, le partage des rôles entre le dominant (*seme*, littéralement « l'agresseur ») et le dominé (*uke*, « celui qui accepte ») semble très tranché. Est-ce que ces représentations ne reproduisent pas des normes de genre, mais aussi un rapport au consentement, qu'on considère aujourd'hui comme inacceptables ?

Le *boy's love* transpose effectivement dans un univers homo-érotique les scripts hétérosexuels les plus caricaturaux. Mais c'est là toute sa force : plus les scénarios relèvent du cliché, plus ils défient l'ordre binaire des sexes, car ils en démontent les ressorts.

Je m'explique. Une croyance fermement ancrée dans les sociétés modernes veut que le monde soit coupé en deux : d'un côté les mâles (qui viennent de la planète Mars), de l'autre les femelles (de Vénus). Le phénomène *boy's love* contribue à lutter contre cette vision réductrice de l'humain en montrant que la différence des sexes repose non pas sur une réalité biologique mais sur un jeu de rôle.

Dans les *boy's love*, il y a donc toujours deux hommes qui, pour se séduire, assument tantôt le rôle de chasseur tantôt celui de proie. Un actif (*seme*) et un passif (*uke*). Entre eux, l'histoire se joue à la façon d'un rituel marqué par l'hyperstylisation de postures caricaturales. L'actif répète sans fin les mêmes mimiques agressives – regard menaçant, sourire narquois – auxquelles répondent en miroir les postures de la reddition amoureuse schématisées à outrance – yeux humides et suppliants, joues rougies par la honte. Dans l'univers *boy's love*, la virilité est un artifice qui se construit par opposition à cet autre artifice qu'est la féminité, dans un rapport d'antinomie proche de l'antagonisme.

Cette logique d'antagonisme est poussée si loin que les histoires d'amour *boy's love* sont ponctuées de scènes de rapt ou d'agressions sexuelles. Une des significations du mot *yaoi* (terme employé pour les *dojinshi* de *boy's love*) serait d'ailleurs la phrase *Yamete Oshiri ga itai*, « Arrête, j'ai mal au cul », par allusion aux viols qui émaillent ce genre de production. Comme par un fait exprès, dans les œuvres *boy's love*, la séance de sexe forcé est souvent suivie de soupirs suggestifs : la victime finit par jouir à son corps défendant, avant de succomber aux charmes du bourreau. C'est ce qu'on pourrait appeler le *happy end*, c'est-à-dire le moment où – en apparence – l'ordre hétéronormé l'emporte. L'opprimé aime son maître, la fin justifie les moyens, la violence est légitimée.Il peut sembler étonnant, bien sûr, que la production *boy's love* (pourtant si transgressive) fasse la promotion des fantasmes de viol et contribue, en apparence, à renforcer une vision inégalitaire du monde. Pourquoi rendre érotique l'emprise des dominants sur les personnes vulnérables ? Pourquoi se distraire avec des histoires dans lesquelles les victimes (aux allures de demoiselles) finissent par aimer leur esclavage sexuel ?Encore une fois, j'insiste : en montrant l'aspect codifié des rapports de genre, et en poussant la logique de ces codes jusqu'au bout, le *boy's love* se fait le miroir grossissant, voire parodique, des normes. Il dévoile les artifices sur lesquels se fonde l'ordre social. Il montre que

Le *voguing*, une danse née dans la communauté LGBTQIA+ afro-américaine, joue avec les codes du genre pour mieux s'en échapper, comme le *BL* l'a fait pour les mangaka et les *lecteurices*.

la différence entre les hommes et les femmes repose sur des effets de mise en scène qui n'ont rien de naturel. Il oblige les lectrices à prendre conscience qu'elles vivent dans un monde arbitraire et injuste, où les attitudes jugées « féminines » – dont elles ont intériorisé la grammaire dès leur petite enfance – ne sont rien d'autre que des conventions. On pourrait comparer le *boy's love* au phénomène *Vogue* qui consiste, pour les danseurs queer, à mimer les hétéros lors de soirées proches du carnaval. Dans les deux cas, il y a un effet de *mimesis* conjuratoire : on reproduit le modèle hétéro-*straight* (homme brutal, femme en détresse) pour mieux s'en prémunir. De la même manière, on reproduit le scénario du viol pour renvoyer à la société son image en reflet : celui d'un théâtre cruel et absurde. En prime, on s'offre le plaisir délicieux de jouir de ces fantasmes, même s'ils sont éculés.

Si ces rôles sont le reflet grossi des rapports de genre dans la société japonaise, dans quelle mesure sont-ils rigides ? Est-ce qu'ils font, par exemple, l'objet de pratiques visant à les subvertir ? Est-ce qu'ils peuvent facilement être renversés, incarnés à tour de rôle, etc. ?

Le *boy's love* est plutôt subversif. Prenons l'exemple des jeux vidéo, les jeux de simulation amoureuse par exemple. Ceux qui s'adressent aux hommes hétéros (*bishôjo gêmu*) proposent un avatar d'homme standard (prédateur aimant les gros seins) et un choix de partenaires ultra sexy à « subjuguer ». Les jeux qui s'adressent aux femmes hétéros (*otome gêmu*) proposent un avatar de femme standard (jolie proie timide) et un choix de partenaires ultra machos, à « soigner ». Dans les jeux *boy's love*, c'est très différent : vous avez un avatar homme fourni en deux versions (prédateur ou proie) et un choix de partenaire homme également en deux versions (prédateur ou proie). Les jeux *boy's love* autorisent donc les joueuses non seulement à changer de sexe, mais à saboter les constructions sociales qui veulent que les femmes assument le rôle passif, soumis, auquel leur sexe les assigne, et que les hommes soient, de la même manière, obligatoirement actifs et dominants. Ici, tout est cul par-dessus tête, littéralement.
Cette dissociation opérée par le jeu entre le sexe biologique du joueur et son rôle social, c'est-à-dire son genre, prend d'ailleurs une forme concrète : il s'agit du symbole x. Le *boy's love* repose entièrement sur l'usage de ce x, associé à l'opération appelée *kakeru* : « apparier ». Dans le *boy's love*, tout est question d'appariement.

Ci-dessus : couverture originale du premier numéro d'*Aramis* de Waki Yamato

Ci-contre : couverture de Ribon, dessinée par A-ko Mutsu

Dramatical Murder, un jeu de simulation amoureuse *BL*.

Qui mettre avec qui ? Les adeptes disent qu'elles pratiquent le *coupling*. C'est une sorte de sport qui consiste à créer des relations sexuelles ou amoureuses entre des personnages dont on s'amuse à imaginer qu'ils sont tantôt *seme* (« prédateur »), tantôt *uke* (« proie »). Sangoku x Vegeta. Naruto x Sasuke, etc.

Pour compliquer le jeu, les catégories *seme* et *uke* sont non seulement réversibles mais souvent distordues. Ainsi que l'expliquent les adeptes, il existe en effet d'innombrables sous-divisions de dominants et de soumis comme le *hetare seme*, un dominant timide et passif (autrement dit incompétent) qui est souvent la proie du *ore-sama uke*, un soumis arrogant et narcissique qui ne fait qu'une bouchée de son dominant. Il y a aussi le *mujaki seme*, dominant plein d'innocence, dont l'inexpérience fait la victime idéale du *akuma uke*, un soumis manipulateur qui abuse de ses charmes pour subjuguer les hommes. Il y a aussi le *toshishita seme*, plus jeune que son soumis qui peut alors se conduire en *osoi uke*, littéralement soumis violeur/attaquant. Il y a encore le *wanko seme*, un dominant fidèle comme un chien, totalement dévoué à son soumis qui, sous le nom d'*ojô uke* (« petite reine »), ne cesse de le tromper ou de le rejeter. Dans l'univers *boy's love*, les classifications – poreuses et parfois même trompeuses – autorisent volontiers les retournements de situation. Un *seme* n'est jamais à l'abri des surprises. S'il fallait résumer la stratégie du *boy's love*, ce serait donc : par dissociation et par brouillage. D'une part, il dissocie le sexe du genre ; d'autre part, il brouille les rôles et les repères.

Donc, le *boy's love* est surtout un objet destiné aux femmes. Mais est-ce qu'il fait l'objet d'une réappropriation de la part des publics gay et queer ?

Étant elles-mêmes profondément queer, les dessinatrices de *boy's love* influencent naturellement tous les artistes qui s'intéressent à la sexualité. Gengoroh Tagame, par exemple : le pionnier du genre *gei-comi* (gay manga) s'inspire parfois du *boy's love*. Jusque récemment, il était connu pour dessiner les mangas gays SM parmi les plus *hardcore* du genre, des histoires de mecs baraqués, poilus et réduits par la force à l'état d'objet sexuel. Ses mangas pornographiques, d'une grande violence, reposaient sur le scénario du « maso macho », c'est-à-dire du mâle alpha prêt à tout pour montrer qu'il en a, y compris résister aux supplices en gardant la mâchoire serrée. Maintenant, il arrive à Tagame de signer des histoires comme *Babydoll*, avec des hommes en nuisette rose transparente, au corps imberbe et qui rougissent comme des Madeleine. On voit là, typiquement, ce jeu de brouillage qui fonde l'esthétique *boy's love*.

Le *boy's love* est un objet queer parce qu'il permet notamment un certain brouillage de l'identité de genre. Mais qu'en est-il des mouvements pour les droits des personnes gay au Japon ? Y a-t-il des liens entre la culture *boy's love* et les luttes politiques LBGT+ ?

Au Japon, les mouvements de lutte pour les droits des LGBT sont relativement faibles : les Pride ne rallient que quelques centaines de personnes et sont, par ailleurs, divisées par des disputes. Il serait tentant d'en déduire que la société japonaise est très répressive, raison pour laquelle ces communautés resteraient invisibles, vouées au silence et à la honte. Mais non. La réalité, c'est qu'au Japon, les gays et les lesbiennes refusent d'adopter les stratégies occidentales qui reposent sur le coming out et sur la revendication frontale.

L'autre raison pour laquelle les LGBT évitent l'activisme politique, c'est que – depuis l'échec des mouvements étudiants des années 1968-1969 – l'esprit de la « lutte ouverte » est mort. Plus personne n'a envie de sortir dans la rue, armé de pancartes et de pavés. Cela signifie-t-il que les Japonais sont devenus passifs, soumis, obéissants ? Pas du tout. Ils et elles ont juste adopté une autre manière de combattre l'ordre : le « conformisme parodique ».

L'expression « conformisme parodique » a été inventée en 2002 par le sociologue Alessandro Gomarasca pour désigner la stratégie oblique des féministes japonaises : au lieu de crier dans la rue pour montrer qu'elles sont en colère, elles se contentent de se « déguiser » en poupées et de surjouer l'ingénue. Cela leur permet de se moquer des normes et d'en montrer le côté crétin. « Vous voulez des poupées ? En voilà. » Le conformisme parodique, c'est la stratégie typique du *boy's love* : caricaturer la féminité (ou la masculinité) pour mettre à distance, sur un mode ironique, les injonctions auxquelles les femmes (ou les hommes) sont tenues. De nos jours, la plupart des LGBT répugnent à se définir comme « militants », parce qu'il leur semble contre-productif d'adopter les travers occidentaux. Ils et elles préfèrent diffuser leurs messages de façon plus diffuse, soit en usant du conformisme parodique, soit en jouant sur l'ambiguïté : ne rien dire mais suggérer. La société japonaise est d'ailleurs relativement ouverte à ces formes d'expression *soft*, dans la mesure où elles renouent avec l'ancienne esthétique du flou et du transitoire qui marquent la plupart des arts datant d'avant l'époque Meiji. Ne l'oublions pas : dans le Japon ancien, l'androgyne est le modèle de la perfection. Le vrai amour, le plus noble, est l'amour pour le garçon aux allures de fille. C'est à partir du moment où l'archipel a dû ouvrir ses frontières que le Japon a été forcé d'adopter la morale puritaine homophobe des Occidentaux. Il est donc révoltant de voir que les Occidentaux se permettent – encore et toujours – de le juger comme « rétrograde », sous prétexte que ce pays n'adopte pas nos cadres de pensée. Nous n'avons aucune leçon de tolérance à donner. Les LGBT japonais se débrouillent très bien sans nous, nos grilles de lecture ethnocentrées et nos ingérences.

Un autre sujet autour duquel tu travailles actuellement, et qui peut mettre en question les grilles de lecture occidentales, c'est le phénomène *VTubeur*. Est-ce que tu peux nous expliquer en quoi consiste cette pratique ?

Les *Virtual YouTubers* sont des influenceurs (hommes et femmes) qui produisent du contenu en ligne sous la forme d'un personnage de dessin animé. Lorsqu'ils et elles se filment pour faire du *streaming* ou créer une vidéo sur YouTube (par exemple), un logiciel transforme leur apparence et les fait apparaitre sous la forme d'une créature en 2D ou en 3D. Cet avatar, animé en temps réel, prend souvent l'apparence d'une créature sexy, celle d'un « beau gosse » (*ikemen*) ou d'une « belle jeune femme » (*bishôjo*). Afin de parfaire l'illusion, certains *VTubeurs* utilisent des *vocoders* pour que leur voix synthétisée devienne celle d'une personne de l'autre sexe.

En 2016, le phénomène du *VTubing* prend son essor avec la star du *virtual streaming* : Kizuna Ai, un personnage sexy en trois dimensions. Le 24 avril 2020, on apprend que c'est une doubleuse, Nozomi Kasuga, qui donnait vie au personnage. À savoir : dans le milieu des *VTubeurs* amateurs (ceux qui ne sont pas employés par des firmes et/ou qui fabriquent eux-mêmes leur avatar), les femmes sont rares.

Takehana Notebabeniku, un VTubeur avec un avatar féminin.

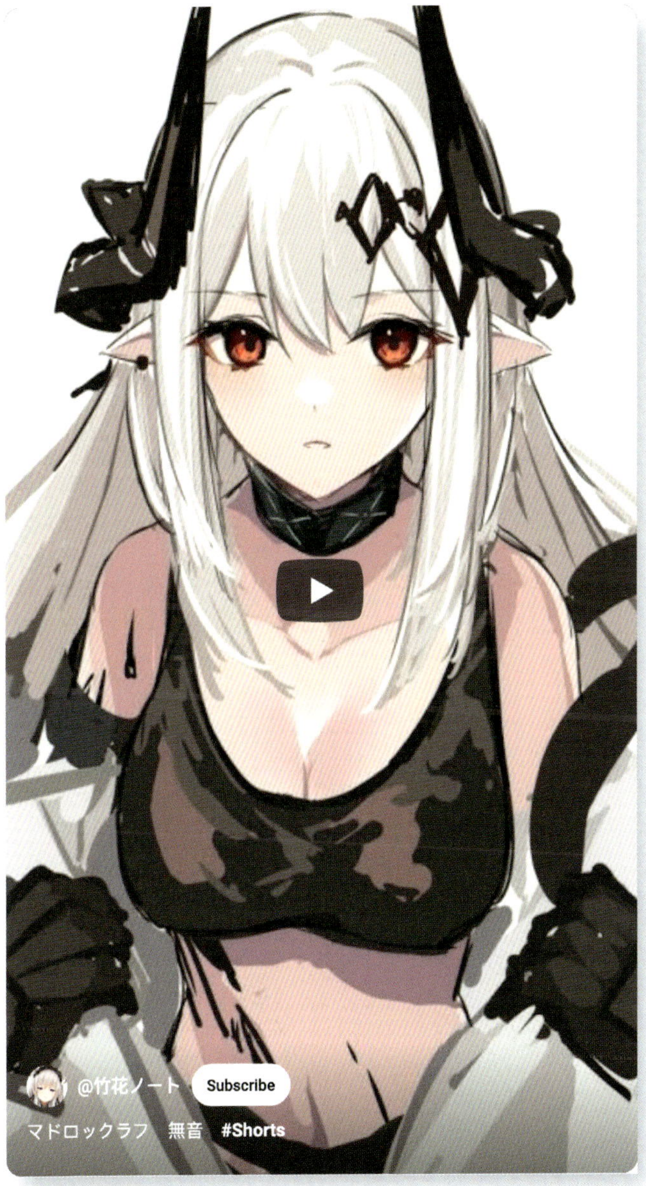

Parmi eux, certains jouent ouvertement sur les codes en adoptant le nom de *ba-biniku* [3], qui désigne les humains de sexe masculin ayant trouvé un « véhicule » d'apparence féminine. S'agit-il de travestissement ? Les *VTubeurs* ont un succès tel qu'en septembre 2020, le classement des vingt créateurs de contenu en *LiveStreaming* les plus célèbres au Japon compte quatorze *VTubeuses*.

Un élément important dans ce phénomène, c'est la thématique du secret et de la révélation. C'est aussi un enjeu qui a structuré les vies et les représentations gay (le placard, le coming out, etc.). Quel est ce champ de tension qui se constitue autour de l'identité des *VTubeurs* ?Il y a une différence entre le placard des gays et le mystère dont s'entourent les *VTubeurs*. Quand les gays se cachent, c'est parce qu'ils craignent d'être stigmatisés, punis, voire tués. Quand les *VTubeurs* se dissimulent, c'est pour le plaisir. Les *VTubeurs* qui adoptent le corps et l'identité d'une idole le font généralement pour se libérer des contraintes liées à une masculinité qu'ils jugent encombrante et contraignante. Lorsqu'ils changent d'apparence, les voilà enfin libres d'exprimer leur part de féminité. Mais cette parenthèse enchantée n'a pas la dimension dramatique que revêt le placard des gays. Il s'agit de se cacher non par nécessité mais par facilité.

Si je comprends bien, ce sont souvent des hommes qui incarnent des personnages de jeune fille. Cette distance est-elle plutôt appréhendée sur le mode de la dissimulation et de la perversion, ou bien comme une pratique *drag*, subversive, politique qui joue sur le savoir implicite des spectateur·rices ?

Le fait de s'offrir comme support de « rêveries » peut-il être interprété comme une pratique subversive en soi ? Certainement. Les *babiniku* affirment volontiers qu'ils font partie d'une sorte d'avant-garde. Ils affirment que leur pratique participe d'un mouvement général d'émancipation, puisqu'elle contribue à questionner les normes de genre [4].

Attention, cependant : pour ces hommes, l'enjeu n'est pas de changer de sexe car ils ne souhaitent pas devenir des femmes. Cela va bien plus loin. Ils souhaitent devenir des personnages de fiction.

Bien que leur mouvement ne soit pas réductible à une forme 2.0 de travestissement, il est cependant arrivé qu'on les compare à des *nekama* (voir p. 174), un mot-valise composé des mots *netto* (« internet ») et *okama* (« transgenre »). Au début, *nekama* désignait juste les joueurs de jeux en ligne utilisant un avatar féminin. Par extension, il désigne toutes les formes d'ambiguïtés générées par la démocratisation des technologies numériques : n'importe qui, maintenant, peut se faire passer pour une « belle héroïne » (*bishôjo*) et susciter le désir de milliers de fans. Cela participe d'une culture du faux-semblant, d'un jeu à grande échelle avec ses zones d'ombre et ses parts d'incertitude assumée. Personne n'est dupe, bien sûr, du fait que l'avatar aux formes pulpeuses cache peut-être un quadragénaire bedonnant. Mais tout le monde fait « comme si ».

3 Littéralement traduit par incarnation (*juniku*) en jolie fille (*bishôjo*) virtuelle (*bâcharu*).

4 La chercheuse Liudmila Bredikhina l'explique très bien dans ses travaux : https://www.researchgate.net/profile/Liudmila-Bredikhina

KizunaAi, une des premières Vtubeuses japonaises.

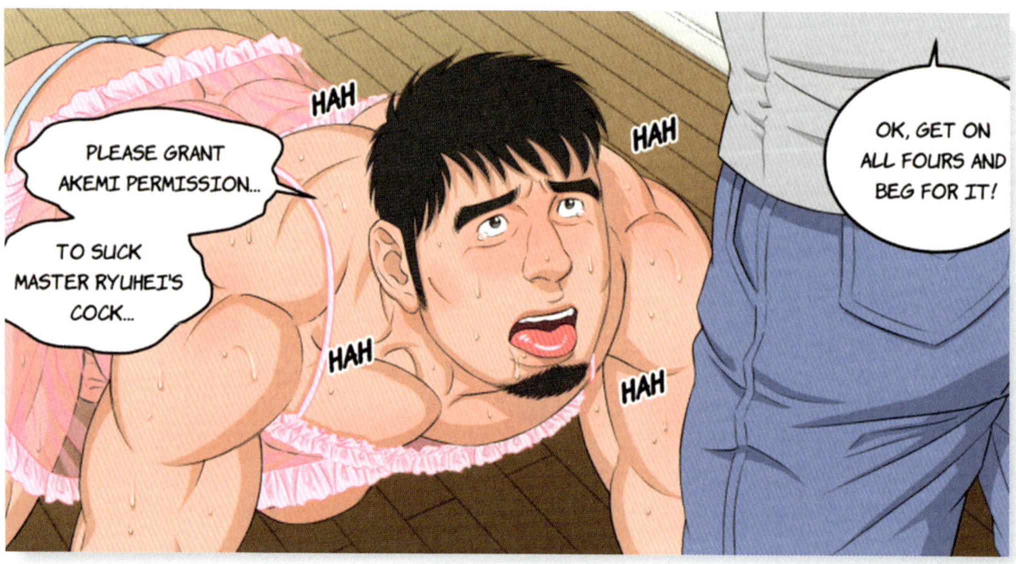

Babydolls, webcomics de GENGOROH Tagame

Odyssian Blaze, jeu d'aventures et de romance en ligne, offrant toutes les possibilités de rencontres.

Le fait que certains hommes se métamorphosent en créatures digitales et que d'autres hommes, en pleine ou semi-connaissance de cause, s'adonnent à l'idolâtrie pour ces femmes imaginaires me paraît très révélateur d'un mouvement de fond en faveur des jeux de rôle érotiques. Ce à quoi on assiste, avec le boom des *VTubeurs*, c'est au succès croissant des fantasmes liés aux permutations de corps et aux changements d'identité.

Ce phénomène semble en effet s'inscrire dans un questionnement plus général sur l'identité numérique. L'identité virtuelle n'est pas simplement une identité « fausse », elle peut au contraire représenter une identité désirée et être un laboratoire d'expérimentation. Est-ce que, même au-delà des identités de genre, le phénomène *VTubeur* pourrait permettre de re-penser les manières dont nous appréhendons l'identité elle-même ?

Oui, c'est tout à fait cela. Les individus se bricolent des identités, avec les moyens du bord, et naviguent à vue entre les interdits, les injonctions, leurs propres envies, etc. C'est compliqué. Surtout dans le contexte actuel qui est celui d'une pression croissante : chacun est tenu de se « réaliser », mais dans le même temps, la société ne fournit plus aux individus le support d'un cadre formel pour légitimer leurs choix. Ils doivent en répondre seuls. Ils doivent assumer. Le résultat, ainsi qu'Eva Illouz le formule, c'est que ce système « a fait de l'insécurité un trait chronique des vies modernes ». Il me semble que le phénomène que j'ai désigné sous le nom d'« identités désirées » est une réponse en réaction à ce contexte d'angoisse collective : plus l'individu est tenu d'« assurer » et de « faire ses preuves », plus il aura tendance à se réfugier dans des interfaces, derrière des écrans, à l'abri d'un masque ou d'un pseudonyme.

Propos recueillis par Pierre Niedergang en janvier 2025.

PLUS QUE DU FANTASTIQUE : DU *VERSE* !

Parmi les mangas homo-érotiques, il existe des sous-genres qui font énormément parler d'eux. Des univers tellement spécifiques qu'ils sont soit adulés, soit totalement rejetés, même par les *lecteurices* les plus passionnés de *boy's love*.

Le terme *verse* vient de « multivers » et désigne ces univers parallèles au nôtre où une évolution génétique des êtres humains a eu lieu, le plus connu de tous étant l'*omegaverse*. Les deux genres masculin et féminin sont remis en question par des variantes qui viennent s'ajouter à eux. Ces nouveaux genres jouent un rôle prédominant sur la sexualité et les désirs de ceux qui ont été diagnostiqués comme tels. Mais ils peuvent aussi influer sur le statut social, les *BLverse* étant pour certains des récits dystopiques où l'apparition de nouveaux genres renverse les normes préétablies de notre société, ces genres prenant l'ascendant dans l'ordre hiérarchique.

Première publication française d'un manga appartenant au *cakeverse*. Couverture du tome 1.

Le premier *BLverse* tire son origine immédiate de la *fanfiction* occidentale. Codifiés, ces univers se développent en continu et s'agrémentent de nouveaux éléments en fonction des œuvres qui viennent étoffer leurs rangs. À la façon des comics de super-héros américains où chaque auteur apporte sa pierre à l'édifice, les *BLverse* établissent leurs propres règles et font évoluer leur monde. Depuis dix ans, ces mangas homo-érotiques rassemblent une communauté fidèle de lecteurs et de *dojinka* qui font vivre le genre bien au-delà des publications. Un succès qui conduit à la déclinaison d'autres univers, dérivés de l'*omegaverse* qui a fortement codifié le genre.

Le dernier en date qui passionne les amateurs de *BLverse* est le *cakeverse*. Un genre tout récent qui apparaît pour la première fois sur Twitter (actuellement X) sur le compte coréen @Rune_communicat. Il oppose les *cakes*, qui sont des proies, aux *forks*, leurs prédateurs.

Les *cakes* possèdent des fluides corporels qui ont une saveur sucrée, présente jusque dans leur chair, et qui permettent d'étancher le désir insatiable des *forks*. Avec son concept qui fait référence à la nourriture et à l'alimentation, le *cakeverse* apporte une dimension cannibale dans le désir sexuel, jusqu'alors jamais explorée dans les précédents *BLverse*. Les individus de cette catégorie peuvent ne jamais avoir conscience d'être un *cake* avant leur rencontre avec un *fork*. Les *forks* ont perdu leur sens du goût avec le temps et sont incapables de ressentir autre chose que la saveur d'un *cake* en consommant sa chair ou ses liquides. Les *cakes* sont par conséquent une tentation extrêmement forte. Lorsqu'un *fork* en rencontre, son désir de le consommer, de le manger devient de plus en plus irrésistible. Des allusions et une émergence du genre pendant une période qui fait écho à l'un des effets du Covid-19, à savoir la perte des sensations gustatives.

L'Amour sur le bout de la langue est le premier titre *cakeverse* en France dont le tome 1 très attendu est paru en décembre 2024 aux éditions Hana. La série est toujours en cours au Japon.

Meyra SUDAL

L'OMEGAVERSE

Lorsque les *lecteurices* de *boy's love* font référence aux *alphas* ou aux *betas*, il ne s'agit ni d'un manga sur la Grèce antique, ni des générations d'enfants nés depuis 2010. Difficile à résumer en quelques mots, l'*omegaverse* fait figure de proue des *BLverse*.

Les prémices du genre apparaissent dans les *fanfiction* parodiques anglo-saxonnes de *Star Trek* dans le courant des années 1960. Mais les fondements de l'*omegaverse*, tel qu'on le connaît aujourd'hui proviennent d'autres *fanfiction* plus récentes, celles de la série télé *Supernatural*. Elles mettent en scène des hommes-loups et emploient des termes empruntés aux recherches scientifiques [1] sur le comportement animal. Le genre se codifie rapidement et se déploie dans plusieurs autres *fandom** de *fanfiction* dès 2010. Initialement appelé *Alpha/Beta/Omega* (*A/B/O*), les premiers récits décrivent des personnes dont les rôles biologiques sont définis entre ces trois catégories. Très érotique, l'*omegaverse* est majoritairement composé de récits aux protagonistes masculins (M/M). Il fait par conséquent rapidement son entrée dans le manga *boy's love* dans les cercles de *dojinshi*, puis en 2015 chez les éditeurs avec un premier magazine de prépublication dédié au genre *Poebacks the Omegaverse Project Comicsbl* [2].

Son attachement originel aux hommes-loups prédispose l'*omegaverse* aux mangas anthropomorphes, sans en faire une caractéristique nécessaire. Le genre possède une grande liberté d'expression et d'appropriation pour les *mangaka*, qui proposent des œuvres variées où certains éléments décrits ci-après fluctuent d'un manga à l'autre.

1 Les études sur le comportement animalier du loup qui ont servi de référence ont depuis été remises en question mais leur contenu est cristallisé dans l'imaginaire *omegaverse*.

2 Parmi les premiers *boy's love omegaverse* publiés dans ce magazine de l'éditeur Fusion Product, seules deux séries ont été traduites en France aux éditions Hana : *Abarenbo Honey* (deux tomes) et *Yes, My Destiny* (quatre tomes, plus disponible).

À droite : illustration promotionnelle de l'adaptation *anime* du manga *Tadaima, Okaeri*.

Ci-contre : couverture française du tome 1.

Extrait de la série télé *Supernatural*, mettant en scène humains, monstres, démons et anges et dont les nombreuses fanfics ont popularisé le concept d'omegaverse (apparue à l'origine dans les fanfics de la *série Star Trek*).

Alpha/Beta/Omega

Face à une diminution de la natalité, l'espèce humaine évolue. Cet invariable des *BL omegaverse* permet à tous les êtres humains de donner la vie, quel que soit leur sexe, en fonction des nouveaux sous-genres. Ainsi, les hommes *omegas* (grâce à un utérus relié à leur anus) ont la capacité d'enfanter, quand les femmes *alphas* ont un clitoris qui peut grossir et prendre la forme d'un pénis pour éjaculer. L'espèce humaine est donc redivisée en trois sous-genres qui concernent aussi bien les femmes que les hommes. La répartition est estimée à 70 % de *betas* pour 20 % d'*alphas* et 10 % d'*omegas*.

Les *alphas* possèdent des phéromones auxquelles sont sensibles les *omegas*. Ils ont un *nœud* à la base de leur sexe qui gonfle durant les chaleurs pour bloquer le pénis dans leur partenaire et assurer une fécondation grâce à leur sperme de meilleure qualité. Les hommes *alphas* ne peuvent pas être enceint, mais récemment, le manga *Arima veut devenir un omega !*[3] explore cette possibilité avec un protagoniste *alpha* qui possède un utérus suite à une anomalie génétique. Une caractéristique qui pourrait contribuer à une nouvelle évolution de l'univers *omegaverse*.

Les *betas* ont une anatomie humaine non mutée. Ils ressentent les chaleurs des *omegas* tout en conservant la maîtrise d'eux-mêmes.

Les *omegas* ont un cycle hormonal durant lequel ils entrent en chaleur pendant sept jours et dégagent des phéromones pour attirer à eux les *alphas*. Ils sécrètent des fluides par leur anus lorsqu'ils sont excités ou en chaleur pour faciliter la pénétration par un homme *alpha*. Il leur est plus difficile de concevoir un enfant en dehors des chaleurs et les grossesses des hommes *omegas* durent sept mois au lieu de neuf.

Les chaleurs

Copiant le cycle féminin, un *omega* est en chaleur une semaine en moyenne, toutes les trois semaines. Les chaleurs correspondent à la période de fécondité et servent à attirer les *alphas* grâce à des phéromones faisant perdre la raison à ces derniers qui ne désirent plus qu'assouvir un besoin primaire de reproduction.

Les *alphas* ont aussi des périodes de chaleur. Plus aléatoires, elles décuplent leur désir de posséder un *omega*.

Plusieurs récits font apparaître la notion de suppresseurs, ou inhibiteurs. Ces traitements *via* pilules ou injections amoindrissent, ou suppriment, les phéromones. Ils permettent aux *omegas* et *alphas* de mener une vie moins soumise à leurs pulsions.

Accouplement et âme sœur

L'accouplement est un lien qui unit un *alpha* à un *omega* (il exclut de l'équation les *betas*). Il a lieu en plein acte sexuel lors des chaleurs de l'*omega*. L'*alpha* effectue un marquage en mordant la nuque de ce dernier en trois points précis. Cette action « transfuse » une partie de ses phéromones vers l'*omega*. Une fois accouplés, ils forment une paire et sont exclusivement attirés l'un par l'autre, devenant insensibles aux phéromones de leurs semblables. Un lien puissant et indéfectible, symbole de l'amour ultime que peuvent ressentir deux individus l'un pour l'autre. Les *omegas* qui ne sont pas en couple portent dans certaines séries des colliers qui protègent leur nuque afin de se prémunir de morsures d'*alphas* indésirables. Dans une retranscription de la légende du fil rouge (voir p. 80), certains scénarios *omegaverse* mettent en scène des *alphas* et *omegas* âmes sœurs, incapables de résister à une attirance immédiate lors de leur première rencontre, comme si l'accouplement avait eu lieu. Ces paires prédestinées voient leurs phéromones entrer en résonance, même en dehors des chaleurs.

3 Un manga de Fujita Cafeco en cours au Japon, disponible en France aux éditions Hana.

Système de castes et hiérarchie

Avec une population composée de deux *alphas* et un *omega* pour dix personnes, les *betas* devraient jouer un rôle majeur par leur supériorité numérique. Pourtant, ce sont les *alphas* qui dominent les récits *omegaverse*, parfois dans des œuvres dystopiques où leur caste y représente un système totalitaire. Charismatiques, puissants et souvent d'une beauté irrésistible, les *alphas* sont considérés comme l'élite d'une société où ils ont su s'imposer. Certains mangas présentent les familles d'*alphas* comme des clans élitistes qui protègent leurs gènes pour produire des héritiers toujours plus puissants, à travers des mariages exclusifs entre *alphas*, avec parfois un cursus éducatif dédié.

Dans un monde où la loi du plus fort prédomine, les *omegas* sont souvent considérés comme inférieurs tout en étant un objet de convoitise. Les *omegaverse* les plus extrêmes attribuent aux *omegas* un rôle proche de celui d'un esclave, quand d'autres récits traitent du sujet avec plus de parité entre les castes. Fortement soumis à leurs cycles hormonaux, opposés aux *alphas* dans leurs caractéristiques, les *omegas* sont dépendants pour avoir une vie stable soit d'inhibiteurs, soit d'un accouplement. L'*omega* devient alors un symbole de la lutte contre les discriminations, les inégalités et l'injustice. Les *betas* peuvent entretenir des relations amoureuses avec les deux autres genres, mais sont souvent relégués au rang de subordonnés des *alphas*.

Éthologie et liberté d'expression

L'*omegaverse* reproduit, à travers un mimétisme troublant, un comportement animal chez ses protagonistes *alphas* et *omegas*. L'éthologie animale intégrée au genre offre une liberté nouvelle aux *mangaka* pour explorer les relations de pouvoir et de domination entre les individus. Les instincts biologiques prennent le pas sur les cadres moraux et sociaux, repoussant les limites de la notion de consentement. Un sujet critiqué par les réfractaires au genre, mais qui révèle une nouvelle interprétation du désir. L'*alpha* qui perd le contrôle de son corps face à un *omega* en chaleur, lui-même incapable de choisir qui comblera sa libido, ne sont plus dans une approche raisonnée de leur désir sexuel mais exclusivement physiologique. Les états de chaleur *omega* et *alpha* sont parfois comparés à des transes durant lesquelles les souvenirs deviennent flous.

Cette dynamique apporte une tension érotique incroyable aux romances *enemies to lovers*. Le désir physique devient alors la source des sentiments amoureux à venir dans le couple.

Meyra SUDAL

À gauche : l'un des premiers mangas *omegaverse* publié au Japon. Couverture française du *one-shot*.

À droite : couverture japonaise du *one-shot Yukyu Omega* de la *mangaka* Shiki Fujimine.

TADAIMA, OKAERI

Une ode à la famille et l'amour

***Tadaima, Okaeri* est un titre d'Ichi Ichikawa qui met en avant la famille et l'importance d'y apporter de l'amour. Sur fond de vie quotidienne, la *mangaka* a su capter les moments importants comme les difficultés, afin d'apporter une vision réaliste du quotidien.**

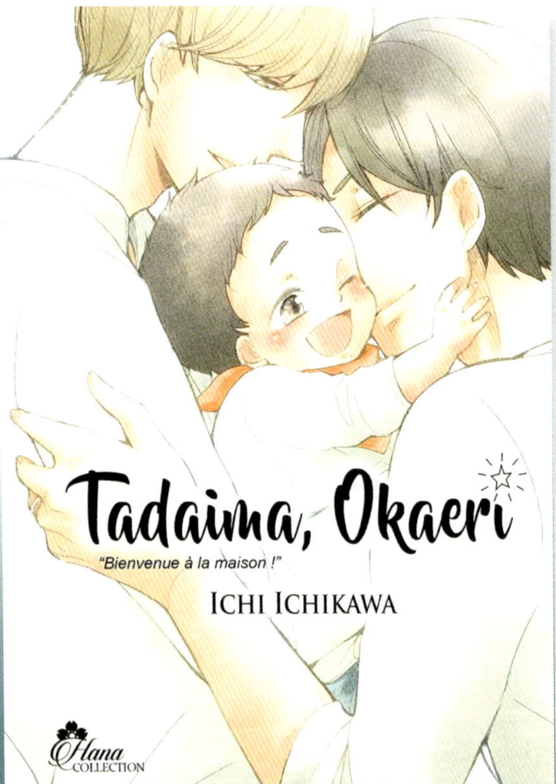

Mangaka : Ichi Ichikawa

Traduction : Delphine Desusclade

Année VO/VF : 2016/2017

Éditeur VF : Hana Edition

Statut publication VO : 5 tomes (en cours)

Statut publication VF : 4 tomes (en cours)

Érotisme :

Contenu sensible :

Tadaima, Okaeri raconte l'histoire de deux hommes mariés : Masaki et Hiromu. Ensemble, ils élèvent leur fils, Hikari, dans un foyer empreint de chaleur et de complicité.

Le manga s'intéresse principalement à leur vie quotidienne, de leurs joies aux défis qu'ils rencontrent en tant que famille homoparentale dans une société japonaise encore marquée par des normes traditionnelles. Avec une narration douce et sincère, chaque chapitre explore des thèmes comme l'éducation, la parentalité, l'acceptation de soi et des autres.

Le succès de ce titre repose en grande partie sur ses personnages attachants et crédibles. Masaki, l'*omega*, est un homme doux et protecteur. Il met tout en œuvre pour créer un environnement aimant et sécurisant pour son fils tout en faisant en sorte d'être un bon mari.

Hiromu, son époux *alpha*, apporte une énergie chaleureuse et optimiste. Il incarne le soutien et l'amour inconditionnel au sein de leur foyer. Il n'hésitera pas à prendre la défense des êtres qu'il aime et Hikari, leur fils, est un enfant curieux et plein de vie. Son regard candide offre une perspective innocente sur la diversité familiale.

Ces trois personnages montrent que l'amour et l'optimisme passent outre les conventions sociales et les préjugés.

Un aspect intéressant est l'acceptation par les parents de la relation. Ici, les parents de Hiromu, et plus particulièrement le père, n'ont jamais bien accepté le choix de leur fils en prenant Masaki comme *omega* et cela a entraîné une longue période où Hikari n'a jamais vu ses grands-parents. C'est vraiment magnifique d'observer Masaki qui, malgré les désaccords avec le père de son mari, demande à son époux de permettre à son père de voir Hikari .

Rapidement, la joyeuse famille accueille un second enfant et Hikari devient grand frère, et il est essentiel qu'il se retrouve dans ce nouveau rôle qu'il aime en aidant sa petite sœur Hinata.

Au fil du récit, nous voyons que les personnages secondaires ne sont pas mis de côté. Yûki, le fils de la voisine de la famille, est du genre solitaire et se dévalorise facilement mais le voilà impliqué dans les aventures de la famille Fujiyoshi. Il va faire la rencontre de Matsuo, un ami de Hiromu, et cela va déboucher sur une romance entre eux qui sera ambigüe. Cela va entraîner une grande pression sur Yûki. En effet, ce couple montre deux perspectives différentes : celle de Yûki, plus douce et parfois naïve, et celle de Matsuo qui, étant plus âgé, a une vision plus adulte et mature. Matsuo va s'ajuster à Yûki pour améliorer leur relation sans lui imposer de contraintes.

Malgré son focus sur une famille homoparentale, *Tadaima, Okaeri* parle à tous. Le récit met en avant des valeurs universelles telles que l'amour familial, la tolérance et l'importance de créer un foyer où chacun peut s'épanouir. Il montre à quel point chaque famille, indépendamment de sa structure, partage des moments de complicité et des défis similaires.

Adaptation animée par Studio Deen.

Ci-dessus : dernier tome en date au Japon

D'autres personnages font leur apparition au moment de la rencontre de Hikari avec Michi, un autre enfant de son âge accompagné de son père, Mochizuki, et cela va soulever la question de la discrimination vis-à-vis des omegas car Mochizuki et Michi en sont et des disparités sont bien présentes surtout quand une famille n'a pas d'*alpha* comme dans leur cas. Hikari étant un *alpha* et surtout un enfant, il ne réalisera pas immédiatement les moments où son ami est discriminé..

Le trait d'Ichi Ichikawa est simple mais efficace. Les illustrations sont délicates, avec une précision dans les expressions faciales qui amplifie l'émotion transmise par les dialogues. Les scènes de la vie quotidienne, comme un repas en famille ou une promenade, sont magnifiquement rendues et plongent le lecteur dans une atmosphère chaleureuse.

Tadaima, Okaeri est bien plus qu'un simple manga. C'est une lettre d'amour à toutes les familles et un éloge de l'acceptation sous toutes ses formes. Que ce soit pour les passionnés de mangas ou simplement pour une histoire empreinte de douceur et de signification, ce titre est à ne pas manquer.

Prenez le temps d'entrer dans cette histoire éclatante. Le cœur rempli de chaleur et un sourire aux lèvres seront présents tout au long de la lecture.

Cette charmante famille est présente dans un *anime* qui a été diffusé en 2024 sur la plateforme Crunchyroll et qui comprend 12 épisodes.

Priscilla RECULARD

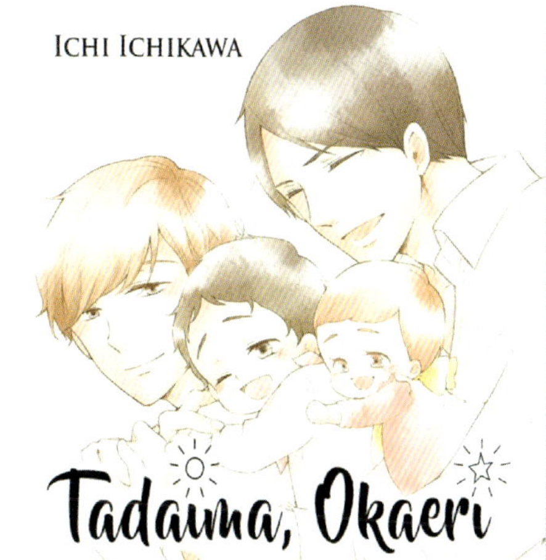

THE TEIJO ACADEMY

Quand un omega vient chambouler la hiérarchie institutionnelle des alphas

School life* **académique à l'univers graphique sublime,** ***The Teijo Academy*** **développe à l'extrême la thématique de la hiérarchie présente dans l'univers** ***omegaverse*****.**

À droite : couverture japonaise du tome 5.

Ci-dessous : couverture du tome 1 de l'édition française.

Mangaka : Fuyu Natsushita

Traduction : Laurie Asin

Année VO/VF : 2019/2020

Éditeur VF : Hana

Statut publication VO : 6 tomes (en cours)

Statut publication VF : 4 tomes (en cours)

Érotisme :

Contenu sensible :

Issus d'une famille d'hommes politiques depuis plusieurs générations, l'*alpha* Nachi quitte son petit ami *omega* Harutaka et part étudier à l'académie Teijo. Toujours éperdument amoureux, Harutaka décide de s'inscrire dans le même établissement afin de soutenir de loin son premier amour. Mais dès son arrivée, il peine à trouver sa place dans cette école élitiste, dominée par des *alphas* majoritairement répressifs envers les *omegas*. Harutaka décide de se révolter contre cette hiérarchie oppressive, avec à sa tête un groupe de quatre lycéens riches, beaux et venant de familles célèbres, nommés les « Quatre Légendaires », dont fait partie le séduisant Aoki. Ce dernier, impressionné par le courage dont fait preuve Harutaka, décide de le soutenir à sa façon.

Dans un monde élitiste où les *alphas* sont au sommet de l'échelle, des révolutions sociales ont eu lieu afin d'obtenir une égalité entre les genres *alpha* et *omega*. Anciennement réservée aux *alphas*, l'académie Teijo s'est ainsi ouverte à des *omegas* triés sur le volet. Mais ils sont toujours sous-représentés, leurs droits sont souvent bafoués et les injustices prédominent dans une école qui est avant tout un lieu de réseau pour tisser les futurs liens professionnels des étudiants. Rapidement, l'intrigue devient un pamphlet contre les inégalités et les injustices sociales, transposable à d'autres motifs comme la misogynie, l'homophobie, le racisme…

L'académie Teijo s'inspire fortement de la noblesse anglaise par ses tenues vestimentaires et ses activités extrascolaires. Ce mimétisme voulu du manga, en hommage aux premiers romans et mangas d'homo-romance parus au Japon au milieu du XXe siècle, se réapproprie en la modernisant une intrigue d'aristocratie à l'européenne.

Initialement présentée comme un triangle amoureux*, la romance s'affirme rapidement comme un *slow burn** entre les deux protagonistes. Celui-ci s'oppose à un contexte de débauche avec plusieurs scènes fortement érotiques entre personnages secondaires.

Le *chara-design* soigné aux lignes fluides de la *mangaka* et les planches extrêmement détaillées dans leurs contextes et décors architecturaux s'accordent à sublimer l'histoire pour en faire une œuvre de laquelle se dégage une grande élégance et un parti pris engagé.

Mangaka spécialisée dans le *boy's love* fortement érotique depuis 2015, Fuyu Natsushita s'est essayée une première fois à l'*omegaverse* avec son *one-shot Le maître de maison est un alpha*, disponible aux éditions Hana, avant de débuter l'année suivante *The Teijo Academy* qui est toujours en cours au Japon.

Meyra SUDAL

LAISSE-MOI TE DÉTESTER

Réussir à dépasser ses craintes avec la bonne personne

***Laisse-moi te détester* est un manga *omegaverse* de la *mangaka* Hijiki. Plusieurs sujets forts sont bien amenés dans ce récit. La *mangaka* arrive à nous toucher avec cette famille en devenir qui doit surmonter ses traumatismes pour trouver la paix.**

Naoto est un *omega* célibataire élevant sa fille seul. Au lycée, il a été violé et a décidé de garder l'enfant née de ce viol. Les années passent et il souhaite trouver du travail mais ce n'est pas évident compte tenu de sa condition : un *omega* non marqué par un *alpha* avec des chaleurs instables. Les employeurs veulent éviter tout désagrément. Naoto trouve un travail au sein d'un lycée, mais voilà qu'un élève *alpha* lui attrape le bras et lui déclare son amour. Naoto, vouant une haine aux *alphas* après ce qu'il a vécu, ne veut pas en entendre parler mais ce Hazuki a l'air différent. Naoto se laissera-t-il séduire ? Attention, même si ce titre reste mignon, il ne doit pas être mis dans les mains de tout le monde en raison des sujets qu'il aborde ainsi que des scènes de sexe explicites qu'il contient.

Dès le début, il est clair que Naoto a du mal à concilier son viol au lycée et le fait d'avoir gardé l'enfant qui en est résultée. Il était évident qu'il cherchait à s'en sortir afin de donner la meilleure vie possible à sa fille. D'ailleurs, la *mangaka* montre avec brio la psychologie de l'*omega*. Sa peur des *alphas*, sa haine envers eux. Pour lui, ce sont tous les mêmes et Hazuki ne fait pas exception mais ce jeune *alpha* va lui montrer qu'il peut avoir confiance en lui. De plus, Hazuki est mineur, ce qui complique les choses.

Hazuki va prouver à Naoto qu'il peut avoir confiance en lui. Un des moments forts est lorsque Naoto est en chaleur au lycée et que celui-ci se met à le protéger, quitte à se mordre lui-même pour ne pas commettre l'irréparable. Une des plus belles preuves qui va finir par faire succomber Naoto. Hazuki va être une belle figure parentale pour Shizuku, la fille de Naoto, et un second enfant, Minato, viendra agrandir cette famille.

L'histoire ce complexifie avec plusieurs intrigues secondaires qui complètent en enrichissant l'histoire d'amour entre Naoto et Hazuki, entre l'un des violeurs de Naoto qui refait surface, la découverte du second genre de Shizuku ainsi qu'aider deux professeurs se disputant... Ce n'est pas de tout repos mais avec de la communication et de l'amour, ils arriveront à tout affronter.

Le titre a reçu le prix de la meilleure première œuvre aux *BL Awards* du site Chill Chill en 2020 et en 2023, un spin-off sur le couple secondaire de professeurs est sorti au Japon.

Priscilla RECULARD

Mangaka : Hijiki

Traduction : Isabelle Eloy

Année VO/VF : 2018/2021

Éditeur VF : Taifu Comics

Statut publication VO : 6 tomes (en cours)

Statut publication VF : 3 tomes (en cours)

Érotisme :

Contenu sensible :

ROMANTIC LAMENT

Quand les protagonistes vont défier la destinée

***Romantic Lament* est un manga de Sato Sanayuki qui traite du sujet des âmes sœurs dans l'*omegaverse*. Ce récit, touchant et dur à la fois, prouve que l'amour peut être plus fort que le destin.**

Mangaka : Sato Sanayuki

Traduction : Vanessa Gallon

Année VO/VF : 2020/2022

Éditeur VF : Hana Edition

Statut publication VO : 2 tomes (terminé)

Statut publication VF : 2 tomes (terminé)

Érotisme :

Contenu sensible :

Asahi est un *omega* en couple depuis trois ans avec un *alpha* et il comptait être marqué par celui-ci. Cependant, ce dernier a rencontré son âme sœur et a décidé de le quitter. Triste de cette nouvelle, Asahi se rend dans un bar et tombe sur Akiomi qui ressemble comme deux gouttes d'eau à son ex. Ils finissent par coucher ensemble. Ce qui devait être un coup d'un soir ce complexifie pour Asahi puisqu'Akiomi s'avère être dans sa fac mais aussi être le frère jumeau de son ex ! Akiomi demande à Asahi d'être son petit ami pour repousser les avances qu'il a constamment des *omegas* en guise de dédommagement pour s'être enfui après leur nuit ensemble. Malgré cet accord forcé, Asahi va découvrir un Akiomi qui se montre gentil et va baisser ses barrières. Est-ce que leur relation va évoluer ?

Le concept d'âme sœur dans l'*omegaverse* sert de fond dramatique à cette romance déclinée en deux *one-shot*. Sa précédente relation, et la rupture brutale qu'il a vécue, ont profondément traumatisé Asahi qui souhaite ne plus vivre de nouvelle histoire d'amour avec un *alpha*. Asahi va beaucoup réfléchir à cette histoire d'âme sœur et selon lui, il ne pourra jamais combattre ce lien s'il rencontre un nouvel *alpha* qui croisera son âme sœur. Akiomi va lui faire comprendre qu'il a tort.

Pour Akiomi, l'histoire du lien est un prétexte car si deux personnes s'aiment, elles peuvent combattre le destin et il va tout faire pour séduire Asahi et lui prouver qu'ils peuvent être heureux ensemble surtout qu'après trois ans de relation, c'est Asahi qui va devoir affronter le destin qui met sur son chemin Asumu, l'*alpha* qui lui est destiné.

Une intrigue amoureuse où les protagonistes luttent contre leur destin pour protéger l'histoire d'amour qu'ils ont choisie en pleine conscience. Un *alpha* et un *omega* qui réfutent donc leurs instincts primaires.

Un titre qui défend la liberté d'aimer celui que l'on choisit, quitte à lutter contre les idées préconçues de la société. Les scènes de sexe ne sont pas cachées mais ne sont pas à outrance et sans utilité.

Il existe un spin-off qui est sorti en 2023 sur Asumu qui est toujours en cours.

Priscilla RECULARD

LA FIANCÉE DE L'ALPHA

La désillusion de ne pas être un alpha

Couverture japonaise du dernier tome de la série.

La Fiancée de l'alpha est un manga de Kaoru Iwamoto illustré par Kanae Yukimura qui va évoquer le fait de changer de genre. Cela peut avoir des conséquences sur le statut social de la famille et sur sa propre personne. Les égos vont être mis à rude épreuve pour aboutir à une fin heureuse.

Riku Emori est un jeune *alpha* de naissance. Âgé de 17 ans, il fait ses débuts dans la haute société en étant invité à la soirée de la famille Shutô, la famille dominant tous les alphas. Keiki Shutô, le chef actuel, est très attirant et charmant : cela plaît aux *omegas* mais il domine aussi les autres *alphas*. Riku est en admiration devant cet homme qu'il rencontre pour la première fois et avec qui il échange un regard. Cependant, bien que Riku soit un *alpha*, son corps va se mettre à le brûler et une odeur sucrée va s'en échapper. Qu'arrive-t-il à Riku ?

Riku était persuadé d'être un *alpha*. Cependant, par la force des choses, il va découvrir qu'il est un *omega* et, pour en rajouter, il est l'âme sœur de Keiki. Pour un personnage ayant grandi en tant qu'*alpha*, avec la fierté liée à ce statut, c'est un vrai choc. Surtout qu'il va rencontrer Iriya, un *omega* très haut placé et ami de Keiki. Iriya ne verra pas d'un bon œil cette relation naissante, jusqu'à ce qu'il se rende compte du sérieux de Keiki.

Keiki est un *alpha* plus âgé que Riku et qui va le faire sien de gré ou de force malheureusement. Il y a certaines scènes où Riku ne souhaite pas de rapport mais Keiki ne l'écoute pas. Il dira perdre son sang-froid car Riku est son âme sœur mais Riku souffre et finit par détester Keiki. En réalité, la question se pose sur les sentiments de Keiki envers Riku. L'aime-t-il vraiment ou fait-il cela pour assurer une descendance et renforcer encore sa position en ayant une progéniture avec son âme sœur ?

Riku doute des intentions de Keiki mais il ne peut pas oublier qu'il l'aime désormais. Il doit également définir ce que, lui, il souhaite, ayant été marqué sans son consentement par son partenaire plus âgé. Iriya va jouer un rôle en le recueillant chez lui et lui laisser le temps d'envisager son avenir, en tant qu'*omega* et en tant que personne ayant une volonté propre. Un *omegaverse* qui questionne au cœur de son intrigue la question du consentement dans un genre qui s'affranchit souvent de celle-ci.

Riche en émotions, cette série connaît déjà un spin-off, sorti en 2024 au Japon. L'histoire s'y concentre sur Iriya.

Priscilla RECULARD

Mangaka : Kaoru Iwamoto & Kanae Yukimura

Traduction : non créditée

Année VO/VF : 2019/2023

Éditeur VF : Hana Edition

Statut publication VO : 4 tomes (terminé)

Statut publication VF : 3 tomes (en cours)

Érotisme :

Contenu sensible :

SOLEIL D'HIVER

Quand les dieux s'invitent dans l'omegaverse

***Soleil d'hiver* est un manga d'Ayumu Nagisa mêlant du fantastique avec les dieux et de l'*omegaverse*. Un récit qui englobe un sacrifice humain et la naissance des sentiments entre un dieu et un simple *omega* se souciant de la nature.**

Mangaka : Ayumu Nagisa

Traduction : non créditée

Année VO/VF : 2022/2024

Éditeur VF : Hana Edition

Statut publication VO : 2 tomes (en cours)

Statut publication VF : 2 tomes (en cours)

Érotisme :

Contenu sensible :

Lucas est un jeune homme habitant dans un village qui va bientôt souffrir de la famine. Quand il se révèle être un *omega*, il devient le sacrifice humain offert comme fiancé au dieu-Soleil pour que celui-ci accorde sa protection au village. Le cœur lourd, Lucas se sacrifie. Mais lorsqu'il rencontre le dieu-Soleil, celui-ci, Crow, ne ressemble pas aux légendes qu'il a pu entendre. En effet, il lui annonce qu'il ne compte pas l'épouser ; au contraire, il va l'aider le temps de l'emmener dans un endroit où les *omegas* vivent entre eux. À force de passer du temps avec lui, Lucas va développer des sentiments pour Crow. Comment cette relation va-t-elle évoluer ?

Lucas ne savait pas où cela allait le mener mais en passant du temps avec Crow, il va s'ouvrir au monde et va se questionner sur sa condition d'*omega*. Il va découvrir par lui-même que les légendes qu'on lui avait apprises sur le dieu-Soleil ne sont pas fondées et que celui-ci lui semble plus agréable qu'il n'y paraissait.

Crow est le dieu du Soleil mais il cache un certain passé qui se dévoilera au fil de l'histoire. À travers les personnages, la *mangaka* amène des sujets comme l'harmonie avec la nature et les différentes techniques pour travailler la terre, la recherche de la facilité des humains envers les terres qui ont pu apporter la famine. En effet, les humains qui sont en recherche de terres fertiles sont prêts à tout, quitte à détruire les autres ou même exploiter la terre jusqu'à l'épuiser totalement.

La notion de sacrifice est présente avec le personnage de Lucas. En découvrant qu'il est un *omega* et voulant faire prospérer son village et surtout éviter à sa famille de mourir à cause de la famine, il va s'offrir au roi. Depuis l'enfance, il a le rôle de grand frère et il sacrifie sa jeunesse pour être un exemple mais cela peut être pesant malgré l'amour qu'il a pour eux.

Les planches sont épurées et les émotions des personnages très bien illustrées. C'est agréable pour les yeux de voir des décors fournis et une nature présente. Concernant les scènes de sexe, les parties intimes sont censurées mais les relations sont consenties.

Le titre fut classé cinquième meilleur nouveau venu au *Chil Chil BL Awards* 2023 et un troisième tome devait sortir en janvier 2025 au Japon.

Priscilla RECULARD

MON VOISIN FLIPPANT EST UN OMEGA

Un omega *loin des clichés*

Mon voisin flippant est un omega **est un manga d'Inui Nikuya qui se distingue des *omegaverse* classiques par l'originalité de son *omega*. Deux protagonistes qui sauront arriver à une romance de façon amusante, qui plaira aux lecteurs avec une particularité chez l'*alpha* !**

Kôta Enatsu est un étudiant en fac et un *alpha* qui ne sent pas les phéromones des *omegas* et, de ce fait, ne comprend pas le fort intérêt de ses amis pour les *omegas* et le sexe. Il habite en appartement et il a pour voisin, Miyanaga. Un jeune homme tatoué au regard noir. Pour lui, pas de doute : c'est un *alpha*. Jusqu'au jour où il va le voir en chaleur et comprend que c'est un *omega* et qu'il lui demande de coucher avec lui. Kôta accepte mais va finir par en tomber amoureux alors que pour Miyanaga, c'était seulement un plan cul. Comment Kôta va-t-il réussir à oublier Miyanaga ?

Ce titre apporte une grande quantité d'humour et de communication directe. Kôta est un *alpha* légèrement à la marge, avec cette caractéristique de ne pas être attiré par les *omegas* en raison de sa non-sensibilité aux phéromones et de son manque d'intérêt pour les relations. Cependant, il est très amusant de constater que la seule odeur qu'il perçoit est celle de Miyanaga et il va s'engager dans cette quête pour en déterminer la raison, tout en espérant que cet *omega* s'intéressera à lui. Le récit est raconté par l'*alpha*, ce qui modifie les habitudes.

Miyanaga est un *omega* atypique car il n'est pas petit et frêle comme le stéréotype de son rôle : il ne manque pas d'assurance, a du répondant et des tatouages voyants. Ce n'est pas un bon élève. Il ne va pas souvent à la fac à cause de ses chaleurs qui durent très longtemps et qui, malgré des inhibiteurs, ne se calment pas. Cette inversion des schémas apporte un ressort comique supplémentaire à cette histoire.

Ce titre présente également une nouvelle sous-catégorie : Kôta est en effet un *alpha* singulier ! Il ne peut sentir que les phéromones de son âme sœur qui, ici, est Miyanaga. Un parcours qui se conclut de la manière la plus magnifique pour le couple. Peut-être que Kôta apprend rapidement la nature de Miyanaga alors qu'à l'origine, il lui faisait peur.

Les dessins sont extrêmement plaisants à observer, tout comme les personnages. Un excellent *omegaverse* pour passer un agréable moment.

Priscilla RECULARD

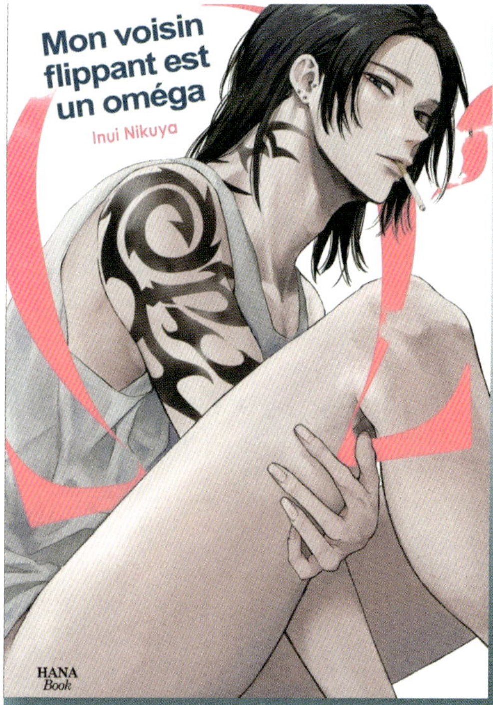

Mangaka : Inui Nikuya

Traduction : Laurie Asin

Année VO/VF : 2023/2024

Éditeur VF : Hana Edition

Statut publication VO : 1 tome (terminé)

Statut publication VF : 1 tome (terminé)

Érotisme :

Contenu sensible :

Couverture japonaise du manga *Kimi ga Kemono ni Nareru made*, inédit en France.

LE *DOM*/ *SUB* VERSE

Univers parallèle assez récent, le *DOM/SUB* a conquis en quelques années à peine un lectorat friand de ces romances *spicy* où recevoir et donner des ordres est un besoin primordial.

Alors que l'*omegaverse* est de plus en plus présent dans le paysage éditorial du *boy's love*, un autre genre fait son apparition en 2017 dans les *fanfiction* occidentales. Fortement inspiré de l'*omegaverse*, reprenant le concept des sous-genres et des castes, le *DOM/SUB verse* réinterprète les caractéristiques de son prédécesseur et les articule autour des pratiques BDSM*. Le premier manga *boy's love* qui revendique son appartenance à ce nouveau *verse* est publié fin 2019 au Japon. Il s'agit du *one-shot Zettai hukujuu meirei* (non traduit en France). L'année qui suit voit la parution de six nouveaux titres *DOM/SUB verse*, dont le *one-shot À genoux, suppliant d'être aimé* (voir p. 127) qui est lauréat du premier prix de la catégorie *Newcomer* des *BL Award* de 2021.

En France, le premier titre du genre à être publié est la duologie *Assis. Bon toutou.* aux éditions Hana (voir p. 125) en 2023.

Les dynamiques *DOM*, *SUB* et *switch*

Ce nouvel univers parallèle au nôtre décrit un monde où l'évolution de l'espèce humaine ajoute aux genres masculin et féminin, les dynamiques *DOM*, *SUB* et plus rarement *switch*.

Les *DOM* (« *dominants* ») ressentent le besoin de donner des ordres, discipliner mais aussi cajoler et protéger un *SUB*. Tel un lien invisible, la dynamique *DOM* impose un contrôle sur le corps des *SUB*. Ces ordres sont plus que de simples mots, ils ne peuvent être évincés par celui qui les reçoit, même s'il le souhaite.

Sous l'effet de ces injonctions, les *SUB* (« soumis ») ressentent une satisfaction extrême à se soumettre. La subtilité réside dans le plaisir et la confiance qu'un *SUB* éprouve vis-à-vis de son *DOM*, le but ultime de leur relation étant de permettre au *SUB* d'atteindre le *sub space*, une preuve de sa totale dévotion vis-à-vis de son *DOM*. Le besoin de soumission du *SUB* est instinctif. Si ce désir n'est pas satisfait pendant une longue période, le manque éprouvé peut entraîner des problèmes de santé sévères. Pour cette raison, il est primordial pour un *SUB* de trouver un partenaire *DOM*.

Les dynamiques *DOM* et *SUB* s'expriment de différentes façons et apportent des variations d'un manga à l'autre. Si certaines romances décrivent le *SUB* exécutant les ordres d'un *DOM* pour le servir, d'autres scénarios vont au contraire mettre en scène des *SUB* qui sont cajolés et choyés par leur partenaire de jeu. La soumission du *SUB* est exprimée de façon très variée en fonction des protagonistes et de leurs caractères, et la relation diffère d'un couple à l'autre.

Les *switch* sont très rarement présents dans les mangas publiés à ce jour. Les individus présentant cette dynamique possèdent à la fois les caractéristiques d'un *SUB* et d'un *DOM*. Les *switch* peuvent passer de l'un à l'autre, et les causes qui provoquent ce changement de dynamique chez eux ne sont pas encore définies. Influences extérieures, désir propre à l'individu... la dynamique *switch* est en pleine expérimentation et développement dans les mangas *boy's love*.

Certains mangas *DOM/SUB verse* proposent des récits où tous les individus possèdent une dynamique quand d'autres, à l'image des *betas* dans l'*omegaverse*, suggèrent que certains n'en ont pas et sont donc appelés normaux. Un terme qui varie d'un manga à l'autre, de même que le pourcentage de population concerné par les dynamiques.

Le bondage et ou le fait d'ordonner à un soumis un collier se retrouvent souvent dans les *BL DOM/SUB*. Le collier est également utilisé parfois dans les *BL* de l'*omegaverse* pour empêcher un accouplement définitif entre *alpha* et *omega*.

Les mots-clés du *DOM/SUB verse*

Les *DOM/SUB verse* ont un vocabulaire emprunté au BDSM qui se retrouve d'une œuvre à l'autre. Non exhaustive, la liste des ordres qu'un *DOM* utilise est fréquemment composée des termes suivants :

- *Kneel* : assis ou à genoux
- *Say* : parle
- *Stay* : pas bouger, attends
- *Present* : montre-moi (souvent employé pour demander au *SUB* de présenter ses parties intimes)
- *Strip* : déshabille-toi
- *Look* : regarde-moi ou regarde par ici
- *Come* : viens
- *Stop* : arrête-toi
- *Crawl* : à quatre pattes
- *Cum* : jouis

En dehors des ordres, d'autres termes ponctuent les mangas *DOM/SUB verse* et sont intrinsèquement liés à ces récits.

- *Glare* : une capacité des *DOM* à imposer à un *SUB* l'obéissance absolue par le regard. D'une grande intensité, le *glare* est comparé à une aura meurtrière, il n'est pas utilisé par un *DOM* lors d'une séance de jeux classique mais plutôt lors d'un affrontement et matérialise son mécontentement. Les *DOM* peuvent s'affronter entre eux *via* des *glare*.
- *Safe word* : un mot prédéfini en amont entre un *DOM* et un *SUB* qui permet de mettre fin au jeu lorsque ce dernier le souhaite.
- *Collar* : c'est le nom du collier qu'un *DOM* donne à un *SUB*. Le *collar* est la preuve matérielle du lien qui unit le *DOM* au *SUB*. Il peut dans certains mangas être donné lors d'une cérémonie particulière nommée *claim*, qui est l'équivalent d'un mariage.
- *SUB space* : lorsque le *DOM* et le *SUB* ont établi une relation de confiance, un *SUB* peut entrer dans une transe appelée *SUB space*. Celle-ci correspond à un état de lâcher-prise total durant lequel le *DOM* contrôle totalement la conscience du *SUB*.
- *SUB drop* : état opposé au *SUB space*, le *SUB drop* est un état de grande anxiété dans lequel se retrouve le *SUB* s'il subit des ordres contre sa volonté par exemple.
- *After care* : le temps qui suit la phase de jeu entre un *DOM* et un *SUB* durant lequel le *DOM* récompense le *SUB* pour avoir bien accompli ses ordres.

Un vocabulaire fortement emprunté, donc, aux récits érotiques BDSM et aux origines anglo-saxonnes du genre.

Meyra SUDAL

PLAY AFTER CALL

Deux adolescents complexés dépassant leurs peurs

Play after Call **est un manga d'Ohtako Mame qui traite du sujet dominant/soumis de façon assez légère dans le récit. La** ***mangaka*** **nous offre un titre qui fait découvrir le** ***DOM/SUB*** **sur fond de romance entre lycéens.**

Mangaka : Ohtako Mame

Traduction : non créditée

Année VO/VF : 2020/2022

Éditeur VF : Hana Edition

Statut publication VO : 1 tome (terminé)

Statut publication VF : 1 tome (terminé)

Érotisme :

Contenu sensible :

Kurashina est un lycéen complexé par sa nature de dominant. Mais un jour, Kurashina découvre Isshiki, le président du conseil des élèves par rapport auquel il complexe, s'effondrer dans les escaliers du lycée. Ne pouvant ignorer son camarade dans cet état de faiblesse si inhabituel, il décide de lui venir en aide. C'est à ce moment-là qu'Isshiki lui avoue qu'il est en réalité de nature soumise. Comme pour se faire pardonner sa froideur envers lui, le lycéen propose alors à son camarade d'être son dominant pour des jeux de rôle légers afin de résoudre ses problèmes de santé, provoqués par l'absence de communication avec un partenaire dominant. Cette relation fera-t-elle naître des sentiments ?

C'est un titre qui a les particularités d'un *omegaverse* sur certains aspects, mais n'en reste pas moins inscrit dans le genre *DOM/SUB*. Kurashina ne pensait pas autant apprécier être le dominant d'Isshiki. Lors des premiers rendez-vous, les ordres sont très légers pour ne pas brusquer le président des élèves mais Kurashina finit par avouer que, malgré sa nature de dominant, il souhaite avant tout que son partenaire se sente bien. Il veille à instaurer un *safe word* (mot défini entre les deux partenaires qui, énoncé, mettra fin au jeu de rôle). Il fait attention à la santé d'Isshiki.

Isshiki fait part de la pression qu'il ressent car ses deux parents sont dominants. Il a cette impression de devoir prouver qu'il est capable d'accomplir ce qu'on lui demande. Il a accepté le rôle de président des élèves car le professeur expliquant les seconds genres et infirmier de l'établissement, Hazumi, lui en a fait la demande. En l'apprenant, Kurashina n'apprécie pas et plus il y pensera, plus il se rendra compte de la jalousie que ça provoque en lui et le début de ses sentiments amoureux pour son partenaire.

La notion du *subspace* est évoqué car Isshiki entre dans cet état (c'est un état de transe qu'un soumis ne peut atteindre qu'avec son dominant et qui le transporte dans un état second dû au plaisir). Kurashina ne saura pas comment réagir mais appréciera de lui permettre d'être en confiance avec lui.

Les dessins sont très agréables avec la touche de l'auteure qui fait des cils longs et voyants sur les personnages. Les scènes de sexe sont peu voyantes mais satisfaisantes. En résumé, si vous cherchez un titre pour découvrir le *DOM/SUB* et vous familiariser avec ses bases, *Play after Call* est l'histoire qu'il vous faut.

Priscilla RECULARD

ASSIS. BON TOUTOU.

Il y a des ordres auxquels on ne peut que se soumettre

Assis. Bon toutou. permet aux _lecteurices_ de découvrir l'univers _DOM/SUB_ à travers une relation bienveillante entre deux hommes qui se cherchent autant qu'ils se respectent.

Joueur de football professionnel connu du grand public pour avoir fait son coming out*, Itsuki se rend régulièrement dans le même bar gay où il rencontre ses conquêtes. Mais l'établissement est aussi fréquenté par Shuji, un médecin *DOM* avec lequel il se dispute souvent. L'origine de leurs chamailleries est toujours la même. Shuji lui fait des avances et lui demande d'endosser le rôle d'*uke** alors qu'ils sont tous deux des *seme**. Ce qui met Itsuki hors de lui. Mais un soir, Itsuki est raccompagné ivre par Shuji jusqu'à une chambre d'hôtel pour qu'il se repose. Sur le ton de la plaisanterie, Shuji donne l'ordre « assis » à Itsuki qui n'en fait qu'à sa tête à cause de l'alcool. Mais la réaction de ce dernier n'est pas ce à quoi il s'attendait !

Avec un début de romance qui pourrait s'apparenter à un *enemies to lovers**, *Assis. Bon toutou.* décrit une relation bienveillante dans une thématique *verse* qui pourrait donner lieu à des histoires qui le sont beaucoup moins. Shuji guide tel un mentor Itsuki dans la découverte de son second genre *SUB*, dont il a ressenti les effets tardivement. Une première relation *DOM/SUB* qui permet à Itsuki de redécouvrir sa sexualité en passant du rôle de *seme* à celui d'*uke*. Une découverte tout en liberté puisqu'il est aux commandes de l'évolution de celle-ci. Malgré sa caractéristique *DOM*, Shuji n'impose aucun acte sexuel et toutes leurs relations sont consenties avec un désir mutuel. Une belle romance qui est confrontée à une société moins respectueuse, dans laquelle Itsuki prend conscience des inégalités subies par les *SUB*.

Le manga aborde avec justesse la discrimination envers les homosexuels dans le milieu sportif professionnel. Si la problématique est trop rapidement développée, la série ne comprenant que deux tomes, l'analyse qui en est faite retranscrit avec réalisme ce sujet d'actualité.

Yoko Misumi est une *mangaka* exclusive au *boy's love* qui fait partie du cercle de *dojinshi* Suna o Kamu. Elle publie ses récits sous différents noms de plume comme *dojinka*, dont Bite the Sand, inumodoki ou encore yok. Elle a notamment participé à l'anthologie dédiée au *DOM/SUB verse* : *Dom/Sub Universe BL Addiction*, aux côtés de la *mangaka* m:m à qui l'on doit le manga *Take Me Home*, disponible en français aux éditions Hana.

Meyra SUDAL

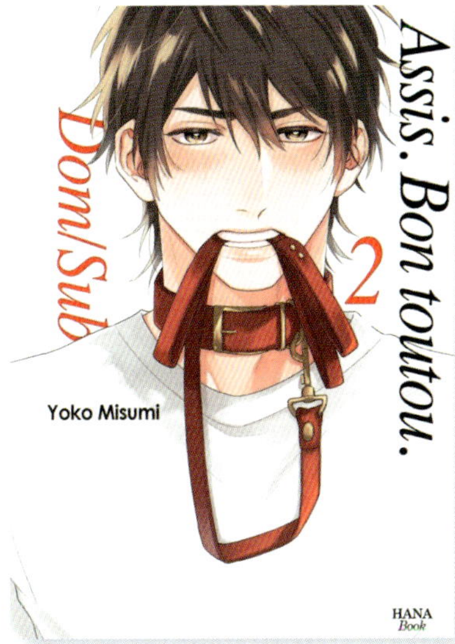

Couvertures françaises de la duologie *Assis. Bon toutou.* Premier DOM/SUBverse publié par les éditions Hana.

Mangaka : Yoko Misumi
Traduction : Guillaume Quemar
Année VO/VF : 2020/2023
Éditeur VF : Hana
Statut publication VO : 2 tomes (terminé)
Statut publication VF : 2 tomes (terminé)
Érotisme :
Contenu sensible :

PAS TOUCHE À MON SUB !

Quand ton plan d'un soir te traque jusqu'à ton lieu de travail...

À gauche : couverture françaside du *one-shot*

Ci-dessous : jaquette du *CD-Drama* adapté du manga.

Le *DOM* de *Pas touche à mon SUB !* est prêt à tout pour obtenir ce qu'il veut. Un personnage obsessionnel mis en valeur à travers un manga qui décrit parfaitement l'ambiguïté psychologique qu'implique la caractéristique *DOM*.

Mangaka : Same Zarame

Traduction : Justine Mouron

Année VO/VF : 2022/2024

Éditeur VF : Hana

Statut publication VO : 1 tome (terminé)

Statut publication VF : 1 tome (terminé)

Érotisme :

Contenu sensible :

Haruki voit sa nature de *SUB* se développer de plus en plus, ce qui lui pose un problème dans son travail en tant qu'hôte de bar, où il a caché son second genre. Les inhibiteurs ne suffisant plus, Haruki utilise une application pour *DOM* et *SUB* afin de trouver un partenaire d'un soir et assouvir son instinct de soumission. Le dominant qu'il rencontre est un beau jeune homme gentil et doux du nom de Suguri. Haruki assouvit pour la première fois ses désirs de *SUB* en jouant avec ce dernier, avant de retourner à son quotidien. Mais en quittant la chambre d'hôtel, Haruki a fait tomber sa carte d'hôte. Une erreur d'inattention qui permet à Suguri de retrouver sa trace et de commencer à travailler lui aussi au club afin d'obtenir ce qu'il souhaite : que Haruki devienne son partenaire.

Pas touche à mon SUB ! développe une relation toxique entre un *DOM* et un *SUB* qui dépasse, dans la manifestation de la domination, la simple expression de leurs genres durant leurs phases de jeu. Le personnage de Suguri est décrit comme bienveillant, attentif à son partenaire et très empathique. Cependant, son attitude révèle des déviances malaisantes qui rendent leur relation complexe. Suguri s'impose dès le premier chapitre tel un *stalker* auprès de Haruki. S'il est attentif aux désirs de ce dernier, il n'hésite pas pour autant, par jalousie, à se venger en laissant Haruki sombrer dans le *sub drop*, sous prétexte de tester ses sentiments. La *mangaka* laisse entrapercevoir à plusieurs reprises un visage peu enviable de son protagoniste. Son attitude bienveillante n'est donc guidée que par un but unique : obtenir une relation exclusive avec Haruki. Un désir égoïste, qui questionne sur la nature du personnage de Suguri : est-ce son caractère ou sa nature de *DOM* qui guide ses actions ?

Le scénario décrit de façon légère des jeux BDSM*. Le manga a pour vocation principale de permettre l'enchaînement de plusieurs scènes érotiques non censurées. Malgré tout, les personnages sont psychologiquement bien retranscrits et l'évolution de la romance bien menée, ce qui en fait un très bon récit érotique.

Pas touche à mon SUB ! est l'un des *one-shot** de Same Zarame, *mangaka* qui a publié plusieurs *boy's love smut**, dont deux séries en cours, l'*omegaverse Maku ga Oritara Bokura wa Tsugai* et la *romcom* autour du *cosplay Kikazaru Hina wa mada Koi wo Shiranai*.

Meyra SUDAL

À GENOUX, SUPPLIANT D'ÊTRE AIMÉ

Il est le seul DOM dont il entend les injonctions

Prenant le parti pris de décrire un monde *DOM/SUB verse* par un prisme fortement malsain, le manga *À genoux, suppliant d'être aimé* développe une romance respectueuse et porteuse de belles valeurs, dont la beauté des sentiments est réhaussée par une intrigue dramatique.

Ci-dessus : *CD-Drama* du titre.

Ci-dessous : couverture française du *one-shot*

Masaki déteste les *SUB*. Lui qui fait partie des « normaux » est révulsé par ce sous-genre qui lui rappelle sa mère. Bien que lycéen, il enchaîne les petits boulots afin de subvenir à ses besoins et payer les frais d'entrée à l'université. Il finit ses journées dans un club destiné aux *SUB*, où il exécute avec dégoût des sévices sur une clientèle qui a besoin d'assouvir ses pulsions.

Mais la vie de Masaki bascule le jour où Yusei, un nouvel élève, est transféré dans son lycée et prétend le connaître depuis l'enfance. Inquiet en découvrant qu'il travaille dans un club qui embauche en plus des « normaux » des *DOM*, Yusei révèle à Masaki qu'il est un *SUB*. Comme ce dernier réfute complètement cette idée, Yusei lui donne une injonction pour lui prouver qu'il a raison. Un ordre que Masaki ne peut ignorer.

Une romance *friends to lovers** torride où les traits de caractère des protagonistes s'opposent à leur nature de *DOM* et *SUB*. Masaki est un *SUB* têtu, au fort caractère et qui s'emporte facilement. Yusei est un *DOM* doux comme un agneau, altruiste. Il voue un amour bienveillant et sans limite à Masaki. Leurs attitudes l'un vis-à-vis de l'autre basculent dans une inversion comique de leur tempérament entre scènes du quotidien et scènes érotiques.

L'intrigue de fond reste malgré tout dramatique. Le personnage de Masaki est en quête d'amour après le traumatisme subi à la suite de l'abandon de sa mère. Brisé, il voue ironiquement une rancœur tenace aux *SUB* qui symbolisent à ses yeux toute la lâcheté de sa mère, tout en ignorant qu'il en est lui-même un. La relation qu'il construit avec Yusei est d'une grande douceur et dans le respect de l'autre. Le personnage de Yusei incarne une figure d'ange gardien dans une intrigue qui interroge les raisons pour lesquelles Masaki ignorait sa nature de *SUB*.

À genoux, suppliant d'être aimé est un manga non censuré, dont le *chara-design* aux regards félins est envoûtant. Le contenu étant fortement érotique, les scènes explicites sont dessinées avec énormément de soin.

Nonono Yamada est une *mangaka* qui publie des *boy's love*, jusqu'à aujourd'hui exclusivement en format *one-shot*, depuis la fin des années 2010. Un autre de ses mangas va paraître courant 2025 aux éditions Hana, *Tends les mains et vole*. En 2022, la *mangaka* a publié un autre *DOM/SUB verse* non disponible en France, *Rhetoric*.

Meyra SUDAL

Mangaka : Nonono Yamada

Traduction : Laurie Asin

Année VO/VF : 2020/2024

Éditeur VF : Hana

Statut publication VO : 1 tome (terminé)

Statut publication VF : 1 tome (terminé)

Érotisme :

Contenu sensible :

Estampe *Ryuko_tako_no_asobi* d'Utagawa Kuniyoshi (1840).

LES MANGAS ZOOMORPHES ET ANTHROPOMORPHES

La sexualisation de figures hybrides zoomorphes et anthropomorphes remonte à l'Antiquité. Présentes dans le manga *BL*, elles estompent la limite entre l'humain et l'animal au profit des instincts primaires qui refont surface.

Les premières créations artistiques anthropomorphes et zoomorphes référencées par les archéologues datent de l'ère du Paléolithique supérieur il y a plus de 40 000 ans [1]. Mais l'anthropomorphisme se définit au cours de l'Antiquité où mythes et légendes décrivent les éléments naturels et les divinités comme s'ils étaient humains en apparence, en caractère et en comportement. Présentes dans plusieurs mythologies, ces figures hybrides entre l'homme et l'animal permettent d'aborder la sexualité de ces forces invisibles. Comme les dieux anthropomorphes égyptiens ou ceux de l'Olympe en Grèce antique qui usent de zoomorphisme pour assouvir leurs pulsions sexuelles. Cependant, ces récits n'ont pas de connotation érotique.

Au Japon, durant l'ère Edo (1603-1868), des estampes du mouvement *ukiyo-e* [2] popularisent l'art *kemono*. Traduites par « bête », ces œuvres picturales mettent en scène des animaux, appelés *jûjin*, de forme et de comportement humains. L'engouement pour cet art est réapproprié par les Japonais avec l'importation dans l'archipel des productions américaines de la fin des années 1920, telles que Mickey Mouse, Félix le chat ou encore les Looney Tunes. Le succès immédiat de ces figures populaires inspire les *mangaka*, dont Suiho Tagawa qui publie en 1931 dans le magazine *Shônen Club Norakuro* et son protagoniste chien anthropomorphe.

Par résonance, après la Seconde Guerre mondiale, ce sont les productions mangas et *anime* japonaises, particulièrement *Le Roi Léo* d'Osamu Tezuka, qui vont marquer le public occidental. À travers l'anthropomorphisme, les *mangaka* attribuent à leurs personnages des caractéristiques humaines associées dans l'imaginaire collectif à celles de l'espèce qu'ils représentent, s'affranchissant de fait de descriptions psychologiques qui deviennent induites. Le renard est fourbe et malicieux, le chat mignon et espiègle, le chien fidèle et protecteur…

1 Selon l'archéologue Steve Mithen, cet art rupestre lié à l'émergence de la chasse exprime l'identification et l'empathie des chasseurs pour leurs proies.

2 *ukiyo-e* signifie « image du monde flottant ». Il s'agit d'un mouvement artistique comprenant des rouleaux de peintures populaires ou narratifs (les *emakimono*) mais aussi des estampes gravées sur bois.

Si ces créations ne sont pas encore sexualisées, la dimension érotique prend son essor en 1978 avec le fanzine américain *Vootie* et les premiers chapitres d'*Omaha the Cat Dancer* [3] de l'artiste de comics Reed Waller. Sa protagoniste chatte devient rapidement un symbole de l'érotisme anthropomorphe. Au Japon, cette esthétique intègre dès les années 1980 les *hentai* et les cercles de *dojinshi*, dont le *BL* où les *anime* anthropomorphes sont parodiés. Le boom des jeux vidéo dans les années 1990 contribue à l'engouement pour des personnages zoomorphes sexualisés où les *kemonomimi* se distinguent des *jûjin* et gagnent en popularité.

Kemonomimi : le personnage zoomorphe *kawaï*

Les *kemonomimi*, littéralement « oreilles d'animaux », sont les personnages zoomorphes les plus représentés dans le *boy's love*. Ces humains possèdent des caractéristiques animales minimes, principalement des oreilles et une queue. Leur représentation graphique est principalement *kawaï*, avec l'emploi de traits ronds et de lignes fluides pour le *chara-design*, une représentation ponctuelle et humoristique sous forme de *SD** des personnages, des expressions faciales liées au concept *moe*... Au-delà de leur morphologie, les *kemonomimi* peuvent posséder des capacités spéciales ou un instinct lié à l'espèce à laquelle ils s'apparentent.

La frontière qui distingue les *kemonomimi* des *jûjin* n'est pas clairement définie et varie d'un *fandom** à l'autre. D'autant plus que, malgré une morphologie plus humaine qu'animale, certains personnages présentent des caractéristiques supplémentaires telles que des griffes, des cornes, des yeux d'animaux, des crocs ou de la fourrure.

Jûjin : le personnage *furry* japonais

La sortie dans les salles obscures américaines en 1973 de *Robin des Bois* de Walt Disney sera à l'origine d'un mouvement culturel fortement apparenté à l'érotisme et la pornographie, mais pas exclusif à eux : le *furry*. Le terme fait référence aux personnages anthropomorphes à fourrures (exception faite des lézards et dragons) et définit aussi bien le genre que les fans qui l'apprécient. Ce mouvement est notamment caractérisé par un élément fondamental pour la *fandom* : l'appartenance au *furry*, particulièrement lors de son expression érotique, doit être revendiquée par l'artiste ou le fan, elle ne peut être imposée par la communauté. Cette revendication se retrouve au Japon où le terme historique *kemono* est réemployé pour désigner ces récits érotiques aux personnages *jûjin*. Le *mangaka* Momiji Yuga fait figure de pionnier du genre avec la publication de *Fur Fur* à la fin des années 1990 dans le magazine *Kairakuten*.

Les *jûjin* sont des animaux anthropomorphisés par une représentation humaine des museaux, leur transformation en bipèdes ou encore le port de vêtements. Leur représentation érotisée s'est fait une place dans la production artistique contemporaine, comme à travers le travail de TwoTom [4] exposé en 2009 à la librairie OFR de Paris. Présentes en *dojinshi*, les publications telles que le manga *Pendulum – Jujin Omegaverse* (voir page suivante) ou les anthologies américaines *Fang*, qui comprennent des récits de *dojinka*, se démarquent par leur manque de concurrence *kemono* érotique sur le marché éditorial professionnel.

Meyra SUDAL

Ci-dessus : ouverture du *doujin Furatfufui* par MomjiYuga.

Ci-dessous : Omaha, danseuse féline, le comic qui a lancé l'engouement érotique pour le furry.

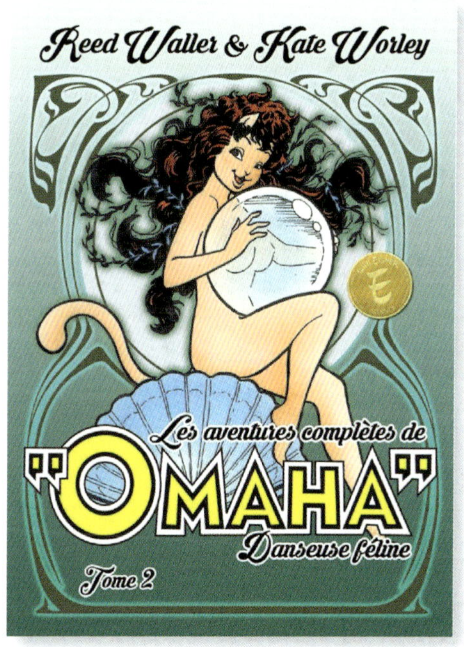

3 Par la suite, Reed Waller, au dessin, s'associe à son épouse Kate Worley, au scénario. Ils publieront 20 *comic books* chez Kitchen Sink Press puis Fantagraphics. Disponibles en France chez Tabou.

4 Graphiste anthropomorphe japonais à l'univers innocent et pervers, TwoTom Land a étudié le stylisme à Paris et vit depuis 2015 à Los Angeles.

PENDULUM - JUJIN OMEGAVERSE

Quand la relation se veut douce malgré les préjugés

Le titre de Hana Hasumi *Pendulum - Jujin Omegaverse* s'incrit dans le genre indiqué dans le titre. Mais il démontre que, malgré les clichés qui sont fréquents dans l'*omegaverse*, une relation peut s'établir en tenant compte du consentement et du bien-être de la personne aimée, que l'on soit humain ou anthropomorphe.

Mangaka : Hana Hasumi

Traduction : Nicolas Pujol

Année VO/VF : 2016/2019

Éditeur VF : Taifu Comics

Statut publication VO : 1 tome (terminé)

Statut publication VF : 1 tome (terminé)

Érotisme :

Contenu sensible :

Kai est un omega humain. Il a été abandonné à l'âge de dix ans par ses parents *alphas*, qui ne concevaient pas d'avoir un rejeton aussi déshonorant. Il est recueilli par un homme-loup, Luard Siegfried, issu d'une des familles les plus influentes. Cet *alpha* bestial va le traiter de la meilleure des manières pour lui montrer ce qu'est être un humain. Les années passent et en restant aux côtés de Luard, Kai développe des sentiments pour lui mais il apprend que le clan des hommes-bêtes n'autorisent pas les relations exclusives pour permettre un maximum de descendance. Autre nouvelle retentissante : étant un *omega*, il va devoir être le partenaire de plusieurs *alphas* pour donner des descendances. Comment Kai va-t-il réagir à ses révélations ? Et Luard va-t-il accepter cette attirance ?

L'atmosphère entre les deux personnages est d'emblée empreinte de douceur et de tendresse.

Kai grandit au sein de la famille de Luard avec Horan, un homme-renard qui en est le précepteur et le protecteur. Grâce à cela, il a pu grandir sous les soins de Luard afin de devenir un individu respecté pour sa personne plutôt que d'être considéré comme un objet sexuel.

Dans ce monde, tout est clairement établi sur la cohabitation entre les êtres humains et les bêtes, car seuls les *omegas* humains peuvent engendrer des bestiaux. Est-ce que Luard aurait préservé Kai pour ne pas lui imposer cette vie ?La réponse à cette interrogation est évidente : certainement pas. L'homme-bête s'est efforcé de le préserver. C'est la raison pour laquelle Horan prend soin de Kai et apporte une dimension parentale en s'occupant de lui et surtout en s'opposant à sa famille qui souhaite qu'il s'accouple avec différents *omegas* pour avoir une descendance.

La découverte du destin qui l'attendait fut une surprise pour Kai, car Luard ne lui en avait jamais fait part, alors qu'il avait une confiance totale en lui.

Dans le récit, il y a un couple secondaire qui n'est pas à négliger : Judas, le frère de Luard, et son *omega* Dahto. Ils sont ensemble mais l'entente n'est pas des plus chaleureuses et l'amour ne se ressent pas au premier abord. Cependant, ils n'ont pas le choix car même s'ils se détestaient, le lien spirituel s'est établi entre eux.

Le lien spirituel peut être transposé comme étant des âmes sœurs. Au premier regard, c'est une évidence qu'ils veulent être ensemble et ça dépasse même le désir de ne pas être avec cet *alpha* ou *omega*.

À travers Dahto et Judas, le lien spirituel se démontre facilement car ce sont deux personnages avec un fort caractère et qui n'arrivent pas à s'entendre. Ils sont toujours en train de se chamailler ou de se fuir. Dahto ne voulait pas de cette relation mais le lien spirituel ne lui a pas laissé le choix.

Dahto va se montrer être un soutien pour Kai qui, après avoir découvert son destin, a eu beaucoup de mal à le supporter.

Luard se montre doux et protecteur avec Kai mais cela va finir par blesser Kai avec tout ce qu'a pu lui cacher l'homme-bête.

Il est appréciable de voir Luard avec différentes expressions au fil du récit. Étant du genre calme et réfléchi, il va se montrer possessif et très inquiet à certains moments qui le rendent encore plus humain.

L'évolution de Kai et de Luard est réellement mise en avant car Luard va se montrer encore plus humain envers Kai, et Kai va ouvrir les yeux sur le monde qui l'entoure. Et bien qu'il reste dans la chaleur de son foyer, il va prendre confiance en lui et aura désormais la possibilité de communiquer davantage avec Luard.

Il s'agit d'un titre très captivant et à suivre pour enchaîner avec le spin-off sur Judas et Datho, car il établit les fondements de l'univers et la *mangaka* a reçu des retours indiquant que Judas et Datho sont plus populaires que le couple principal et cela se confirme car *Remnant - Jujin Omegaverse* est un spin-off qui est achevé en sept tomes au Japon et trois tomes en France. Les autres tomes ne sont malheureusement pas encore annoncés pour la France. À la suite de ce spin-off, la *mangaka* a publié un manga sur les jumeaux de Judas et Datho : *Petit Mignon - Jujin Omegaverse*, qui a été publié en 2017 et compte actuellement deux tomes.

Un seul livre sur ce couple peut sembler peu, mais il offre la possibilité de passer un bon moment dans un univers très bien présenté par l'auteure. Un titre remarquable qui combine les êtres humains et les anthropomorphes.

Priscilla RECULARD

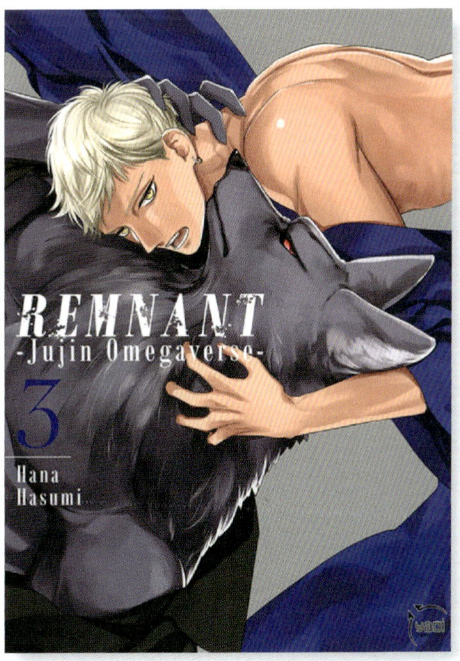

Les différents spin-off dans l'univers de *Jujin Omegaverse*. Seul *Remnant* est pour l'instant traduit en français.

BEAST'S STORM

La vie de famille

***Beast's Storm* est un manga de Kuroi Morry qui suit un couple de la naissance de la relation à la fondation d'une famille. Un récit tout en douceur où la *mangaka* a su ajouter des moments de doute et d'épreuves pour que ses protagonistes en ressortent grandis.**

Mangaka : Kuroi Morry

Traduction : non créditée

Année VO/VF : 2018/2022

Éditeur VF : Hana Edition

Statut publication VO : 7 tomes (en cours)

Statut publication VF : 7 tomes (en cours)

Érotisme :

Contenu sensible :

Dans l'univers de *Beast's Storm*, il existe deux catégories de personnes : les individus n'ayant pas d'attributs animaux, les humains, et ceux ayant des oreilles et une queue d'animaux, les « Bêtes ». Akira Miyaji est un médecin en clinique et fait partie des Bêtes alors qu'il est né de deux parents humains, mais une mutation génétique est entrée en jeu. Le jeune médecin a toujours fait en sorte de rejeter ses instincts de bête jusqu'au jour où il rencontre Sôgo Kijima, le directeur de la clinique qui a des phéromones puissantes et à qui personne n'arrive à résister. Le directeur finit par s'intéresser au médecin et cela ne sera pas de tout repos. Comment Akira va gérer les avances de son supérieur ?

Un récit qui se veut adorable mais avant d'arriver à un bonheur complet, nos protagonistes vont devoir affronter certaines craintes, plus particulièrement Akira.

Akira fait partie des Bêtes et cela le complexe énormément. Il n'a jamais pu supporter cette condition qui peut créer des discriminations au quotidien, accompagnées de périodes de chaleur guère appréciées. Cela lui ronge la vie.

Sôgo est une Bête qui a une excellente place dans la société et il est arrivé à l'âge où il doit trouver un ou des partenaires pour pouvoir transmettre leurs gènes dominants. Dans cet univers, les puissants *alphas* de la haute société ont habituellement plusieurs partenaires afin de réussir à faire l'enfant parfait. Sôgo n'aimant pas cette mentalité, il souhaite trouver un partenaire et Akira est celui qui l'attire.

Ce n'est pas facile car avec le complexe d'Akira, Sôgo va devoir se montrer patient et lui donner confiance en lui. Cela va permettre à Akira de s'accepter et de répondre aux sentiments de Sôgo qui va mener à la fondation de leur famille avec Shôta en premier enfant.

Avec l'arrivée de cet enfant, les doutes d'Akira reviennent et il doit gérer sa nouvelle vie entre le travail et la maison. Une charge conséquente qui impacte sa santé. Sôgo prendra davantage de responsabilités pour le soulager et sa sœur, Eiko, sera d'une grande aide pour garder Shôta avec son propre fils. Une aide bienvenue pour permettre à la famille de trouver un équilibre.

Cependant, le père de Sôgo, Sôshi, est un personnage important dans cette intrigue car c'est l'élément problématique du récit. En effet, il ne supporte pas que son fils – l'*alpha* par excellence – ne soit qu'avec un seul partenaire et qu'il ne fasse pas ce que lui, il a fait : plusieurs enfants avec plusieurs partenaires. Il montre son mécontentement et fait comprendre à Akira qu'il ne l'apprécie pas. Akira saura dans le temps s'affirmer et se confronter à cet homme en n'ayant pas honte d'être le compagnon de Sôgo.

La *mangaka* amène des rebondissements en faisant rencontrer à Akira lors d'un voyage à Hawaii pour des vacances son ex-petite amie. Cela engendre une certaine jalousie de Sôgo mais permet surtout de montrer à Akira son évolution : son rejet de sa condition. Mais désormais, il a fondé sa famille. Cela démontre qu'avec la bonne personne et de l'amour, les caractères peuvent changer.

Au fil de l'histoire, des rencontres vont se rajouter entre Kazuhisa qui est le frère de Sôgo ou encore le futur directeur de la crèche de Shôta, Yuu, qui ne sera pas si inconnu pour certaines personnes.

Akira aura d'autres épreuves à surmonter mais le dernier tome sorti mettra en avant son beau-père : Sôshi, qui va enfin pouvoir exprimer ses véritables sentiments après avoir accompli son devoir d'*alpha*.

C'est un récit qui montre l'importance de la communication dans une famille et que la pression sociale sur les *alphas* est très forte. Certains n'arrivent pas à échapper à l'avenir qui leur est tracé.

Il est crucial de prendre conscience que tous les personnages sont liés et que la vie familiale est prise en considération afin de garantir un confort optimal pour tous.

Les illustrations sont magnifiques et les lecteurs ne seront pas indifférents face aux enfants du couple qui apportent cette touche d'humour et le sourire aux lèvres.

Le titre est toujours en cours de publication avec sept tomes au Japon et un huitième est en cours. La publication des tomes français a rattrapé la parution japonaise. Peut-être que le titre traîne en longueur, étant donné que nous observons un peu moins le couple principal dans le dernier tome publié, mais cela reste tout de même une histoire avec des personnages attachants et désireux de progresser dans leur vie.

Priscilla RECULARD

L'ÉPOUSE DE LA BÊTE

Quand deux monstres finissent par tomber amoureux

Le manga *L'Épouse de la bête* d'Akihisa Teo établit un lien entre le destin de deux individus pour une « paix » entre les membres de la meute, mais des secrets et des coups bas ne sont jamais éloignés. Un récit fantastique avec un monde bien défini, qui sera intéressant et qui aboutira à une ouverture sur le monde.

Mangaka : Akihisa Teo

Traduction : non créditée

Année VO/VF : 2020/2024

Éditeur VF : Hana Edition

Statut publication VO : 1 tome (terminé)

Statut publication VF : 1 tome (terminé)

Érotisme :

Contenu sensible :

Dans *L'Épouse de la bête*, Akihisa Teo utilise un mariage arrangé comme porte d'entrée sur son univers. En effet, dans son histoire, pour maintenir la paix, la meute des hommes-loups et celle des hommes-renards décident d'organiser un mariage entre deux membres de chaque tribu : Kyôya, fils du chef des loups, et Hinata, un renard rejeté par sa tribu qui se fait passer pour une femelle avec pour mission d'assassiner Kyôya. Le soir des noces, cette tentative d'assassinat échoue. Kyôya découvre alors que Hinata est un esprit renard à neuf queues et que sa meute le hait à cause de ça. S'enfuyant, il se fait rattraper et pense mourir. Kyôya lui annonce qu'il compte bien profiter de cette nuit de noces.

La scène de sexe initiale se concentre sur un non-consentement qui aboutit à un rapport forcé. Étant donné le contexte à prendre en considération, il était inévitable que Hinata soit attaquée par Kyôya. Cela est un problème majeur, surtout que la meute des hommes-renards s'étaient engagés à fournir une femelle pour ce mariage. Une cohabitation forcée entre Hinata et Kyôya est mise en place et c'est ce qui va amener le futur couple à se découvrir même si des réticences sont présentes. Hinata vit enfermé chez Kyôya sans possibilité de s'échapper et il ne saurait même pas où se rendre, comme sa meute souhaitait se débarrasser de lui.

Cette trahison blesse profondément le protagoniste et entraîne son manque de confiance en lui, et Kyôya va remarquer la particularité du jeune renard : il a neuf queues. La *mangaka* s'est inspirée de la légende du renard à neuf queues en apportant sa touche personnelle. À force d'échanges avec Kyôya qui se permet d'être attentif à Hinata, celui-ci finira par développer des sentiments. Mais comment cette relation pourra-t-elle évoluer ?

Kyôya est un personnage fort et qui a un objectif précis. Rapidement, cela se comprend qu'il n'est pas le plus apprécié dans sa meute. Au final, qui se ressemble s'assemble. Hinata et Kyôya vont affronter leur destin tout en faisant en sorte de s'aimer.

Une magnifique histoire d'un amour « interdit » et dramatique avec un couple ayant trouvé sa place dans ce monde. De nombreux thèmes ont été abordés. Un second tome aurait été bienvenu pour approfondir ces thématiques.

Priscilla RECULARD

PEDIGREE

Le retour d'un ex bien trop sexy

Le manga de Tange Michi, *Pedigree*, aborde l'obligation d'avoir une descendance et de se caser pour ce faire. Ce qui n'est pas forcément de tout repos quand le partenaire idéal n'est pas un inconnu. Et lorsque les deux protagonistes ont chacun leur fierté, la relation peut mettre du temps à se construire.

Akemitsu Orochi fait partie de l'illustre famille de la lignée des serpents et il est d'une beauté incroyable. Il est nécessaire qu'il accepte une cohabitation plus couramment appelée *pairing* afin de déterminer si lui et son futur partenaire sont compatibles pour garantir la continuité de la lignée. Akemitsu va toutefois découvrir que c'est son ancien fiancé, Mashû Kofu, le descendant du tigre de Sibérie, qui vivra avec lui. Son oncle le pousse à céder, mais il va réaliser que Mashû n'est plus la personne adorable de son enfance, mais plutôt un individu froid et arrogant. Mashû lui fera savoir qu'il ne tombera pas amoureux de lui et pour se venger de cet affront, Akemitsu fera tout pour le séduire. Quelle sera la fin de cette cohabitation ?

Les deux protagonistes se connaissaient depuis l'enfance car ils avaient déjà été fiancés une fois. À l'époque, ils étaient inséparables au point de tomber souvent malades en tentant de s'adapter aux particularités de l'autre. Mais du jour au lendemain, les fiançailles ont été rompues et Akemitsu n'a jamais pu refaire confiance à quelqu'un, d'autant qu'il avait des sentiments pour Mashû.

Leurs retrouvailles ne se font pas de la plus belle des manières et c'est cela qui va entraîner un quiproquo qui ne sera pas du goût d'Akemitsu.

Entre jeu de séduction, rapprochement et enjeux économiques, c'est un titre qui met en évidence que les apparences sont parfois trompeuses. Akemitsu n'est pas forcément un homme qui aime avoir plusieurs relations ou encore, Mashû qui paraît être froid et arrogant, se révèle capable d'émotions. Un élément est évident entre les protagonistes : l'amour est plus proche que ce qu'ils pensent.

L'intrigue prend son temps pour démêler les quiproquos qui séparent ces protagonistes attachants. Leur difficulté à communiquer n'arrange pas la situation.

Actuellement, deux volumes ont été publiés au Japon et sont toujours en cours de parution. En France, seul le premier tome est disponible, en espérant que la suite arrivera rapidement.

Priscilla RECULARD

Mangaka : Tange Michi

Traduction : non créditée

Année VO/VF : 2020/2022

Éditeur VF : Hana Edition

Statut publication VO : 2 tomes (en cours)

Statut publication VF : 1 tome (en cours)

Érotisme :

Contenu sensible :

Décor de la soirée fêtant l'anniversaire du manga dans le quartier d'Ikekuburo, à Tokyo.

Ci-contre : anthologie comprenant dix nouvelles sadomasochistes de Gengoroh Tagame, réalisées entre 1990 et 2010. Couverture de l'édition française chez Dynamite.

Tout à droite : édition française par Dynamite de l'anthologie MASSIVE, de l'éditeur anglo-saxon Fantagraphic

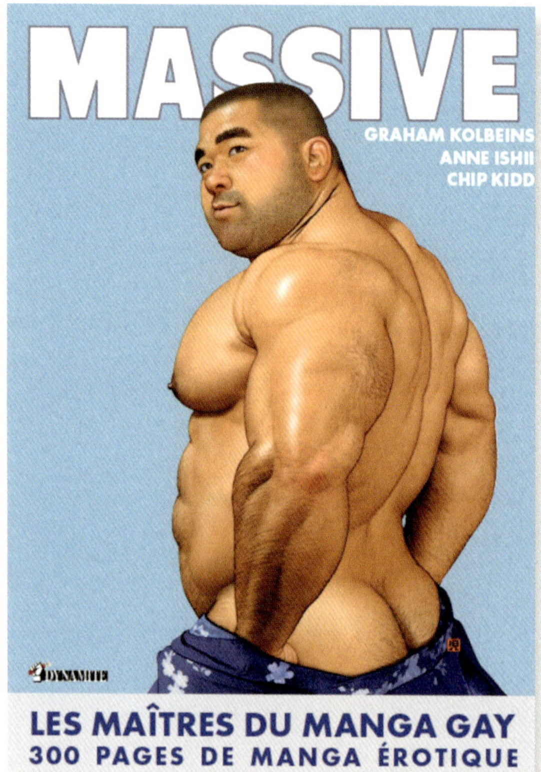

GAY MANGA

Initialement créé par des *mangaka* homosexuels pour un lectorat homosexuel, le manga gay [ゲイコミ] est une réappropriation par les artistes de leurs fantasmes et de la représentation de la masculinité dans un monde dominé par une vision hétérosexuée.

L'âge d'or des magazines gays

Le manga gay et sa popularisation sont intrinsèquement liés à l'occupation américaine de l'après-guerre qui introduit dans l'archipel nippon le terme « gay », ainsi qu'au développement de la presse spécialisée pour un lectorat homosexuel. L'année 1952 voit la publication du premier numéro d'*Adonis*, magazine homosexuel japonais dont l'équivalent américain *One* paraît outre-Pacifique la même année.

Le sexe entre hommes est représenté très tôt dans l'art pictural japonais à travers des estampes *danshoku* (voir p. 146). Mais son expression narrative sous forme de manga fait son apparition dans les premiers magazines pornographiques de l'après-guerre, les *hentai zasshi*. L'un d'entre eux diffusé entre 1960 et 1970, *Fuzoku Kitan*, popularise l'érotisme sous toute ses formes : hétérosexuelle, lesbienne, BDSM, gay... Dans ses pages sont présentes des œuvres homo-érotiques de George Quaintance et Tom of Finland, ou encore des photographies d'hommes athlétiques du magazine américain *Physique Pictorial*. Cette reproduction clandestine d'une représentation occidentale de la masculinité, opposée à l'androgynéité des *wakashu* (voir p. 146), va marquer un adolescent qui deviendra par la suite l'une des plus grandes figures et porte-parole du manga gay contemporain : Gengoroh Tagame.

Artiste régulier des magazines *Fuzoku Kitan* et *Adonis* où il publie ces premières œuvres homo-érotiques, Go Hirano est couramment associé à un autre magazine gay qui fera date, *Barazoku*, dont le nom est à l'origine d'un débat qui entoure la dénomination du genre. Lancé en juillet 1971, il devient le premier magazine grand public destiné aux lecteurs homosexuels. S'il propose au sommaire des nouvelles et mangas, c'est la sortie en 1986 de son supplément *Bara-Komi* qui cristallise le premier magazine de publication dédié exclusivement au manga gay, des mangas écrits par des *mangaka* homosexuels. C'est dans ses pages que paraît en 1987 *Kuso Miso Tekunikku* de Junichi Yamakawa.

D'autres magazines envahissent le marché, tels que *Sabu* (spécialisé dans les illustrations *hard*), *Adon*, *Badi* ou encore *Samson* (dédié aux hommes âgés et rondouillards).

À partir des années 1990, les hommes japonais réinterrogent leur masculinité. Un phénomène qui se prolonge jusque dans la sphère gay où Gengoroh Tagame, associé à deux directeurs éditoriaux de *Badi*, lance le magazine *G-Men*. Incubateur de la première génération d'artistes spécialisés dans le manga gay, *G-Men* est une source d'inspiration pour les générations suivantes.

La polémique autour du terme *bara*

Les *mangaka* japonais refusent massivement l'emploi du terme *bara* (littéralement « rose ») pour définir leurs mangas. Ce mot est une injure homophobe, transposable en français au mot « tantouze ».

En écho aux mouvements sociaux internationaux du début des années 1970 pour la reconnaissance des droits de la communauté LGBT, le magazine gay *Barazoku* (littéralement « la tribu rose ») use du mot comme d'une provocation, d'un porte-étendard. Cependant, la connotation péjorative du terme s'est maintenue et, très vite, les artistes cessent de l'employer pour se référer à leur production.

Les Occidentaux découvrent le manga gay *via* des sites web et des forums, gérés par des hétérosexuels qui catégorisent toute la production artistique gay sous cette appellation négative. Le mot *bara* est alors récupéré par les Occidentaux qui le diffusent fortement comme terme de référence du manga gay, face à des *mangaka* pris au dépourvu par cette méconnaissance de leur langue.

Couverture du magazine *Barazoku*.

Le premier manga de Gengoroh Tagame publié en France mais aussi en Europe : *Gunji* aux éditions H&O en 2006.

Il paraît entre 1995 et 2006. Ses couvertures sont illustrées par Tagame, puis par Jiraiya à partir de 2001. Les deux artistes codifient un *chara-design* corpulent, tout en chair et muscles, à la pilosité affirmée, qui marque les productions des mangas gays depuis les années 2000.

Un succès international

Pratique fortement décriée par les *mangaka*, le manga gay s'est rapidement diffusé à travers le monde *via* internet et les sites de *scantrad* [1] qui prolifèrent depuis le début des années 2000. Des lecteurs en demande de représentations différentes de la sexualité gay, plus variées dans ces morphologies et ces fantasmes que celle de l'homo-érotisme *boy's love* jusqu'alors édité hors Japon, dévorent ce contenu illicite. Sans avoir marqué les lecteurs de son pays d'origine, *Kuso Miso Tekunikku* est érigé au rang d'œuvre emblématique du manga gay. Les créations nippones inspirent un mouvement d'œuvres graphiques bien au-delà des frontières du pays du Soleil-Levant, comme le démontre le travail de l'artiste français Fabrissou qui publie ses *dojinshi* aussi bien dans sa langue natale qu'en japonais.

Avec l'arrêt de nombreux magazines gays qui subissent la crise de la presse liée au développement d'internet et de la dématérialisation des contenus, les *mangaka* se sont orientés vers les sites en ligne pour diffuser et vendre leurs séries. Malheureusement, cette initiative profite aux sites illégaux d'œuvres *scantradées*.

Avec un contenu aussi diffusé et lu sur internet, peu d'éditeurs s'aventurent dans la publication du manga gay à l'international. C'est pourtant le pari réussi qu'a fait PictureBox en 2013 avec *The Passion of Gengoroh Tagame*, suivi par la maison d'édition allemande Bruno Gmünder Verlag, leader mondial sur le marché de l'édition LGBT, qui traduit trois mangas de Tagame en anglais.

La France reste cependant précurseure dans la publication de manga gay dès 2006 grâce aux éditions H&O avec le titre *Gunji* de Gengoroh Tagame, suivies dans cette initiative par les éditions Dynamite et Black Box.

Meyra SUDAL

1 Traduction illégale de manga, réalisée à partir de scans des pages disponibles sur internet.

MORE AND MORE OF YOU

Comment déclarer son amour à son voisin, quand il s'agit aussi de son professeur ?

Précédemment *mangaka* de *shônen*, Takeshi Matsu a su intégrer les dynamiques graphiques et scénaristiques de cette ligne éditoriale dans ses mangas gays, *More and More of You* étant un parfait exemple du genre.

À droite : couverture japonaise du *one-shot More and more of you*.

Ci-dessous : anthologie de Takeshi Matsu aux éditions Bruno Gmunder comprenant quatre histoires courtes dont *More and more of you* qui orne la couverture principale. Traduction anglaise.

Mangaka : Takeshi Matsu

Traduction : non créditée

Année VO/VF : 2008/2014

Éditeur VA : Bruno Gmunder Verlag

Statut publication VO : 1 tome (terminé)

Statut publication VA : 1 tome (terminé – plus édité)

Érotisme :

Contenu sensible :

Puisqu'ils sont voisins depuis l'enfance et très proches l'un de l'autre, Kousuke s'adresse à Shoukichi comme s'il était son grand frère. Difficile d'imaginer à les voir aussi complices qu'en plus de la différence d'âge qui les sépare, Shoukichi est le professeur de Kousuke au lycée. C'est la raison pour laquelle ce dernier cache les sentiments qu'il éprouve depuis de nombreuses années pour son aîné. Jusqu'au jour où un autre élève, Nishikido, lui révèle être lui aussi amoureux du professeur Shoukichi.

Le trait de Matsu est crayonné, avec des *chara-design* qui affirment une masculinité non exagérée : des corps musclés réalistes aux mâchoires carrées qui laissent deviner une légère pilosité. La composition des planches et le style graphique rappelle les *shônen*, ce qui ouvre le titre à un lectorat plus large que celui du manga gay. Bien que présentes, les scènes érotiques ne sont pas prédominantes et laissent place à une intrigue assez classique de romance entre deux amis d'enfance à la grande différence d'âge.

Aujourd'hui considéré comme un grand nom du manga gay, c'est pourtant en publiant des *shônen* que Takeshi Matsu commence sa carrière de *mangaka* après avoir remporté le premier prix d'un concours. Une expérience qu'il décrit comme frustrante à cause des directives trop strictes des éditeurs des magazines de prépublication. C'est vers l'âge de trente ans que Matsu se tourne vers le manga gay, où il trouve la liberté d'expression qu'il recherchait, au cœur des pages du magazine *Kinnuku-Otoko*[1]. Ses histoires érotiques rassemblent rapidement une grande base de fans au Japon et à travers le monde. Matsu fait partie avec le *mangaka* Tsukasa Matsuzaki du cercle de *dojinshi* Masamune Kokichi.

More and More of You est sérialisé au Japon dans les pages du magazine *Comic Aqua* de l'éditeur Oakla Shuppan. Le manga paraît pour la première fois au format relié en Occident grâce à l'éditeur allemand Bruno Gmunder Verlag GmbH qui traduit la série en anglais dans une anthologie qui regroupe entre autres trois autres mangas de Takeshi Matsu (*Saiyuuki dj – Go West* ; *Recipe for Love* ; *Tales from the Kitchen*). L'année suivante, *More and More of You* est publié au Japon au format *one-shot*.

Meyra SUDAL

1 Le magazine est présenté par Gengoroh Tagame comme étant une publication qui a fait le lien au cours des années 2000 entre le manga *boy's love* et le manga gay.

RAMEN MASTER

Deux hommes solitaires à la recherche de chaleur humaine

Brutal et sexy, *Ramen Master* transporte en quelques pages le lecteur au cœur d'une nuit torride entre deux hétéros curieux.

Dans son restaurant de *ramen*, le patron sert des habitués en pleine conversation animée. Le tenancier d'un bar gay du coin s'appuie sur un article paru dans un magazine pour prêcher les vertus du sexe anal. En particulier chez les hommes d'âge mûr qui font face à des problèmes érectiles. Une conversation qui agace fortement le contremaître Shige, déprimé d'avoir été récemment abandonné par sa femme. Alors que les autres clients quittent le restaurant, Shige et le patron se retrouvent seuls et la tension entre les deux hommes devient rapidement palpable.

Située dans un quartier underground de Tokyo, l'intrigue de *Ramen Master* met à l'honneur deux hommes hétérosexuels dans la cinquantaine qui transpirent la testostérone. Shige et le patron masquent leur attirance mutuelle par une attitude agressive tout en cherchant à stimuler la libido de l'autre. Leur stature imposante et leur musculature développée, ainsi qu'un caractère affirmé, en font des personnages à l'image des *chara-design* qui peuplent les mangas de Kazuhide Ichikawa. Tatoué sur l'ensemble du dos, le patron laisse même supposer un ancien lien avec les yakuzas, accentuant l'image virile d'un récit sur le fantasme qu'éprouvent les hétérosexuels pour le sexe anal.

Kazuhide Ichikawa est un *mangaka* spécialisé dans le manga gay qui ne produit pas exclusivement des œuvres érotiques. Il est particulièrement connu pour ses *dojinshi kemono* (le style *furry* japonais, voir p. 129) *softcore*. Ichikawa prône l'importance de l'érotisme homosexuel dans le manga comme manifeste du désir gay. À ses yeux, la sexualité ainsi représentée *« peut sauver des vies »* [1] dans un pays et un monde où des adolescents se questionnent sur leur orientation sexuelle.

L'éditeur Bruno Gmunder Verlag GmbH traduit *Ramen Master* en anglais ainsi que quatre autres titres de Kazuhide Ichikawa (*Chambara Love* ; *Daddies Garden* ; *A Cop and a Fisherman* ; *My Straight Boyfriend Is a Top*).

Cette anthologie n'est pas l'unique publication occidentale du *mangaka* qui souhaite à l'avenir écrire ses mangas non plus en japonais mais en anglais pour les publier directement à l'international et limiter les traductions illicites de son travail.

Meyra SUDAL

1 Citation de l'interview de Kazuhide Ichikawa disponible dans l'anthologie *Massive* aux éditions Dynamite.

Couverture de l'anthologie *Ichikawa Kazuhide* aux éditions Bruno Gmunder (traduction anglaise). *Ramen Master* qui orne la première de couverture et accompagné de quatre autres histoires courtes du *mangaka*.

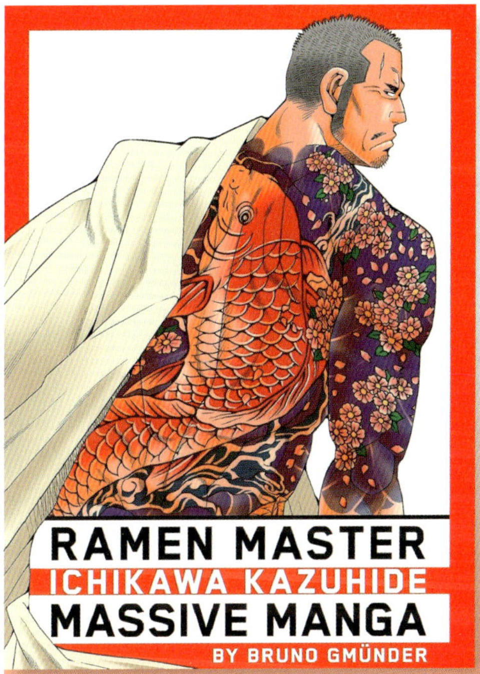

Mangaka : Kazuhide Ichikawa

Traduction : non créditée

Année VO/VA : 2014/2018

Éditeur VA : Bruno Gmunder Verlag GmbH

Statut publication VO : non publié au format relié

Statut publication VF : 1 tome (terminé – plus commercialisé)

Érotisme :

Contenu sensible :

HOUSE OF BRUTES

La plus puissante des œuvres érotiques gays BDSM.

Le maître du manga gay signe avec *House of Brutes* un récit choc. Cru visuellement, violent psychologiquement, le manga de Gengoroh Tagame marque les esprits et s'impose comme l'une des plus grandes œuvres BDSM de l'érotisme gay.

Mangaka : Gengoroh Tagame

Traduction : Kamen Kamen

Année VO/VF : 1999/2021

Éditeur VF : Dynamite

Statut publication VO : 3 tomes (terminé)

Statut publication VF : 3 tomes (terminé)

Érotisme :

Contenu sensible :

Torazou, le troisième fils du clan Takano, a été choisi pour épouser Hagino, la fille du puissant et prestigieux clan Hirokawa. Démobilisé lors de la Seconde Guerre mondiale, ce mauvais parti porte sur ses épaules le poids du déshonneur lié à la défaite du Japon. Pourtant, Souemon, le chef du clan Hirokawa, a choisi lui-même cet homme à la carrure imposante comme gendre. Mais ce qui ressemble à une ascension sociale inespérée pour Torazou est en fait le début de sa déchéance. S'il a pour obligation de mettre enceinte Hagino dans des conditions irrespectueuses pour un époux, sa mission au sein du clan est principalement de divertir le patriarche en tant que jouet sexuel. Vicieux et autoritaire, le terrifiant Souemon initie Torazou, dès sa première nuit au sein du clan Hirokawa, aux pratiques sexuelles les plus avilissantes.

Ce manga est une descente en enfer dans l'esthétique BDSM*. Déshumanisé, devenu l'esclave sexuel d'un clan aux mœurs scandaleuses, le personnage de Torazou va tout d'abord être soumis puis brisé au plus profond de sa chair et de son être. L'intrigue qui se déroule en l'an 24 de l'ère Shôwa, juste après la fin de la Seconde Guerre mondiale, plonge le lecteur dans un récit où le temps semble s'être arrêté. Enfermé à demeure, Torazou voit son quotidien se transformer rapidement en un huis clos malaisant où chaque nouvelle rencontre avec un membre du clan empire la situation dans laquelle il se trouve. Humilié après sa nuit de noces et violé devant son épouse par son beau-père, Torazou n'a pas d'autre solution que de se soumettre dans un clan où le patriarche est tout-puissant. Sa tentative de fuite infructueuse lui fait prendre conscience que les siens l'ont « vendu » au clan Hirokawa en échange de la renommée que ce mariage leur a apportée. Les rapports forcés font rapidement place aux séances de torture. Toutes les pratiques apparentées au BDSM sont retranscrites dans la trilogie *House of Brutes* : bondage [1], châtiments physiques, jeux de bougies, exhibition, urophagie [2], scatophilie [3], *ballbusting* [4], piétinement du corps, privation d'orgasme, pénétration par des objets, suspensions par les pieds... Privé de ses droits et de son humanité, Torazou s'habitue aux pratiques extrêmes non désirées qu'il subit. Pour qu'il survive à ces horreurs, son inconscient met en place un mécanisme de défense, qui lui permet de ressentir une sorte de plaisir durant ces viols à répétition. Au-delà de la violence physique vécue par le protagoniste, c'est bien cette violence psychologique qui est difficilement supportable à la lecture de *House of*

1 Pratique sexuelle qui consiste à attacher son partenaire pour le maintenir dans une position précise.

2 Consommation d'urine.

3 Plaisir sexuel lié aux excréments.

4 Pratique sexuelle qui consiste à torturer les organes génitaux masculins.

Brutes. La tragédie semble n'offrir aucune échappatoire au personnage de Torazou et les situations toujours plus dramatiques dans lesquelles il se retrouve peuvent en devenir étouffantes pour des lecteurs non habitués aux pratiques BDSM extrêmes.

Difficile d'ignorer le nom de Gengoroh Tagame tant celui-ci est connu internationalement et associé au manga gay. Sa découverte assez jeune des magazines *hentai zasshi* est à l'origine de sa vocation mais aussi de son travail en tant qu'historien de l'art gay japonais. Tagame publie son premier manga homo-érotique dans les pages du magazine *June* (voir p. 61) alors qu'il est lycéen. Puis étudiant en beaux-arts, il publie ses récits au cœur du magazine *Barakozu*. Jusque-là, Tagame utilise divers pseudonymes qu'il n'a pas souhaité divulguer. Mais à partir de 1986, l'artiste signe de son nom de plume actuel plusieurs romans et mangas homo-érotiques pour le magazine *Sabu*. Le succès est au rendez-vous et ces publications lancent la carrière de Gengoroh Tagame qui devient *mangaka* professionnel à plein temps. Il en ressortira un premier recueil d'histoires courtes, *Naburi Mono*, qui fera date dans le paysage éditorial japonais comme étant un succès commercial inattendu, preuve d'un lectorat en demande de mangas gays distincts des productions *boy's love* de l'époque. Le magazine *G-Men*, dont Tagame illustre les 62 premières couvertures et dans lequel il publiera plusieurs de ses mangas, élèvera l'artiste au rang de mentor pour les générations de *mangaka* à venir. L'influence de Tagame sur la production des mangas gays est incontestable. Depuis, ces œuvres sont traduites en plusieurs langues et font l'objet d'expositions régulières en Amérique du Nord et en Europe.

Le *chara-design* de Gengoroh Tagame est immédiatement identifiable. Des lignes nettes et fluides au service de physionomies *bear** à la musculature et à la pilosité impressionnantes. Le style graphique extrêmement détaillé, notamment dans la représentation des parties génitales non censurées, contribue à l'érotisme saisissant de réalisme des mangas de Tagame. Ses œuvres sont marquées par des thématiques récurrentes, comme des récits dans un contexte militaire et une prédominance de pratiques BDSM.

House of Brutes a reçu en 2022 le prix Sade dans la catégorie BD/Manga, un prix français consacré à la littérature érotique.

Meyra SUDAL

Page de gauche : couverture française du tome 1.

Ci-contre : couverture du tome 2 édition espagnole.

Tout à gauche : artwork promotionnel de *House of Brutes*.

M. TOKUGAWA SIXIÈME SALLE 4 PROFESSEUR PRINCIPAL

Découverte sexuelle dans les couloirs du collège

À travers un trio sensuel et décomplexé, l'histoire courte du professeur principal Tokugawa s'attarde sur les sensations et immerge le lecteur au cœur d'une scène érotique mature entre adultes « presque » consentants.

Couverture japonaise de l'histoire courte de Seizoh Ebisubashi.

Mangaka : Seizoh Ebisubashi

Traduction : Pixie

Année VO/VF : 2012/2022

Éditeur VF : Dynamite

Statut publication VO : 1 tome (terminé)

Statut publication VF : 1 tome (terminé)

Érotisme :

Contenu sensible :

Apprécié de tous, le professeur Tokugawa vit avec son épouse Kanako qui, malheureusement, n'arrive pas à assouvir la libido de son mari. Frustré, Tokugawa a pris l'habitude de soulager ses érections dans divers lieux du collège, la crainte d'être découvert augmentant son plaisir. Alors que Tokugawa se promène les fesses à l'air et son membre bien dressé dans les couloirs pendant les heures de cours, le gardien, M. Oda, un homme gay attiré par le professeur, se rue sur lui.

Avec un minimum de dialogues, l'histoire du professeur principal Tokugawa est décrite *via* une narration à la troisième personne. Un procédé narratif peu commun dans les mangas mais qui permet à Seizoh Ebisubashi de décrire une multitude d'informations à la façon d'un roman graphique. Les sensations olfactives et tactiles qui accompagnent chaque scène rendent le récit tout à la fois cru et sensuel. Le *chara-design*, qui s'apparente au style *bear*, est contouré d'un trait épais et fluide. Les personnages ainsi cernés de noir sont ensuite extrêmement détaillés par un travail crayonné des ombres, de la pilosité, des matières des vêtements ou encore des traits des visages.

Seizoh Ebisubashi commence sa carrière à la fin des années 1980 dans les pages du magazine gay *Sabu*. Publiées depuis dans des centaines de magazines, ses histoires érotiques, souvent d'un chapitre, sont rassemblées au Japon dans une dizaine d'intégrales. *Mangaka*, metteur en scène, l'artiste est l'une des plus grandes figures du manga gay à l'instar de Gengoroh Tagame.

Au début de la carrière d'Ebisubashi, le champion de judo Yasushiro Yamashita est une source d'inspiration et de fantasmes : il cristallise son attirance pour des *chara-design* trapus, potelés mais musclés. Le *mangaka* reconnaît volontiers ne pas être à l'aise dans l'écriture de scénarios originaux et adapte volontiers en mangas des romans gays sérialisés dans les mêmes magazines que lui. Il a ainsi longtemps collaboré avec l'auteur Osamu Kodama. Actif sur les réseaux sociaux, Ebisubashi est convaincu que l'avenir du manga gay se joue sur internet et il met en vente actuellement son travail sur le site Digiket.

M. Tokugawa sixième salle 4 professeur principal est une histoire originale, courte d'un chapitre, publiée en France dans l'anthologie *Massive* de l'éditeur Dynamite. Il s'agit de la seule œuvre traduite en français du *mangaka*.

Meyra SUDAL

PRIAPUS

Supprimer l'humanité en rendant tous les hommes gays

« Faites l'amour, pas la guerre », un slogan dont le dieu Priapus abuse volontiers au premier degré dans un manga où érotique rime avec humoristique.

Zeus, désabusé par l'humanité violente et cruelle qu'il découvre à travers son poste de télévision, missionne Priapus pour éliminer la race humaine, mais sans employer la mort comme méthode. La solution est toute trouvée pour ce dieu de la Fertilité : les empêcher de procréer en faisant découvrir les plaisirs du sexe entre hommes aux gays qui s'ignorent. Commence alors un périple rocambolesque à travers tout le Japon.

Priape (*Priapus* en anglais) est un dieu mineur de la Fertilité et des Organes génitaux masculins [1] de la Grèce antique. Mentaiko s'inspire de la mythologie pour écrire des scénarios contemporains sexy tout en conservant une grande liberté d'expression. Priapus n'est par exemple pas en constante érection car Mentaiko souhaitait dessiner des sexes au repos. Fortement humoristiques, les chapitres indépendants les uns des autres reprennent le même schéma narratif. Priapus fait face à un homme dont il va révéler l'homosexualité à l'aide de ses compétences divines, mises en scène telles des capacités de jeux vidéo. Le *mangaka* distille des clins d'œil à la culture geek et gay japonaise, comme avec l'acteur pornographique Taka Kâto, ou encore l'*anime Puella Magi Madoka Magica*. Les dessins doux et le ton léger réhaussé par l'humour prédominant font de *Priapus* un manga *feel good* extrêmement sexy aux scènes érotiques non censurées.

Itto dessine ses premiers *dojinshi* et crée le cercle Mentaiko dont il tire son nom de plume. Il ne suit pas de cursus supérieur en école d'art pour se consacrer pleinement à sa carrière de *mangaka* dès la fin du lycée. *Priapus* est sa première œuvre publiée dans les pages du magazine *Boys Fann* de l'éditeur Cllenn. La série sort une première fois en intégralité en 2015 en version anglaise chez l'éditeur allemand BrunoBooks, avant de ne plus être disponible. En 2022, l'éditeur français Black Box lance sa collection de mangas gays avec une édition en trois tomes qui regroupe deux par deux les *dojinshi* de *Priapus*. L'année suivante, c'est une collection de sept tomes reprenant les *dojinshi* ainsi qu'un *artbook* de Mentaiko qui sont publiés chez Black Box, permettant au lectorat français de découvrir le travail du *mangaka* et son évolution sur plus d'une dizaine d'années.

Meyra SUDAL

Mangaka : Mentaiko

Traduction : Jordan Mangeon

Année VO/VF : 2015/2022

Éditeur VF : Black Box

Statut publication VO : non publié en relié (terminé)

Statut publication VF : 3 tomes (terminé)

Érotisme :

Contenu sensible :

1 *Priapus*, figure populaire de l'art érotique antique, est aussi le dieu protecteur des Jardins, Arbres fruitiers et du Bétail. Il est représenté avec un sexe surdimensionné en permanente érection. Le terme médical de priapisme en tire son origine.

WILL LIVREUR 1 & 2

Le livreur aux clients dévergondés

Will livreur **est un dytique représentatif du travail d'un artiste qui apporte un vent de fraîcheur dans le monde du manga gay.**

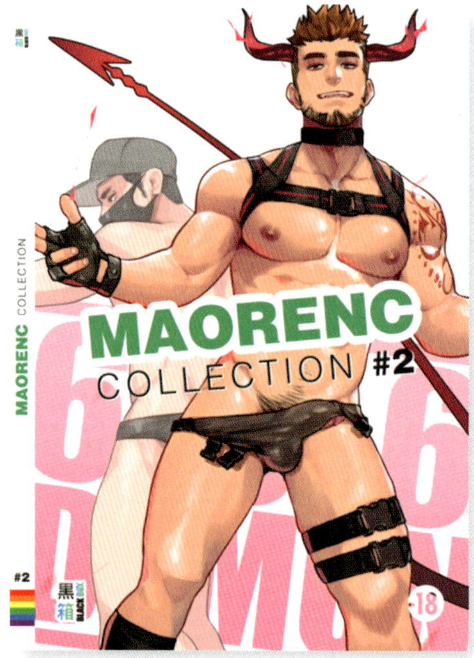

Ci-dessous et à droite : couvertures des tomes 1 et 2 des anthologies de Maorenc aux éditions Black Box.

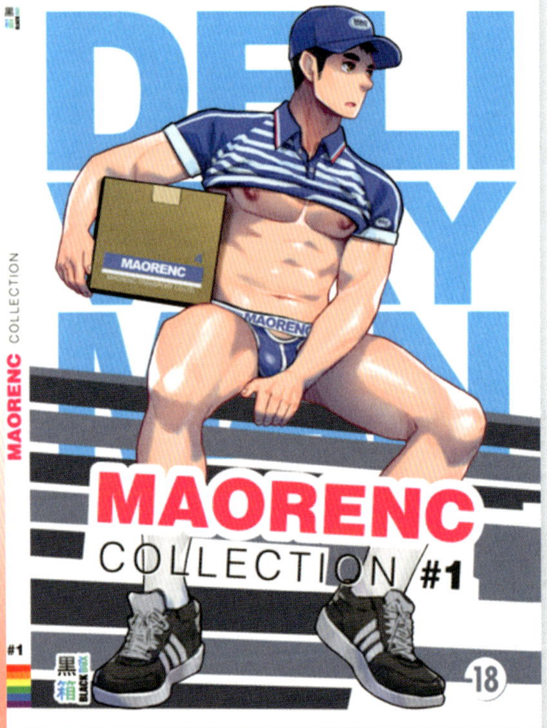

Mangaka : Maorenc

Traduction : Pauline Laugel

Année VO/VF : 2019/2023

Éditeur VF : Black Box

Statut publication VO : non publié en relié (terminé)

Statut publication VF : 2 tomes (terminé)

Érotisme :

Contenu sensible :

Jeune livreur de 22 ans, Will se retrouve un jour en plein travail face à un bel homme en érection qui sort de chez lui en slip. Difficile de détourner le regard de cet apollon bien membré. Pris sur le fait, l'inconnu invite Will chez lui… Après une première aventure sexy, Will se retrouve à nouveau dans une situation improbable en livrant un colis. Cette fois-ci, c'est un jeune homme seulement vêtu d'un *jockstrap* [1] et d'un collier de chien qui lui ouvre la porte. Vibromasseur dans les fesses, l'inconnu tombe dans les bras d'un Will déconcerté quand le propriétaire du logement fait son apparition. Il lui propose d'entrer et de se joindre à eux…

Le scénario ne s'attarde pas sur les détails et les protagonistes sont très vite mis en situation, sans aucune équivoque sur les évènements à suivre. Le style graphique, entre manga et cartoon, reflète la douceur et l'attention des personnages entre eux.

Torride et bienveillant sont les maîtres mots qui caractérisent le travail de Maorenc. De son vrai nom Harry Young, l'illustrateur et *manhuajia* malaisien a suivi des études d'art et d'animation, et a travaillé en tant qu'artiste VFX pour une société de publicité avant de se consacrer pleinement à ses *dojinshi*. La publication de quatre recueils d'histoires et d'un *artbook** chez Black Box en France est la première publication chez un éditeur de son travail. Maorenc communique énormément sur les réseaux sociaux où il partage ses créations, ainsi que sur DeviantArt où il s'est fait connaître.

Maorenc met en scène des personnages souvent opposés dans ses récits, comme un P-DG d'entreprise qui devient l'objet sexuel d'un adolescent. La jeunesse a par ailleurs une forte présence parmi ses protagonistes. Les histoires de Maorenc sont unanimement caractérisées par un consentement toujours verbalisé. Elles se démarquent fortement de la grande majorité des publications *BL* disponibles en France par leur douceur émotionnelle dans un contexte ultra érotique. De même, Maorenc y exprime une sexualité qui ne cherche aucun mimétisme avec le modèle hétérosexuel. Ses personnages pratiquent l'interchangeabilité des rôles dans une retranscription libérée des carcans homophobes qui entourent la sexualité gay.

Meyra SUDAL

1 Le *jockstrap* est un sous-vêtement souvent comparé à un string masculin. Initialement porté par les sportifs, il s'est popularisé comme sous-vêtement sexy pour homme. Il ressemble à un slip sur le devant avec une large bande élastique à la taille et deux élastiques à l'arrière qui dévoilent les fesses.

CINQ MECS EN COLOC

Compétition de masturbation : qui jouira le plus loin ?

Diptyque humoristique, *Cinq mecs en coloc* est une histoire courte qui ouvre et conclut l'anthologie du même nom disponible en France.

Cinq étudiants membres du club d'aviron de leur université vivent en colocation. Un jour, l'un d'entre eux se questionne sur la présence d'une tache sur le mur. Le fanfaron de la bande, Aoki, prétend qu'il s'agit de son sperme qui a giclé jusque-là lors de sa dernière séance solo. Évidemment, personne dans la coloc ne croit à cette prouesse hors norme. Le ton monte et les cinq garçons décident de faire une compétition pour déterminer qui éjaculera le plus loin.

Dans une référence humoristique aux *Power Rangers* [1], le *mangaka* indique avoir attribué à chacun des colocs une couleur dédiée. Représentatif du fantasme qu'éprouve Jiraiya pour les morphologies opulentes, le *chara-design* est exclusivement composé d'hommes de type *bear* (voir p. 136) et à la musculature saillante. Le premier opus est avant tout un récit bienveillant plein d'humour. Mais son remake, publié quelques années plus tard, met en scène à la façon d'une *fanfiction* le personnage d'Akasaka qui va subir, sans réel consentement, les assauts de ses quatre colocs. Très érotique, cette réécriture de l'histoire d'origine s'éloigne de la compétition innocente entre étudiants pour s'approcher d'un *gangbang* [2].

Jiraiya avait précédemment publié quelques mangas pour des éditeurs traditionnels comme Shogakkan, avant sa renommée fulgurante en devenant artiste d'érotisme gay pour le magazine *G-Men*. En plus des illustrations des couvertures, Jiraiya publie dans les pages du magazine des mangas aux scénarios pleins d'humour qui dépeignent un quotidien décomplexé de la communauté gay japonaise.

Cinq mecs en coloc est le septième manga de Jiraiya pour le magazine *G-Men*, paru en 2001 dans le numéro 65 de ce dernier. L'histoire a été très bien accueillie par les lecteurs, qui demandent une suite. Plus tard, Jiraiya propose un remake en version *hardcore*, transformant l'image *feelgood* du premier opus. Les deux versions de *Cinq mecs en coloc* sont disponibles en français dans l'anthologie de l'éditeur Dynamite, qui comprend plusieurs autres histoires courtes du *mangaka* et sont représentatives de ses productions sur plusieurs années.

Meyra SUDAL

Anthologie de Jiraiya aux édition Dynamite.

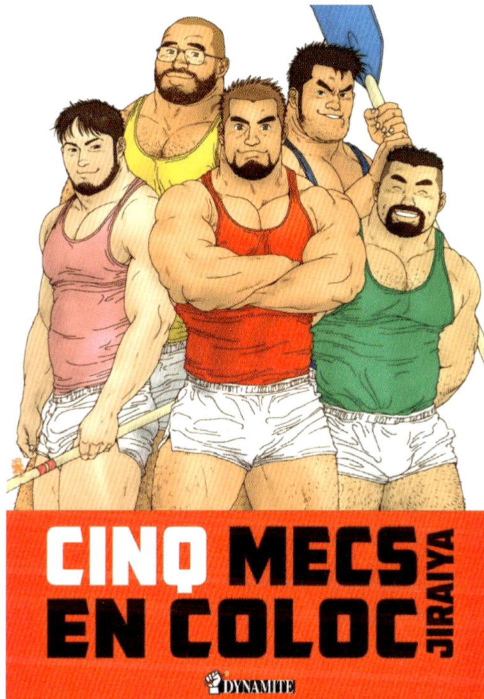

Mangaka : Jiraiya
Traduction : Studio Makma
Année VO/VF : 2004/2024
Éditeur VF : Dynamite
Statut publication VO : 1 tome (terminé)
Statut publication VF : 1 tome (terminé)
Érotisme :
Contenu sensible :

1 Version américaine des séries télé *sentai* japonaises.

2 Pratique sexuelle en orgie, courante dans la pornographie audiovisuelle qui y a cristallisé une dimension violente et humiliante. Apparu à la fin des années 1990 aux États-Unis, le *gangbang* est une adaptation américaine du *bukkake* japonais où plusieurs hommes en groupe éjaculent sur un homme ou une femme.

Un acteur-prostitué séduit un client par une agréable conversation. Estampe d'Utamaro Kitagawa (1788)

REPRÉSENTATION MASCULINE & ART JAPONAIS

L'art japonais, qu'il soit pictural ou littéraire, a dépeint tout au long de son histoire le corps masculin sous ses multiples facettes. Si les contextes historiques et sociaux ont parfois exercé une influence, il est intéressant de noter que l'homme est toujours représenté dans sa dualité féminine et masculine, quelles que soient les époques.

Beauté androgyne

Au Japon, le terme de « masculinité » évoque souvent la figure du samouraï. Pourtant, face à ce symbole de force et d'honneur médiéval s'installe une autre figure de l'identité masculine japonaise : le *wakashu* [1]. Les œuvres *ukiyo-e* [2] regorgent de ces éphèbes en tant que fantasme érotique homosexuel, à l'instar des estampes d'Utamaro. Leur beauté androgyne est normée : cheveux longs coiffés d'un chignon laissant échapper quelques mèches sur les côtés, kimonos féminins fluides aux manches larges tombantes, visages fins… Difficile de distinguer les femmes des *wakashu* dont la seule différence réside en un petit triangle de cheveux ras.

Récurrent dans les premiers courants artistiques japonais, le *danshoku* (attirance sexuelle entre hommes) est considéré comme esthétiquement plus raffiné que la représentation de rapports hétérosexuels. Une esthétique portée par le roman *Le Grand Miroir de l'amour mâle* [3] d'Ihara Saikaku qui dresse un tableau homo-érotique dans le milieu des samouraïs et des acteurs de théâtre *kabuki*.

L'ère Meiji (1868-1912), avec son occidentalisation de la culture nipponne, associe le genre à une physionomie codifiée. Les frontières jusqu'alors floues qui autorisaient les permutations genrées dans la représentation du corps masculin sont réprouvées.

Sensualité tout en muscles

Les premiers *shôjos* des années 1970 s'approprient une nouvelle figure masculine androgyne, celle du *bishônen* (voir p. 14). Si l'esthétique fait écho au *wakashu*, son origine est bien différente. Elle ne s'inspire pas

1 Un jeune homme, entre l'enfance et le *genpuku*, la cérémonie de passage à l'âge adulte.

2 Mouvement artistique de l'ère Edo appelé « images du monde flottant ».

3 Publiée en 1687, ce roman est l'une des œuvres phares du poète et écrivain.

d'une réalité historique mais de la retranscription d'un fantasme d'idéal masculin provenant de l'Occident. Le *bishônen* devient une figure emblématique des premiers *boy's love* homo-érotiques et son opposé ne tarde pas à se définir.

Le magazine *Fuzoku Kitan* est à l'origine de la carrière des premiers artistes japonais d'érotisme gay, comme Sanshi Funayama ou Go Hirano. Ces productions d'après-guerre sont marquées par l'influence américaine et la représentation virile du corps masculin. C'est dans ces pages que paraissent les premières illustrations de Tsuyoshi Yoshida, dont le pseudonyme est Go Mishima. Musclés, tatoués, les hommes que dessine l'artiste sont inspirés de ses fréquentations nocturnes dans les premiers bars gays de Tokyo tenus par des yakuzas. Alors que son attrait pour le fétichisme provient directement des œuvres de Tom of Finland. La rencontre entre Go Mishima et l'écrivain Kimitake Hiraoka, connu sous le nom de plume Yukio Mishima, marque le début d'une grande amitié, cristallisée par l'utilisation du même patronyme par les deux artistes : Mishima. Dramaturge, auteur prolifique de romans et nouvelles, Yukio Mishima s'inspire de sa vie pour écrire à la première personne *Confessions d'un masque* (1949) qui dépeint les pensées d'un homme refoulant ses désirs dans un Japon homophobe.

Cette première vague d'artistes gays contemporains subjugue Gengoroh Tagame. À travers les pages d'un *Fuzoku Kitan*, le *mangaka* découvre sa vocation pour le manga gay, mais aussi pour son travail d'historien et d'archiviste [4]. En quête de cette représentation extrêmement virile de la masculinité et de la sexualité qui s'y développe, le manga gay compte dans ses rangs des *mangaka* hétérosexuels, hommes comme femmes. Selon Tagame, l'art érotique gay existe indépendamment du genre et de l'orientation sexuelle de son créateur.

La génération d'artistes suivante popularisée par le magazine *G-Men*, dont font partie Tagame et Jiraiya, exploite encore plus la virilité des corps masculins. Pionnier dans l'utilisation des outils numériques, Jiraiya réinvente l'art pin-up américain à travers ces illustrations gays. Ses figures hyper masculines aux musculatures imposantes, arrondies par des bourrelets de chair et à la pilosité bien marquée, ornent les couvertures du magazine *G-Men* du numéro 63 à 124.

Chara-design du manga gay contemporain

Le magazine *G-Men* a codifié un *chara-design* type, influencé par ses artistes référents Tagame et Jiraiya. S'il a évolué au cours des dernières années, l'éventail des physionomies et leurs appellations propres à l'univers gay méritent d'être expliqués, car représentatifs des publications en cours en France :

- *Kuma*, ou *bear*, désigne ces personnages à la pilosité faciale et corporelle fournie et visible. Ils sont généralement gras et gros. Leur stature imposante est aussi associée à un tonus musculaire.
- *Gacchiri* s'emploie pour les hommes musclés, voire bodybuildés.
- Les physionomies *gachimuchi* et *cachidebu* sont assez proches. La première est une combinaison de muscles et de chair pulpeuse, quand la deuxième désigne les physiques musclés mais gros. Deux genres propres aux illustrations de Jiraiya.
- *Debu* pour les hommes corpulents ou obèses.

Meyra SUDAL

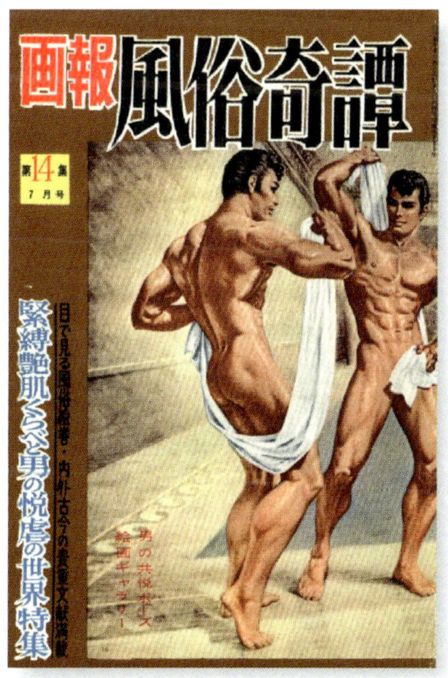

En haut : couverture du magazine *G-men*.

Au milieu : l'homo-érotisme au coeur du roman d'Ihara Saikaku.

En bas : couverture du magazine *Fuzoku Kitan*.

4 Tagame effectue depuis des années un travail de sauvegarde du patrimoine culturel de l'art gay japonais, dont les productions ont longtemps été considérées comme « jetables » lors de leur publication. Il publie trois livres intitulés *Gay Erotic Art in Japan*, sur l'historiographie de l'art gay dans l'archipel.

Page d'accueil du service Kakao Webtoon

L'INVASION *BOY'S LOVE* PAR LA VAGUE *WEBTOON* !

Difficile en tant que *lecteurice* de *boy's love* de passer à côté du *webtoon*. Ce mot incongru, très souvent associé par erreur à une application à la place d'un nouveau format d'œuvre graphique, a détrôné dans le cœur de certains lecteurs les mangas et les *manhwa*. Un succès en plein expansion pour ce format qui a su se distinguer de ses frères d'armes en papier.

Webtoon ? Mais qu'est-ce que c'est ?

Trop souvent réduit à un *manhwa* numérique, le *webtoon* est un nouveau format d'œuvre graphique qui fait la liaison entre la lecture et l'audiovisuel. Intrinsèquement liée aux avancées technologiques, toute sa conception est conditionnée aujourd'hui à son mode de lecture en *scrolling* (l'action de faire défiler verticalement un contenu sur un écran de téléphone/tablette à l'aide de son pouce). Il en résulte lors de la lecture une dynamique visuelle propre au média, qui apporte du mouvement à une œuvre graphique non animée. Celle-ci est parfois même accompagnée de bande originale et d'animations flash, rendant à ce jour difficile l'affiliation juridique du *webtoon* en France entre création littéraire et audiovisuelle.

En à peine 20 ans, ce nouveau format affirme des codes graphiques et scénaristiques qui lui sont propres. Des genres identifiables au *webtoon* se sont définis, engendrant pour chacun d'eux une identité visuelle commune, particulièrement dans le *chara-design* et l'utilisation à outrance d'*asset* 3D pour les décors (modèles 3D que l'on peut retrouver d'un *webtoon* à l'autre sans aucun lien entre les deux histoires). Si les genres sont fortement inspirés des productions asiatiques, tant dans les mangas que les *dramas*, les *anime* ou encore les jeux vidéo, la plus grande révolution réside dans le format même de composition.

Les limites imposées par les formats B4 et B5 [1] ont volé en éclats avec le *webtoon*. Pour cette œuvre graphique à vocation numérique, seule la largeur est fixe et dépendante de l'éditeur ainsi que de l'évolution technologique des Smartphones dont la taille des écrans est standardisée [2]. Le *webtooniste* n'a alors plus de limites dans sa création, hormis celles de temps et de budget.

Certains artistes exploitent totalement cette liberté, basculant leurs compositions de la verticale à l'horizontale, développant ainsi une scène à la façon d'un travelling dans un mimétisme de composition des scripts cinématographiques. Les points de vue en plongée et contre-plongée sont accentués par le *scrolling* et les transitions peuvent se développer tout en longueur sur plusieurs vignettes, voire la totalité du chapitre. Celles-ci sont plus couramment pleine largeur d'écran, toujours dans une inspiration liée au script audiovisuel et à la pellicule cinématographique.

Si, en Corée du Sud, le *webtoon* est adapté en format papier avec un tirage en peu d'exemplaires, afin surtout d'offrir aux fans d'une série des *goodies*, plusieurs éditeurs occidentaux se sont, eux, spécialisés dans la publication de *webtoon* à ce format. Cette démarche induit une transformation de l'œuvre originale vers des pages spatialement limitées, ce qui la distingue bien du schéma de prépublication des chapitres numérique de mangas. Ces planches ne nécessitent pas dans ce cas un travail supplémentaire avant impression. L'adaptation d'un *webtoon* en vue d'une publication papier impose l'intervention d'un graphiste. Son découpage, sa recomposition des vignettes en pages, son adaptation des transitions verticales et des fonds apporteront une nouvelle interprétation visuelle de l'œuvre lors de la lecture.

En 20 ans, une influence à l'échelle mondiale

Si les diffuseurs, éditeurs, créateurs, studios de production et lecteurs de *webtoon* sont aujourd'hui disséminés partout à travers le monde, le marché du *webtoon* est fortement dominé par une production asiatique. Celle-ci s'explique par son origine, puisqu'il est apparu en Corée du Sud.

À la fin des années 1990, le pays est frappé par une crise économique qui réduit fortement le pouvoir d'achat des Coréens et amène les lecteurs à privilégier les librairies de location au détriment de celles d'achat. S'ensuit un effondrement du marché du livre et la fermeture de nombreuses librairies et maisons d'édition. Cette économie du livre est encore plus mise à mal avec l'arrivée de l'internet haut débit qui permet la prolifération de sites proposant des scans illégaux de bonne qualité. Mais aussi avec la fin de la censure des médias japonais actée en 1998, qui permet la publication sur le territoire des licences de mangas à succès qui concurrencent les productions coréennes. Ces trois évènements marquent le déclin de la publication de *manhwa* et conduisent les artistes vers d'autres solutions pour continuer à s'exprimer et créer.

Le mot *webtoon* est employé pour la première fois par le moteur de recherche coréen Cheollian. Contraction des mots *web* et *cartoon*, il définit les productions faites par des *manhwaka* sur leurs blogs, qui s'apparentent à l'époque à du *comic strip* mais dont le sens de lecture se fait *via* un défilement vertical de la page web. Cette composition s'explique très simplement par le sens de lecture traditionnel du haut vers le bas de la langue coréenne.

Ce qui s'apparente au début à un passe-temps pour les artistes prend de l'ampleur avec la création en 2004 de Daum Comics World par le moteur de recherche coréen Daum. Les artistes se retrouvent sur un même site pour publier leurs histoires. La première génération de *webtoon* est lancée avec comme porte-étendard *Love Story* de Kang Full.

Ci-dessus : *The Legendary Moonlight Sculptor*, le premier *webtoon* adapté d'un *LN*.

1 Les formats standards des feuilles au Japon sont un peu plus grands que nos dimensions européennes. Le B4, qui correspond à notre A4, fait 250 par 353 mm et le B3, pour l'équivalent de notre A3, 353 par 500 mm.

2 Par exemple, aujourd'hui la largeur des fichiers est définie à 800 pixels chez Webtoon Naver.

Dear Door, un des premiers *BL* à succès de la plateforme Delitoon.

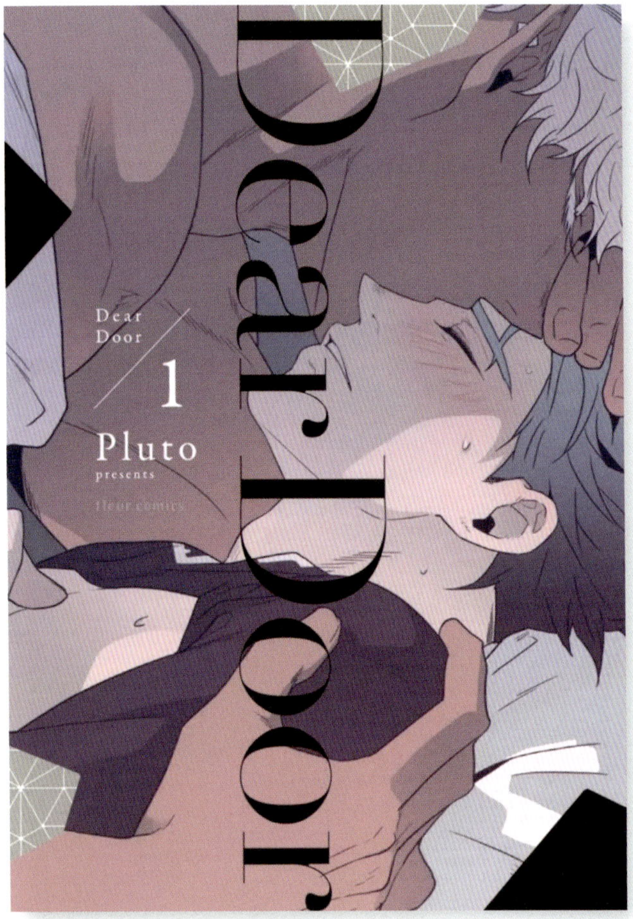

L'année suivante, Naver, le concurrent de Daum, crée son propre site : Naver Webtoon. Une professionnalisation des artistes se met en place au début des années 2010, avec des modèles économiques qui permettent la rémunération des créateurs (Naver à partir des recettes publicitaires, Daum grâce aux recettes de monétisation du contenu à l'aide d'une monnaie virtuelle : le *coins*).

La popularité du format augmente avec les premières adaptations en *K-Drama* (dont *Moss* en 2010 et *Covertness* en 2013). Les sites de diffusion se multiplient et le *webtoon* étant parfaitement adapté à une lecture sur Smartphones, les éditeurs développent les uns après les autres leurs applications.

En juin 2013, le blogueur coréen Han Hee-sung crée Lezhin Comics. En un an, la plateforme recense plus de 400 séries, ce qui lui permet de devenir en 2014 le plus grand diffuseur de *webtoon* de Corée du Sud. Acquis par Kidari ENT en 2020, Lezhin Comics s'est construit au fur et à mesure des années une réputation d'éditeur de *boy's love* à succès : *BJ Alex*, *Peach Love*, *Blood Bank*, *L'Assistant de mes rêves*, *Killing Stalking*, *Scène de nuit*, *Love Is an Illusion*... Autant de séries qui caracolent au sommet des classements de *webtoon* les plus lus de l'application.

Parmi les multiples éditeurs de *webtoon* qui voient le jour dans les années qui suivent, Bomtoon affirme plus particulièrement son affiliation au *boy's love*. Il est mis en service le 7 juillet 2015. Sa ligne éditoriale cible des femmes adultes entre autres lectrices de contenu érotique, tout en proposant des œuvres variées dans leurs genres (fantasy, thriller, sport, action...). Rapidement, Bomtoon devient le deuxième éditeur de référence de *webtoon boy's love*. On lui doit notamment *Dear. Door*, *The Black Mirror*, *Honey Trouble*, *Payback*... En 2017, Bomtoon rejoint le groupe Kidari ENT, trois ans avant que celui-ci acquière Lezhin Comics.

Toujours pendant la décennie 2010, le *webtoon* quitte les frontières de la Corée du Sud et réussit à conquérir un grand lectorat international, là où le *manhwa* papier avait échoué. Le *webtoon* s'inscrit en effet dans l'*Hallyu*, ce mouvement comparé à une vague est soutenu par le gouvernement coréen. Il a pour vocation de diffuser fortement à l'international la production culturelle du pays tel que la *K-Pop*, les *K-Drama* et le *webtoon* !

À cette occasion, Naver implante une filiale en 2014 aux États-Unis sous le nom de Webtoon, suivi par une succursale en décembre 2019 en France. D'autres éditeurs font eux le choix de traduire leurs catalogues en français (Manta, Tappytoon, Toomics, Pocket Comics...). En 2022 s'installe en France le concurrent direct de Naver Webtoon, Piccoma. Ce dernier, qui ne proposait pas de contenu explicite dans les *boy's love* qu'il sérialisait, fait même le choix de censurer certaines séries pour tout de même les intégrer dans son catalogue. Il a, depuis, fermé son service français (après deux ans d'existence).

Aujourd'hui experts dans l'exploitation maximale d'une propriété intellectuelle, les grands groupes de divertissement coréens ont fortement intégré le *webtoon* comme maillon indispensable de leur chaîne de production.

L'année 2015 marque la toute première adaptation d'un *webnovel* en *webtoon* avec *The Legendary Moonlight Sculptor*. Les groupes multimédias rachètent depuis 2021 les sites emblématiques de *webnovel*, Naver avec Wattpad, puis Kakao avec Tapas, Radish et Wuxiaworld. Moins courants dans les premiers *boy's love* qui sont souvent des créations originales, les studios de production de *webtoon* se sont emparés du sujet ces dernières années, comme pour *The Words in Your Snare* produit par Redice Studio, adapté du *webnovel* de Chepali avec Aeju (*Love Shuttle*) comme dessinatrice principale.

Les *webtoon* à succès intéressent les producteurs audiovisuels internationaux. Netflix adapte en 2019 le *K-Drama Love Alarm*, puis Crunchyroll, plateforme américaine d'*anime*, diffuse en 2020 la série animée *Tower of God*, produite par un studio d'animation japonais. Les adaptations de *boy's love* sont malheureusement encore anecdotiques face à l'ensemble des œuvres disponibles ! *Love Tractor* a, par exemple, eu droit à son adaptation en *K-Drama* et *The Dangerous Convenience Store* doit se voir adapté en *anime* par la chaîne Aniplus avec le studio d'animation Laftel à la production.

En France, le pionnier du *webtoon* est le site Delitoon, fondé par le Français Didier Borg en 2011. Il intègre pleinement le groupe sud-coréen Kidari ENT en 2020. Delitoon propose de nombreux *boy's love* à la fois *soft* comme très érotiques. Quelques années plus tard, le groupe met en ligne le site web

Bontoon qui rappelle par son identité visuelle magenta son homologue coréen Bomtoon. Son contenu à fort caractère sexuel contient tout à la fois des œuvres hétérosexuelles, des *boy's love* et, dans une moindre mesure, des *girl's love.* Bontoon faisant partie du groupe Kidari ENT, il diffuse l'ensemble des séries à succès de Lezhin et Bomtoon. Il devient rapidement le site de référence du *webtoon boy's love* des lecteurs français.

Le groupe Média-Participations lance Webtoon Factory au Festival international de la bande dessinée d'Angoulême en 2019. Cette nouvelle plateforme propose de la création originale dont *Distress* de Toth-M, ou encore *Fan Boy* de Ngoc Ha. Sans mettre fin à cette première expérience éditoriale dans le *webtoon*, Média-Participations crée en 2023 ONO, qui devient à la fois un diffuseur de séries asiatiques (*manhwa* et *manhua* [3] principalement) et françaises avec les créations originales de l'éditeur Dargaud, telles que *Queen Cendrillon* de T. Pralinus et Helsenn. Après sa première année, ONO lance sur les réseaux sociaux une grande campagne de communication autour de ses licences *BL* et ajoute en masse de nombreuses séries, notamment celles précédemment disponibles chez Verytoon. Une nouvelle chance de pouvoir découvrir, finir ou simplement relire des *boy's love* incontournables, accessibles en version adulte depuis leur site web.

Ci-dessus: *Blood Bank*, romance fantastique BDSM entre un humain dominant et un vampire en besoin de réprimandes.

Ci-dessous : *Honey Trouble*, romance *omegaverse* entre un *alpha* et son ami *beta*.

Verytoon fut l'un des acteurs qui a marqué le développement du *webtoon BL* en France. La plateforme qui appartenait au groupe Delcourt-Soleil, en ligne entre 2021 et 2023, avait des séries incontournables en exclusivité. On lui doit l'arrivée en France du célèbre *Solo Leveling*, et côté *BL* de *The Dangerous Convenience Store* et *Roses et Champagne.* À la suite de sa fermeture à l'été 2023, la maison d'édition KBooks (qui appartient au groupe Delcourt-Soleil) crée sa collection KBL. Dédiée au *boy's love*, KBL publie au format papier des *webtoon* (à ce jour exclusivement coréens) très souvent décensurés. Les deux premiers titres de la collection, *The Dangerous Convenience Store* et *Roses et Champagne*, sortent à l'occasion de l'YCon de 2023.

La pandémie de Covid-19 et les confinements qui ont eu lieu dans plusieurs pays ont fortement contribué à l'accélération de la popularisation du *webtoon*. Confinés, les lecteurs se partagent leurs recommandations et font découvrir celles-ci à un plus large lectorat que celui du *manga* et *manhwa*. La diversité des histoires et des styles graphiques justifie parfaitement l'intérêt que lui portent ces multiples lectorats d'œuvres graphiques (BD franco-belge, comics, manga).

3 Le *manhwa* est une œuvre graphique coréenne, pendant du *manga* japonais. Le *manhua* est, lui, d'origine chinoise ou taïwanaise.

Ci-dessus : *L'Épopée fantastique : Tower of God*. Un monument du webtoon.

Le *BL* en *webtoon*, ça change quoi ?

Le *webtoon* coréen est marqué par une forte production d'adaptions de *webnovel* et un travail en studio des artistes. Cependant, la création *boy's love* est dominée par des scénarios de type créations originales, avec un(e) seul(e) artiste aux commandes. Aussi variés dans leurs contenus que dans leurs expressions graphiques par rapport aux autres genres, les *webtoon boy's love* recouvrent une multitude de styles différents, qui laissent libre cours à la créativité artistique. Contrairement à l'action ou la *romantasy*, le *webtoon BL* ne s'identifie pas par son visuel, mais par son contenu.

Le *webtoon boy's love* rassemble une forte communauté de lecteurs, parfois exclusifs à ce genre. Comme pour le *manga*, une grande partie de la production cible un lectorat féminin hétérosexuel. Mais les sujets de société souvent abordés dans les romances contemporaines et *school life** apportent une dimension plus engagée aux scénarios. Si l'érotisme et la sexualité sont couramment déclinés au féminin, les histoires s'adressent cependant à un lectorat plus varié, sans distinction de genre ou d'orientation sexuelle.

Le *webtoon* a la grande particularité d'avoir remis au goût du jour les séries longues. Contrairement au marché du manga *BL* où prédomine encore la production de *one-shot*, les *webtoon* proposent principalement des séries d'au minimum 40 à 50 chapitres (l'équivalent de 3 volumes).

Si certains auteurs de *webtoon* font le choix de proposer un contenu à dominante érotique, d'autres ont ainsi la liberté de développer un scénario plus poussé avec des personnages plus complexes psychologiquement. Tout en étant consommateur d'érotisme, avec des scènes de relations sexuelles qui peuvent se développer sur plusieurs chapitres, le lecteur de *webtoon BL* a la satisfaction de lire une histoire plus aboutie que celles

Ci-dessous : Publicité, produits dérivés à succès tels les *photocards* (*PC*) et illustrations promotionnelles deviennent des *goodies* incontournables du *webtoon*.

proposées dans un *webtoon* de cinq à dix chapitres, ou encore dans les mangas *one-shot**. Un atout qui renforce encore plus le sentiment d'appartenance à une communauté de fans qui, à travers ces sérialisations qui durent souvent plus d'une année, ont la satisfaction de profiter de leurs idoles masculines plus longtemps.

Le *webtoon* est le format d'œuvre graphique où coexistent librement plusieurs aspects du *boy's love* qui, jusqu'ici, restaient plus sectarisés. Les récits aux sujets engagés s'imbriquent au sein de scénarios très érotiques. Les productions érotiques idéalisent et féminisent moins l'acte sexuel, plus en adéquation avec les attentes d'un lectorat gay.

Bien évidemment, certains *webtoon* exploitent exclusivement une seule thématique, mais il est intéressant de noter que le *webtoon* a ouvert la voie d'une production plus ouverte d'esprit, à l'inspiration internationale et se détachant des mœurs ou pressions locales. Des récits riches d'une diversité propre à un format d'œuvre graphique numérique quasi sans frontières.

Si la distinction entre *manga*, *manhwa* et *webtoon* reste mince dans l'esprit du grand lectorat, les caractéristiques de ce dernier lui ont, entre autres, permis de rassembler des lecteurs fidèles, dont certains novices des productions graphiques asiatiques.

Meyra SUDAL

Ci-dessus : l'adaptation *K-Drama* du *webtoon* qui a lancé une vague d'adaptation sur la plateforme Netflix.

L'AMOUR EST UNE ILLUSION

Un *ennemies to lovers omegaverse*, mais aussi une histoire de famille qui commence entre Hye-Sung et Dojin.

À gauche : couverture de l'adaption en papier française chez KBL.

La désillusion d'un omega *qui se croyait* alpha

Publiée en France avant l'expansion du *webtoon*, *L'amour est une illusion* est considéré par beaucoup de lecteurs de la première heure comme un *omegaverse* familial incontournable.

Manhwaga : Fargo

Traduction : Tooning

Année VO/VF : 2017/2018

Éditeur VF : Delitoon/Bontoon

Statut publication VO : 2 saisons, 43 chapitres - Histoires parallèles 73 chapitres (terminé)

Statut publication VF : 2 saisons, 43 chapitres - Histoires parallèles 73 chapitres (terminé) + 3 volumes (en cours)

Érotisme :

Contenu sensible :

Malgré les sous-entendus et réflexions de son entourage, Hye-Sung est persuadé d'être un *alpha* depuis son enfance. Mais il est contraint de se rendre à l'évidence lorsqu'il fait la rencontre de Dojin, un *alpha* dominant qui réveille en lui ses hormones d'*omega*. Bien que ni l'un ni l'autre ne s'apprécient, ils sont contraints par leurs pulsions d'*alpha* et d'*omega* à des rapprochements qu'ils auraient préféré éviter.

Avec une narration fortement humoristique, cette romance *enemies to lovers** est avant tout un récit familial du type *forced proximity**. Puisque, après quelques ébats, pas réellement consentis, Hye-Sung enceint se retrouve contraint de rester aux côtés de Dojin. Comme souvent dans les *omegaverse*, les protagonistes sont soumis à leurs désirs physiques qui s'opposent à leur volonté, entraînant des relations sexuelles qui peuvent s'apparenter pour des lecteurs non avertis à une banalisation, voire une romantisation, du viol. Mais le ton léger du récit, l'humour et le scénario axé sur l'évolution de ce couple de jeunes parents en font avant tout une lecture touchante qui s'inscrit parfaitement dans les codes des récits *omegaverse*.

Très proche dans son graphisme et son *chara-design* des *manhwa* et des mangas papier, le *webtoon* oscille entre scènes colorisées et noir et blanc. Un parti pris atypique qui distingue l'œuvre des autres séries fortement colorisées.

L'amour est une illusion, aussi connu sous son titre anglais *Love Is an Illusion* (qui est par ailleurs le titre de la version papier éditée chez KBooks), est le deuxième *webtoon* de Fargo. Le *manhwaga*, spécialisé dans les romances érotiques, développe depuis 2015 son propre univers entre *fan service* et *crossover**. L'artiste crée des passerelles entre tous ses *webtoon*, ce qui lui vaut une communauté de lecteurs fidèles. Car à l'origine des protagonistes de *L'amour est une illusion*, on retrouve le couple secondaire du *BL school life If You Hate Me So*, dont ils sont inspirés. Le couple ayant eu énormément de succès auprès des lecteurs, Fargo a souhaité leur dédier une série propre, sans lien scénaristique avec la première. Depuis ont suivi le *girl's love Love Is an Illusion! - The Queen* et tout récemment *Love Is an Illusion! - Superstar* dont le protagoniste principal n'est autre que l'enfant de Hye-Sung et Dojin.

Meyra SUDAL

ON OR OFF

« Il va vraiment me poser problème... »

Le style graphique inimitable de *On or Off* a marqué les lecteurs.

Sous ses épais sourcils noirs et derrière son regard glacial, le président Kang ne mélange jamais travail et vie privée, mais il va succomber au charme juvénile d'Ahn Yiyoung. Ensemble, ils vont découvrir les plaisirs charnels d'une relation entre hommes.

Représentant la start-up qu'il a cocréée avec ses amis de faculté, Ahn Yiyoung participe à l'appel d'offre de l'entreprise SJ Corporation, l'une des plus grandes sociétés du pays. Mais alors qu'il commence sa présentation, le président Kang Dae Hyeong entre dans la pièce. Sous le charme, Yiyoung enchaîne les bourdes et voit cette opportunité en or lui passer sous le nez. Il ne lui reste plus qu'une solution : convaincre Kang de lui laisser une seconde chance... Mais ce dernier va suggérer à Ahn une contrepartie à laquelle il ne s'attendait pas !

Dans la lignée des romances contemporaines *love office**, le couple Kang et Ahn s'oppose sur plusieurs thématiques à succès du genre : *age gap**, *grumpy and sunshine**, patron et subalterne (même si, en l'occurrence, Ahn n'est pas un employé de l'entreprise, ils ont tout de même un rapport hiérarchique dans leur relation professionnelle). Les quiproquos émotionnels s'enchaînent entre le jeune adulte inexpérimenté et cet homme mature tout en maîtrise de lui-même.

Avec naïveté, Ahn découvre tout à la fois la vie active, une première relation amoureuse mais aussi un épanouissement de sa sexualité. Face à lui, le presque quadragénaire fait figure de mentor bienveillant, même si leur première nuit ensemble laisse un goût amer aux deux protagonistes.

A1 commence sa carrière en 2015 par des *dôjinshi boy's love*, avant d'être publiée au Japon dans les pages du magazine *Daria*, sous son patronyme Mahiro Kirino. Avec *On or Off*, A1 expérimente pour son premier *webtoon* un style graphique qui fait référence au mouvement pop art américain. Et particulièrement au travail de l'artiste Roy Lichtenstein avec l'ajout de points de trame (une référence aux impressions des premiers *comic books*). Le *chara-design* jongle entre un style esquissé et des contours aux traits épais, le tout dans une colorimétrie à faible saturation. Un style visuel très graphique, identifiable immédiatement.

L'adaptation *Audio-Drama* de la saison 2 est abandonnée en raison d'un changement d'éditeur. Mais la bande originale *A Beautiful Day* composée par Newtype en 2021 est toujours disponible sur YouTube. Un an après la fin de sa sérialisation, une suite est publiée sous le titre *Work Love Balance*. En cours en Corée du Sud, le *webtoon* est disponible en France chez l'éditeur Bontoon.

Meyra SUDAL

Manhwaga : A1

Traduction : Johanna Clausse

Année VO/VF : 2019/2019

Éditeur VF : Delitoon/Bontoon (plus disponible)

Statut publication VO : 91 chapitres (terminé) + 4 tomes (terminé)

Statut publication VF : 91 chapitres (terminé)

Érotisme :

Contenu sensible :

Ci-dessous et à gauche : couvertures françaises de l'adaptation en papier des tomes 1 et 2

APRÈS L'HIVER, LES FLEURS DE CERISIERS

Quand deux amis doivent réapprendre à se parler, les fleurs de cerisiers fleurissent à nouveau

Après l'hiver, les fleurs de cerisiers **est un titre qui réchauffe le cœur et qui va montrer l'épanouissement progressif dans une relation. Le** ***webtoon*** **a été publié sur Delitoon en 2019. Un titre empreint de bienveillance et d'accord mutuel, où les personnages vont se retrouver après une longue période de malentendus.**

Manhwaka : Bamwoo

Traduction : Gwénaëlle Pompilio & Mathieu Berbiguier

Année VO/VF : 2017/2019

Éditeurs VF : Delitoon/Kbooks

Statut publication VO : 146 chapitres (terminé)

Statut publication VF : 146 chapitres (terminé) + 2 tomes (en cours)

Érotisme :

Contenu sensible :

Seo Hae Bom a perdu ses parents et il est recueilli par la meilleure amie de sa mère, Ha Eun Seon, à l'âge de sept ans. Elle a un fils du même âge, Jo Tae Seong, qui annonce qu'il refuse d'être le frère de Seo Hae Bom. Cela va créer de la distance dans leur amitié d'année en année.

Les voici désormais en terminale et Seo Hae Bom fait tout pour ne pas montrer le harcèlement dont il est victime. Cependant, il va se retrouver dans la même classe que Jo Tae Seong. Comment va-t-il s'en sortir ?

Malgré la douceur et l'intelligence du titre, nous nous demandons comment pendant tant d'années, les deux garçons ont pu vivre comme des inconnus sous le même toit à cause d'une phrase que Tae Seong a pu dire plus petit. De ce fait, Hae Bom a toujours fait en sorte de se montrer discret et de ne pas trop en demander à cette famille l'ayant recueilli.

Hae Bom est un personnage foncièrement gentil et c'est ce qui va lui porter préjudice car il va subir du harcèlement pendant des années sans en parler et le même schéma va se reproduire lors de sa dernière année. Tae Seong va alors intervenir.

Au début, Tae Seong paraît froid et distant, mais au fond, c'est un bon garçon qui ne supporte pas le harcèlement de Hae Bom. Son comportement va surprendre ses amis car ils n'ont pas l'habitude de le voir réagir à cela. Serait-ce un signe de l'intérêt qu'il porte à Hae Bom depuis le départ ? Tae Seong a toujours considéré Hae Bom de façon amoureuse et c'est pour cela qu'il a dit qu'il ne voulait pas être son frère. À partir du moment où cela est explicité, nous comprenons l'évolution de Tae Seong, son rapprochement, et Hae Bom va lui-même oser se défendre. Les deux se tirent mutuellement vers le haut et les moments qu'ils passent ensemble sont très beaux à suivre.

Le graphisme du *manhwa* est agréable pour les yeux. Celui-ci met d'ailleurs parfaitement en valeur la plastique de Tae Seong.Le début du récit est *soft* mais des moments plus charnels font leurs apparitions dans la saison 3, nettement plus érotique !

Une adaptation coréenne en *drama* est sortie en 2022, comportant 8 épisodes de 25 minutes et disponible sur Viki.

Si vous recherchez un titre avec une belle psychologie des personnages ainsi qu'une superbe évolution, foncez pour ce merveilleux *manhwa* qui est disponible sur le site ONO.

Priscilla RECULARD

MENTEURS ! LES VAMPIRES N'EXISTENT PAS !

Une coloc qui a du mordant !

Parmi les thèmes fantastiques, le mythe vampirique reste l'un des plus repris dans le *webtoon*. Il est librement interprété dans cette comédie romantique. *Menteurs ! Les vampires n'existent pas !* s'adresse à un lectorat large tout en proposant un contenu légèrement sexy.

Dans cette colocation pas comme les autres, Juwon, Eunho, Seonjae et Gyumin sont dépités. Obligés de se nourrir de poches de sang, ces étudiants vampires ont fait fuir tous les colocataires humains qui se sont présentés et ils doutent à présent de trouver la perle rare. C'est alors que sonne à leur porte Dongha. Naïf, ayant toujours vécu reclus avec son père jusqu'au décès de celui-ci, et possédant un physique de rêve, Dongha est le candidat idéal ! Sauf qu'il n'a pas assez d'embonpoint pour servir de casse-croûte à nos vampires. Eunho, Seonjae et Gyumin décident d'engraisser leur nouveau coloc pendant que Juwon observe d'un œil amusé Dongha devenir la nouvelle coqueluche de la maison.

L'histoire débute à la façon d'un *harem inversé** pour évoluer au fil de l'intrigue vers un triangle amoureux. La romance fantastique exploite le mythe vampirique comme représentation des tensions sexuelles entre les personnages. Objet du désir physique de ses colocataires, Dongha entretient par sa naïveté les espoirs et fantasmes à son égard des différents protagonistes. Tout en suggestions et sans scènes explicites, la tension entre les personnages est palpable, retranscrite dans une lecture grand public qui satisfait aussi un lectorat en demande de romance plus sexy.

Sérialisé sur Delitoon l'année même de sa publication en Corée, le *webtoon* change d'éditeur pour rejoindre le catalogue ONO début 2024. La colorimétrie possède une dominante rose à rouge qui s'accorde au thème vampirique de l'histoire. La composition met l'accent sur les personnages, le peu de décors étant des modèles 3D et des fonds en dégradés. Le *chara-design* est paradoxal entre une représentation squelettique des clavicules et des mains en opposition à des torses extrêmement musclés lors des scènes où les protagonistes sont torse nu.

Produit au sein du studio Storyscoop, le scénario est confié à Ki Moong et le dessin à Racking. Toutes deux ont commencé leur carrière dans le *webtoon* avec *Menteurs ! Les vampires n'existent pas !* et ont contribué depuis à la création d'autres séries de divers genres, pas exclusivement des *boy's love*.

Meyra SUDAL

Trop mignon pour être croqué ? Une *romcom* fantastique dans une colocation pas comme les autres. Illustration promotionnelle des plateformes ONO et Delitoon.

Manhwaka : Ki Moong (scénario), Racking (dessin)

Traduction : Marion Senez

Année VO/VF : 2019/2019

Éditeur VF : Delitoon, ONO

Statut publication VO : 62 chapitres et 18 épilogues (terminé)

Statut publication VF : 62 chapitres et 18 épilogues (terminé)

Érotisme :

Contenu sensible :

BJ ALEX

Es-tu prêt à faire tomber le masque de ton streamer préféré ?

De façon improbable, *BJ. Alex* a conquis durablement un large lectorat international, alors qu'il fut sérialisé en plein mouvement #metoo avec un scénario qui romantise la relation malsaine du couple principal. Un succès non volé, dû en grande partie à un style graphique atypique et à une maîtrise de la narration addictive dès le premier chapitre.

Un *stream spicy* de l'homme masqué.

Manhwaga : Mingwa

Traductrice : Romane Kim

Année VO/VF : 2017/2020

Éditeur VF : Bontoon

Statut publication VO : 2 saisons - 83 chapitres – bonus (terminée)

Statut publication VF : 2 saisons - 83 chapitres – bonus (terminée)

Érotisme :

Contenu sensible :

Étudiant introverti sans aucune expérience sexuelle, Nam Dong-Gyun est un fan du *streamer* pornographique BJ Alex. Il ne loupe jamais ses *live* sexy où, derrière un masque, Alex partage ses anecdotes de coups d'un soir et finit son show en se masturbant. Afin d'attirer l'attention de ce dernier, Dong-Gyun lui envoie régulièrement des contreparties financières. Il fantasme sur cet homme qu'il ne connaît pas et idéalise les petites attentions que ce dernier peut avoir pour lui, imaginant une relation privilégiée. Après une soirée organisée par son université, Dong-Gyun est raccompagné ivre chez lui par le président du conseil des élèves, le séduisant Ahn Jiwon, sur lequel il vomit malencontreusement. Alors que Jiwon se change, Dong-Gyun remarque une cicatrice similaire à celle de BJ Alex. Mais en découvrant sa véritable identité, Dong-Gyun ne risque-t-il pas de briser l'image idéale qu'il s'est faite du *streamer* BJ Alex ?

Dans cette romance contemporaine, les deux étudiants entretiennent une relation où le rapport de force prédomine. Dong-Gyun refuse de briser l'image fantasmée qu'il s'est construite de son idole. Quitte à accepter l'inacceptable. Soumis à son propre fantasme, influencé par la prestance et le charisme du *streamer*, Dong-Gyun se laisse entraîner dans une relation toxique afin de vivre une histoire d'amour qui n'en est pas une… jusqu'à ce qu'il s'y brûle les ailes. Il incarne ces fans qui projettent sur leurs idoles une personne qui n'existe pas, tout en rejetant l'idée qu'il puisse y avoir une différence entre la personnalité publique (transmise à travers les réseaux sociaux) et l'individu réel dans son quotidien.

Complexe, le personnage de Jiwon est brillamment construit psychologiquement, au point qu'il en est difficile de le détester pleinement. Dominateur, il exploite l'attirance de Dong-Gyun pour assouvir ses pulsions sans assumer les contraintes d'une vraie relation. Mais la naïveté touchante de ce dernier finit par briser la distance que Jiwon s'impose vis-à-vis des autres.

Le couple Jiwon/Dong-Gyun se construit et trouve son équilibre dans une relation domination/soumission sans tomber dans l'extrême du BDSM. Cette pratique est cependant magnifiquement mise en valeur à travers le couple secondaire. De manière saine et respectueuse, les amis respectifs de Jiwon et Dong-Gyun vivent pleinement leur passion pour les jeux sexuels extrêmes. Une représentation peu commune dans le *webtoon boy's love* où, trop souvent, les couples BDSM sont malaisants. Ici, la pratique se fait toujours dans le consentement de l'autre et contribue à la construction d'une belle romance.

C'est dans le cadre de son projet de fin d'études que Mingwa dessine son premier *webtoon*. L'artiste qui voulait faire carrière dans l'industrie du jeu vidéo est alors contactée par l'éditeur numérique Lezhin. Si sa première série *Secret Star* ne fait pas date, c'est avec *BJ Alex* que Mingwa révèle son talent scénaristique dans le *boy's love hardcore*.

L'univers graphique se démarque immédiatement de celui des autres *webtoon* disponibles sur la plateforme. Avec sa colorimétrie en aplats toute en nuances de noir et blanc, sa variation de gris sans dégradés soulignée par l'ajout ponctuel de notes de couleur vives, le rendu est atypique. Le trait net et fin du dessin détaille avec soin aussi bien les personnages que les décors. Les émotions sont très bien retranscrites à travers des visages expressifs, encore plus visibles de par l'absence de couleur. Le *chara-design* aussi s'éloigne des productions coréennes, plus occidentalisé et proche des productions des comics anglo-saxons.

Classé dans le top 5 tout au long de sa sérialisation et régulièrement numéro 1 des *webtoon* les plus lus de la plateforme Lezhin, *BJ Alex* rencontre un succès international dans tous les pays où il est traduit et entraîne dans son sillage le nouveau *webtoon* de Mingwa, *Jinx*, toujours en cours de sérialisation. Plus violente tant physiquement que psychologiquement, cette dernière explore encore plus les liens de soumission et de domination au sein d'un couple à la relation malsaine et ambiguë.

Non disponible dans son pays d'origine, *BJ Alex* est cependant publié au format papier dans plusieurs pays européens sans pour autant l'être en France. Il fait par ailleurs partie des titres les plus attendus des lecteurs français de *webtoon boy's love*.

Meyra SUDAL

Page de gauche : couverture du tome 1.

Ci-dessous, à droite : un *webtoon* à contre-courant graphiquement qui a séduit immédiatement ses *lecteurices*. À gauche, couverture du tome 5 de l'édition espagnole.

LA DIFFICULTÉ D'AIMER

Un *webtoon* à la tonalité ocre et pastel tout en douceur, à l'image de son intrigue amoureuse.

De la curiosité à l'amour, il n'y a qu'un pas

***La Difficulté d'aimer* est une belle ode à la jeunesse. Une histoire sensible, qui décrit tout en douceur les émois et les doutes d'une première histoire d'amour.**

Manhwaka : Nodeok

Traduction : Amna Dirar

Année VO/VF : 2017/2020

Éditeur VF : Delitoon

Statut publication VO : 2 saisons de 85 chapitres (terminé)

Statut publication VF : 2 saisons de 85 chapitres (terminé)

Érotisme :

Contenu sensible :

Jeong Yo-Han est agacé. Il s'est aperçu que Park Mu-Kyeong, élève d'un an son aîné au lycée, est amoureux d'un de leurs camarades. Bien qu'ils ne se connaissent pas, Yo-Han en vient à se mêler de cette affaire qui lui rappelle son grand frère. Il avait souffert durant des années d'un amour à sens unique pour un hétéro. Imaginer que Mu-Kyeong emprunte la même voie que lui le contrarie fortement… Même si, en y réfléchissant, Yo-Han ne s'explique pas cette obsession pour les histoires de cœur de Mu-Kyeong.

Cette romance *school life** retranscrit avec beaucoup de sensibilité les interrogations que peuvent avoir des adolescent-es en pleine construction de leur identité sexuelle. Comment distinguer l'amour de l'amitié ? Doit-on toujours avouer ses sentiments, apprendre à contrôler ses désirs physiques ? Autant de sujets abordés avec bienveillance et justesse à travers la relation des deux lycéens qui s'entendent comme chien et chat. L'histoire se développe le temps de la dernière année au lycée de Mu-Kyeong, en hommage à cette année de transition vers la vie adulte.

Le style graphique minimaliste met en évidence les émotions ressenties par les personnages ainsi que leur forte expressivité faciale. La composition aérée donne une grande importance au fond blanc avec des vignettes rectangulaires très espacées, ou en représentant les personnages seulement sur ce fond dénué de contexte et de transitions. Le trait du *chara-design* est fin, la colorimétrie à dominante ocre est réalisée par des aplats de couleurs chaudes. Il en résulte une douceur qui évite au *webtoon* de sombrer dans le dramatique même durant les scènes fortes en émotions où doutes et angoisses submergent les protagonistes.

La Difficulté d'aimer est le premier *webtoon* de Nodeok, de son vrai nom Park Nodeok. Une création originale rapidement suivie une fois terminée par son *crossover** *Une forme de compassion* qui met en scène la relation torturée entre Yu-Ri, le camarade de classe de Yo-Han, et leur professeur principal Lee Seon-Woo. Si cette seconde œuvre, plus sombre, propose un contenu réservé à un lectorat adulte, elle est aussi l'occasion de découvrir en pointillé l'évolution du couple formé par Yo-Han et Mu-Kyeong une fois étudiants et en concubinage.

En 2025, *La Difficulté d'aimer* continue de séduire les lecteurs et de faire parler d'elle avec la publication prochaine d'une histoire annexe et d'une adaptation par Audio Comics en *CD-Drama*.

Meyra SUDAL

KILLING STALKING

Une histoire dérangeante entre un stalker et un tueur

Killing Stalking **est un titre qui a fait débat. Est-ce un *boy's love* ou non ? Koogi a su semer le doute dans cette histoire sordide et psychologique. Ce thriller n'est pas à mettre entre toutes les mains car, quand la folie et le désir se mêlent à la perfection, ce récit marque durablement.**

Yoo Bum est un homme frêle et peu courageux mais qui est amoureux de Sangwoo depuis des années. Après qu'ils ont effectué leur service militaire ensemble et Yoo Bum n'ayant pas réussi à l'oublier, il s'infiltre chez lui, continuant dans sa folie de le *stalker* (« surveiller et suivre quelqu'un de façon obsessionnelle »). Il aurait mieux fait de ne pas le faire car il va découvrir le secret de Sangwoo et cela signera le début d'une descente aux enfers.

Le point fort de ce *manhwa* est la psychologie des personnages. En effet, Yoo Bum souffre d'un profond attachement envers son bourreau, Sangwoo. Il se fait séquestrer, violenter par Sangwoo mais même avec la possibilité de s'enfuir par la porte ouverte, il ne saisirait pas l'occasion car il est amoureux de lui.

Sangwoo est un fou et il sait en jouer. En dehors de sa maison, il joue parfaitement le bel homme sous tout rapport et cela plaît aux femmes.

La question du *boy's love* se pose dans cette histoire. Sangwoo aime les femmes et fait preuve d'une aversion pour les relations homosexuelles mais pour autant, en étant un bourreau, il couche avec Yoo Bum.

En réalité, les deux personnages n'ont connu que la violence dans leur vie. Cela semble donc pertinent qu'ils s'accordent dans cette folie.

L'atmosphère est malsaine et à vrai dire, il faut le lire pour avoir son propre avis.

Concernant les sentiments amoureux, Yoo Bum en a pour Sangwoo alors que celui-ci va en avoir au fil des tomes mais cela ressemble à un amour maternel. Sangwoo est en recherche de cet amour qu'il n'a jamais eu.

Les dessins sont un gros point fort du titre. Il y a un jeu de flou qui attire le regard, des jeux de perception qui donnent l'impression de tomber en même temps que les protagonistes.

Un excellent thriller fascinant qui donne une autre perspective sur le *boy's love*. L'histoire est maîtrisée du début à la fin et les lecteurs vont de surprise en surprise. Le titre est disponible en version papier chez Taifu Comics en huit tomes et est encore en cours (il se terminera avec le neuvième).

Priscilla RECULARD

Un thriller qui a du mal à se définir comme un *BL*. Le coffret regroupe tous les chapitres parus lors de la première saison en ligne.

Ci-dessous : couverture française du tome 3.

Manhwaka : Koogi

Traduction : Orane Steri

Année VO/VF : 2016/2021

Éditeurs VF : Delitoon/Taifu Comics

Statut publication VO : 67 chapitres (terminé)

Statut publication VF : 67 chapitres (terminé) + 9 tomes (en cours)

Érotisme :

Contenu sensible :

LOVE SHUTTLE

Il a réveillé l'omega qui sommeillait en moi

Si l'*omegaverse* est un genre qui peut freiner les lecteurs avec des personnages qui, dominés par leurs hormones, ne tiennent pas toujours compte du consentement de chacun, *Love Shuttle* réconcilie les réfractaires avec sa belle romance.

Couverture française du tome 1

Manhwaka : Aeju

Traduction : non créditée

Année VO/VF : 2019/2021

Éditeurs VF : Bontoon/Nao Publishing

Statut publication VO : 3 saisons de 84 chapitres + épilogue 14 chapitres (terminé)

Statut publication VF : 3 saisons de 84 chapitres + épilogue 14 chapitres (terminé)

Èrotisme :

Contenu sensible :

Doyun est habitué à ce qu'on le traite comme un *alpha**. Son caractère, son physique, son absence de phéromones et de chaleurs... tout en lui l'oppose à son genre d'*omega**. Alors quand ses chaleurs se déclenchent subitement, son collègue de travail, l'*alpha* Jung Taehan de deux ans son cadet, est pris au dépourvu. D'autant plus que Doyun ne sait pas comment gérer ces émotions qu'il découvre pour la première fois.

Cette romance *omegaverse** passe rapidement d'un *enemies to lovers** à un *forced proximity**. La rivalité entre Doyun et Jung Taehan laisse place à l'attirance que leurs caractéristiques respectives d'*omega* et d'*alpha* leur font ressentir l'un pour l'autre. S'ensuit un rapprochement forcé, mais consenti, où Jung Taehan accompagne Doyun dans la découverte de sa nouvelle vie d'*omega*. L'histoire se décline en trois saisons, qui mettent chacune en avant une étape dans l'évolution du couple. Le *webtoon* se démarque des autres *omegaverse* par son protagoniste *omega* aux caractéristiques physiques et psychologiques d'un *alpha*. Mais aussi par sa romance bienveillante et la construction saine d'un couple dans un genre fantastique souvent dominé par des récits qui mettent à l'honneur des rapports de force.

Le *chara-design* aux traits fins s'accompagne d'un travail très expressif des regards aux yeux en amande fortement cernés.

L'effet esquissé des scènes apporte une touche personnelle au rendu numérique qui contribue fortement au succès du titre.

De son vrai nom Leem Yae Ju, Aeju commence sa carrière en collaborant avec sa grande sœur sur des *dôjinshi** dédiés au *boy's love*. Remarquée lors de conventions, elle publie son premier *manhwa A Book of Dreams* en 2003 (20 volumes aux éditions Haksan). Si Aeju s'est éloignée du *BL* avec ses premières publications, c'est grâce à son premier *webtoon Food Chain* (2014) qu'elle s'y consacre à nouveau pleinement. Produit au sein du studio Kidari, *Love Shuttle* est le premier *webtoon* qu'Aeju considère comme pleinement abouti. Elle travaille actuellement avec Redice Studio sur le *BL* postapocalyptique *The Rotten*, en cours de publication chez Tappytoon.

La maison d'édition Nao Studio Publishing lance sa collection *BL Addict* avec la toute première adaptation papier de *Love Shuttle*. Agrémentée d'une illustration exclusive pour la couverture et décensuré par Aeju, le *webtoon* est proposé dans une version collector accompagnée de *goodies**.

Meyra SUDAL

SCÈNE DE NUIT

À chaque coup de pinceau, je le désire encore plus

Cette fresque dramatique historique est le tableau d'une relation torturée qui a séduit largement les lecteurs occidentaux. Une œuvre tout à la fois choquante et envoûtante, portée par un protagoniste au charisme qui transperce l'écran !

Le seigneur Yoon Seung-Ho a la mauvaise réputation de passer la nuit avec des hommes. Usant de son statut de noble, il recherche désespérément le peintre à l'origine des estampes érotiques de relations entre hommes. Et bien qu'il ait signé son travail sous un pseudonyme, le jeune Baek Na-Kyum finit par être retrouvé ivre dans une taverne. Déchiré entre son homosexualité qu'il refuse d'assumer et son talent inné pour la peinture érotique, Na-Kyum décide de renoncer à la peinture pour fuir toute tentation… Mais c'est oublier Seung-Ho qui n'autorise personne à lui refuser quoi que ce soit et désire plus que tout que Na-Kyum le peigne pendant ses ébats sexuels.

Si la *manhwaga* ne donne pas de précisions quant à la période historique où se situe le récit, on peut estimer que celui-ci a lieu au XIXe siècle, à la fin de la dynastie Joseon en Corée, à une époque de popularisation des chansons paillardes homosexuelles. Avec ce contexte féodal, la relation entre les protagonistes est marquée par une hiérarchie sociale qui ne permet pas à Na-Kyum d'exprimer son libre arbitre, et encore moins d'opposer un refus. De fait, l'histoire présente de nombreuses scènes de relations non consenties qui peuvent heurter la sensibilité des lecteurs. Si l'histoire a par ailleurs été critiquée pour sa romantisation du syndrome de Stockholm, il faut cependant remettre en perspective son contexte historique.

L'univers graphique s'identifie à la thématique picturale du scénario avec un trait épais imitant celui des pinceaux. La colorimétrie sombre, qui s'accorde à l'ambiance dramatique du récit, est réhaussée d'une tonalité rose prédominante qui rappelle la nudité des corps, magnifiquement mis en valeur par un travail d'ombrage soigné.

Première œuvre de Byeonduck, *Scènes de nuit* est un succès immédiat de la plateforme Lezhin, récompensé par le Grand Prix des Lezhin Awards en 2023. Sur YouTube, les vidéos de bandes-annonces cumulent plus de 10 millions (saison 2) et 45 millions (saison 3) de vues, pour ce *boy's love* traduit en sept langues et dont la notoriété n'a pas décru malgré les nombreuses pauses en raison des problèmes de santé de la *manhwaga*.

La société Bambada Yahae produit en 2023 un *CD-Drama* disponible *online* avec Lee Gyu-chang dans le rôle de Yoon Seung-Ho et Kim Min-ju dans celui de Na-Kyum.

Meyra SUDAL

En bas : couverture du tome 1 de l'édition japonaise

Ci-dessous : jaquette du *CD-Drama*

Manhwaga : Byeonduck

Traduction : Tooning

Année VO/VF : 2019/2019

Éditeur VF : Bontoon

Statut publication VO : 4 saisons, 131 chapitres (terminé) + histoires parallèles (en cours) + 5 tomes (en cours)

Statut publication VF : 4 saisons, 131 chapitres (terminé)

Érotisme :

Contenu sensible :

PAYBACK

Quel sera le prix de sa vengeance ?

Aucun remboursement ne sera accepté pour cette transaction dont les tenants et les aboutissants tiennent le lecteur en haleine. Un *webtoon* cinq étoiles qui combine merveilleusement intrigue addictive et tension érotique.

Manhwaka : Fujoking

Traduction : Voithru (Bontoon) & Amélie Brissaud-Choi (Bontoon & Nao Studio Publishing)

Année VO/VF : 2021/2021

Éditeurs VF : Bontoon/Nao Publishing

Statut publication VO : 3 saisons, 95 chapitres (terminé) + chapitres bonus (à paraître) + 5 tomes (en cours)

Statut publication VF : 3 saisons, 95 chapitres (terminé) + 1 tome (en cours)

Érotisme :

Contenu sensible :

En pleine livraison dans l'entreprise de divertissement Dream Entertainment, Lee Yu-Han croise l'acteur en vogue Song Yu-Han. Ce dernier n'est autre que son ancien colocataire Song Myeong-Sin qui, en plus de lui avoir volé son patronyme comme nom de scène, l'a arnaqué cinq ans plus tôt. Si Lee Yu-Han pense avoir tourné la page, son sang ne fait qu'un tour lorsqu'il l'entend se vanter d'être à l'origine de ses malheurs. Yu-Han se remémore le jour où sa vie a basculé lorsque son petit frère fut poignardé sous ses yeux et que sa mère malade fut diagnostiquée en mort cérébrale. Le même jour où Myeong-Sin s'enfuit avec l'argent que Yu-Han collectait pour son employeur prêteur sur gages. Durant cinq ans, il a dû travailler sans relâche pour rembourser ses dettes, convaincu qu'il subissait un châtiment divin pour ses mauvaises actions. Découvrir que la mort de son frère est liée à Myeong-Sin éveille en Yu-Han une soif de vengeance pour laquelle il est prêt à tout, même intégrer Dream Entertainment pour le détruire. Et il se trouve justement que la désinvolture et le caractère rebelle de Yu-Han ont tapé dans l'œil du directeur Yoon.

Payback détourne brillamment la romance *love office** dans le monde du divertissement coréen pour mettre en exergue toutes les déviances d'un milieu où la loi du plus fort domine. Loin des strass et des paillettes, le récit pointe du doigt les aspects les plus sombres d'une industrie aux enjeux économiques démesurés. Les personnages sont confrontés à des dirigeants qui les utilisent sans vergogne dans une lutte de pouvoir entre actionnaires. Toute l'intrigue s'articule autour du sponsoring des idoles. Une pratique réelle qui s'apparente à de la prostitution déguisée, décrite de façon choquante comme étant ici une norme.

Mais l'histoire de *Payback* est bien plus qu'une romance entre deux hommes qui cherchent à avoir l'ascendant l'un sur l'autre. La quête de vengeance de Yu-Han s'associe à un parcours initiatique vers le deuil de sa famille et la rédemption pour ses actions passées. Le personnage de Yoon fait alors figure d'obstacle infranchissable. Tout dans le contrôle de ses émotions, Yu-Han est contraint par la force d'un Yoon dominateur de lâcher prise. Non romantisé, l'acte sexuel est d'abord décrit comme une transaction. Peu nombreuses, les scènes explicites ont une teneur érotique croissante avec l'avancée de l'intrigue amoureuse, mais aussi l'évolution psychologique du personnage de Yu-Han. Abstinent depuis le décès de son frère, il perçoit le sexe comme un moyen de purger la souffrance qu'il ressent à travers un acte violent. Il retrouve la joie de vivre en même temps qu'un équilibre de sa libido et de ses pratiques sexuelles.

Porté par un fil rouge de quiproquo entre les deux protagonistes sur leurs identités respectives, ainsi que par de nombreuses scènes de comique de situation, *Payback* met en avant avec beaucoup de légèreté des sujets éprouvants. La narration réhaussée d'humour tout au long de l'intrigue permet au *webtoon* de ne pas sombrer dans le récit dramatique.

Page de gauche : couverture du tome 1.

Ci-contre : illustration du *light novel* à l'origine du *webtoon*.

Ci-dessus, à droite : couverture du tome 2.

Ci-dessus, à gauche : une romance sur base de quiproquos et *enemies to lovers*.

Produit par Kidari Studio, le *webtoon Payback* est la rencontre de deux grandes autrices de *boy's love*. Samk est une *web-novelliste* à succès. Cinq de ses œuvres ont fait l'objet d'une adaptation en *webtoon*, dont *Décembre* (Bontoon) et *Regas* (Tappytoon), traduits en français.

Fujoking commence sa carrière en 2015 avec le webtoon *Peach Love*, une comédie romantique *school life** tout public, où elle dévoile son style graphique. Le *chara-design* s'inscrit dans les codes graphiques actuels tout en ayant une touche personnelle identifiable au premier coup d'œil. Les lignes esquissées s'accompagnent lors des gros plans d'un travail crayonné par hachures des ombres, qui s'oppose à la colorisation numérique. Les rendus sont variés en fonction des scènes, tout à la fois lisses et texturés. L'année suivante, Fujoking publie un *webtoon* tout en noir et blanc et travail de trames, *Yuu Jin*, qui s'apparente aux publications des *manhwa* traditionnels. Cette courte série, ainsi que sa participation à l'œuvre collective *Seven Days of Lust: Omegaverse Anthology*, sont les deux seuls *webtoon* non disponibles en France de Fujoking. Dernière série en date de l'artiste, *Payback* est le premier *webtoon* de Fujoking dont le scénario n'est pas d'elle.

En décembre 2024, les éditeurs français numérique et papier de *Payback* annoncent la venue de Fujoking en France. Une information fortement republiée sur les réseaux sociaux, jusque dans les pays limitrophes, puisqu'il s'agit de la toute première venue d'une *webtooniste** *boy's love* dans notre pays. L'évènement est organisé pour promouvoir à la fois l'ouverture du J.Meeshop EU (boutique de merchandising de l'éditeur Lezhin) à Paris et la sortie du volume 1 de *Payback* chez Nao Studio Publishing. C'est par ailleurs l'occasion pour la maison d'édition d'annoncer sa nouvelle collection dédiée au *light novel MM**, dont le premier titre ne sera autre que *Payback* de Samk.

Meyra SUDAL

SECONDO PIATTO

La romance aux multiples goûts épicés

Entre romance érotique et enquête policière, *Seconto Piatto* fait partie de ces *webtoon* très aboutis, autant dans leur scénario que dans leur rendu graphique, et qui se dévorent d'une traite tellement ils sont captivants.

Manhwaka : Mango Bear (scenario), Yeopdongnemasjip (dessin)

Traduction : Céline Yong

Année VO/VF : 2020/2021

Éditeur VF : Delitoon/Bontoon/ONO

Statut publication VO : 85 chapitres + 6 bonus (terminé)

Statut publication VF : 85 chapitres + 6 bonus (terminé)

Érotisme :

Contenu sensible :

Inspecteur de police à la carrure impressionnante, Hyunook s'apprête à passer une bonne soirée avec son ex-copine, mais tombe des nues à l'annonce de son mariage avec Minseok, un ami de fac à lui. Très attaché à elle et convaincu qu'ils finiraient leurs jours ensemble, Hyunook est blessé mais accepte de devenir son témoin. Il fait alors la rencontre de Wonyoung, à la fois ami d'enfance et témoin du marié. Fin gourmet, Hyunook apprécie la cuisine et la rencontre de ce chef d'un restaurant italien jusqu'à ce qu'il découvre que ce dernier est gay et terriblement amoureux de Minseok ! Hyunook se met alors en tête de le surveiller… parfois même d'un peu trop près !

Mis en ligne, lors de sa première publication française, avec le sous-titre racoleur *« il n'y a pas que les raviolis qui vont être fourrés »*, le scénario se révèle être une intrigue complexe qui enchaîne souvent plusieurs chapitres sans aucun contenu érotique. Car *Secondo Piatto* est avant tout un habile mélange de romance contemporaine et de polar. Harcelé par la pègre, Wonyoung va trouver en la personne de Hyunook à la fois un amant et un soutien indéfectible pour affronter de multiples épreuves. L'histoire aborde des sujets pouvant heurter le lecteur comme la violence physique et la dépendance à l'alcool. Cette ambiance pesante et sombre trouve un écho dans la relation que tissent les deux protagonistes.

La rencontre entre Hyunook et Wonyoung est électrique. Avec un petit goût d'*enemies to lovers**, la relation *sex friends** dans laquelle ils évoluent n'est pas des plus

À gauche : illustration promotionnelle des plateformes Delitoon Bontoon et ONO.

Ci-dessous : illustration du *LN* d'origine.

équilibrées. Les relations sexuelles très explicites sur plusieurs chapitres peuvent être aussi bien sensuelles que brutales. Certaines ayant lieu sous l'emprise de l'alcool peuvent bafouer la notion de consentement.

Secondo Piatto est un *webtoon* produit à quatre mains au sein du studio Kidari.

Mango Bear au scénario adapte son propre *webnovel* quand Yeopdongnemasjip au dessin signe son premier *webtoon* au style photo réaliste avec un *chara-design* détaillé légèrement crayonné. Depuis, elle crée différents *webtoon* sous d'autres pseudonymes, dont *Désir charnel* en cours sur Bontoon.

Disponible chez plusieurs éditeurs français de *boy's love* très érotiques, tels que Bontoon, *Secondo Piatto* a aussi fait l'objet d'une version censurée accessible à un plus grand lectorat sur la plateforme Delitoon.

Meyra SUDAL

ENTRE NOUS / SIGN

Le handicap n'est pas un frein en amour

Sign a fait son apparition en 2021 sur le site Bontoon sous le nom _Entre nous._ En 2024, une édition papier sort chez KBL pour le plaisir des lecteurs. Un _webtoon_ qui parle du handicap, c'est rare. Et ce _webtoon_ est drôle, touchant. Un excellent titre prouvant que l'amour est possible même pour les personnes avec un handicap.

Soo Hwa est un homme fauché, aux fins de mois difficiles. À la recherche d'un travail, il s'évanouit car il a une forte fièvre et il reçoit de l'eau sur lui par inadvertance dans la rue. Yo Han le soigne et finit par l'embaucher dans son café. Soo Hwa est aux anges mais il va découvrir que son patron est malentendant et communique en langue des signes. Cependant, un jour, il va entendre son patron parler et cela va le stimuler sexuellement ! Comment Soo Hwa va-t-il gérer tout cela ?

C'est une réaction particulière d'être excité en entendant la voix de son patron mais le résultat est assez drôle et mignon dans le *manhwa*. Soo Hwa va tout de même faire l'effort d'apprendre à communiquer en langue des signes et de chercher à comprendre son patron.

Dans cette histoire, il ne faut pas oublier l'autre employé du café, Oh Gyioon. De prime abord, il n'apprécie pas Soo Hwa mais il va apprendre à le connaître et à le considérer un peu plus.

Yo Han ne va pas être insensible aux efforts de son nouvel employé et va lui proposer lui-même de lui apprendre la langue des signes. Avec ce type de proposition, la suite des évènements est rapidement comprise pour nos deux protagonistes. Il est amusant de constater que Yo Han est excité lorsqu'il observe Soo Hwa utiliser la langue des signes.

Ce titre est rempli d'humour mais montre un aspect de la société peu reluisant en rejetant le handicap et la différence. Certains clients se permettent des paroles et des gestes déplacés envers Yo Han car il est malentendant, quand d'autres l'accusent carrément d'avoir inventé son handicap. Heureusement qu'il peut compter sur Gyioon et Soo Hwa pour le défendre alors que lui est davantage pacifique.

Les scènes érotiques explicites font rapidement leur apparition dans l'intrigue. Consenties, elles sont au cœur du développement de la romance entre les personnages.

Au fil du récit, nous allons progressivement découvrir les mystères autour du patron et de Gyioon, car ils sont en quelque sorte liés. Le sujet du handicap bien traité permet au lecteur d'en apprendre plus sur la surdité.

Les dessins sont en rondeurs mais extrêmement appréciables. Donc si vous souhaitez vous aventurer, allez-y, surtout qu'il est disponible sur le site Bontoon français et en version papier chez KBL avec deux tomes encore en cours.

Priscilla RECULARD

Manhwaka : Ker

Traduction : non créditée

Année VO/VF : 2017/2021

Éditeurs VF : Bontoon/Kbooks

Statut publication VO : 115 chapitres (terminé)

Statut publication VF : 115 chapitres (terminé) +2 tomes (en cours)

Érotisme :

Contenu sensible :

LA SAVEUR DES SENTIMENTS

Laisse-moi te redonner goût à la vie

Récit engagé, le webtoon *La Saveur des sentiments* nous bouleverse par sa retranscription de l'homophobie et de ses conséquences psychologiques dramatiques.

Manhuajia : Lee Huchu

Traduction : non créditée

Année VO/VF : 2021/2021

Éditeur VF : Piccoma

Statut publication VO : 3 saisons - 91 chapitres (terminé)

Statut publication VF : 2 saisons - 57 chapitres (arrêt de publication)

Érotisme :

Contenu sensible :

Jiho est un critique culinaire en vogue. Avenant, cet homme qui a grandi au sein d'une famille d'apparence aimante et respectueuse, souffre en silence de son homosexualité. Derrière un masque, Jiho accumule les blessures au sein de ce foyer traditionnaliste et patriarcal. Alors qu'il mène sa vie sans faire de vagues, on lui propose de travailler comme conseiller pour l'écrivain à succès In Woo. Mais leur rencontre est un désastre. Jiho réalise que l'auteur qu'il admire possède en réalité un caractère exécrable. Pour se faire pardonner, In Woo invite Jiho à un dîner où ce dernier découvre qu'il souffre d'agueusie (absence du sens du goût).

Cette romance contemporaine où la curiosité conduit à l'attirance, avant de mener à la rédemption, possède un scénario à la puissance dramatique saisissante. Elle dépeint avec réalisme l'angoisse d'un homme enfermé dans le placard. Incapable de faire son coming out sous la pression familiale et sociale, Jiho a honte de son homosexualité et vit comme s'il n'avait pas droit au bonheur.

De son côté, In Woo incarne un homme brisé par les traumatismes de son enfance. Incapable d'aimer sainement l'autre, et lui-même, c'est un adulte en manque de repères à la suite de maltraitances infantiles.

Une histoire d'amour bouleversante, où la tension entre les deux hommes est parfaitement maîtrisée. Ils se reconstruisent au contact de l'autre et retrouvent un équilibre dans une retranscription réaliste de la complexité humaine, aux dialogues douloureux à lire.

À gauche : illustration promotionnelle de la plateforme Piccoma.

Le style graphique doux s'oppose à la dureté du récit : tonalités sépia, lignes esquissées du *chara-design*, effet de grain... L'univers visuel se démarque des productions numériques.

Lee Huchu commence sa carrière en 2016 avec le *webtoon God's Bride*, 20 chapitres d'action et de fantasy au service d'une romance *girl's love*. Après diverses productions (couvertures de *webnovel*, assistante *chara-designer*), l'artiste est de retour cinq ans plus tard avec *La Saveur des sentiments*, terminée à la fin de 2024, et sérialisée dans une version adulte et une autre censurée. C'est cette dernière qui fut publiée chez nous. Le rendu est érotique, sans représentation explicite de l'acte sexuel. Une suggestion esthétique qui s'accorde à l'histoire dont seules les deux premières saisons sont traduites avant la fermeture du service français de Piccoma.

Meyra SUDAL

L'AFFAIRE MAX MOJAVE

Le Banana Fish *du* webtoon !

Rencontre de deux jeunes hommes que tout oppose au cœur de la pègre américaine, *L'Affaire Max Mojave* est la parfaite interprétation en *webtoon* d'un roman noir avec un protagoniste au charisme subjuguant.

Ci-contre : illustration promotionnelle coréenne du *webtoon*.

Ci-dessous : illustration promotionnelle de la plateforme ONO.

Témoin d'un meurtre durant son enfance, Chris est depuis lors autant traumatisé par les armes à feu que passionné par les enquêtes policières. Né dans une famille de mafieux, Max est, lui, formé à devenir le meilleur des assassins. Les deux jeunes hommes se retrouvent, par hasard, colocataires lorsqu'ils intègrent la fac de criminologie. Unis par leur passé sans en avoir conscience, Chris qui veut assouvir sa curiosité et Max qui tente d'identifier si ce dernier est une menace pour son gang, vont se rapprocher l'un de l'autre.

Savoureux mélange entre le polar et le thriller, *L'Affaire Max Mojave* entraîne le lecteur au cœur d'une guerre de gangs et de multiples vengeances filiales dans un *webtoon* digne des meilleurs romans noirs. Le récit est tellement prenant que les chapitres s'enchaînent tout seuls sous les doigts au fil d'une intrigue soutenue.

Blessés dans leur enfance, Max et Chris vont se soigner l'un l'autre à travers leur amour interdit d'une grande beauté. Les deux jeunes hommes affrontent avec beaucoup de courage un *outing* [1] dans un campus homophobe, ce qui donne encore plus d'ampleur à leurs sentiments. La confiance quasi innée qu'ils éprouvent l'un pour l'autre en fait une romance pure au cœur d'un milieu fortement corrompu et malaisant. Chacun à sa façon souffre d'un syndrome de stress post-traumatique en raison de son enfance, Max étant en plus rongé par la culpabilité. Sa rencontre avec Chris va lui permettre d'affronter ces traumatismes et d'obtenir la rédemption grâce à son pardon. D'une certaine façon, le personnage de Chris incarne l'innocence et la droiture que Max n'a pas connues dans sa famille.

Précédemment sérialisée par Verytoon avant sa fermeture en juillet 2023, *L'Affaire Max Mojave* fait partie des titres qui ont été repris dans le catalogue de la plateforme ONO. Le style graphique puise son inspiration dans la production des bandes dessinées occidentales, en accord avec le scénario qui se déroule aux États-Unis, à travers un *chara-design* et une composition rigide en vignettes rectangulaires. Un parti pris peu courant dans la production de *webtoon* dont l'univers graphique est souvent plus proche du *manhwa* et *manga*.

L'Affaire Max Mojave est la première série de Yeoreumsup, connue aussi sous le pseudonyme de Skye. La *webtooniste** a commencé un nouveau *webtoon* en 2024, *Dash*, un *boy's love* dans le milieu sportif, non traduit à ce jour en français.

Meyra SUDAL

Manhwaka : Yeoreumsup

Traduction : Cromatik Ltd.

Année VO/VF : 2020/2022

Éditeur VF : ONO

Statut publication VO : 81 chapitres (terminé)

Statut publication VF : 81 chapitres (terminé)

Érotisme :

Contenu sensible :

1 Action de révéler l'homosexualité d'une personne sans son consentement. Souvent vécu comme un traumatisme, l'*outing* s'oppose au coming out.

THE DANGEROUS CONVENIENCE STORE

Ahjussi, le mafieux au grand cœur !

Couverture avec une illustration exclusive à la France du tome 1 publié chez KBL.

Manhwaga : Gusao – 945

Traduction : Nube Consulting

Année VO/VF : 2020/2022

Éditeur VF : Bontoon/Kbooks

Statut publication VO : Terminé - 3 saisons - 88 chapitres - *slide stories* + 6 tomes

Statut publication VF : En cours - 3 saisons - 70 chapitres + 4 tomes

Érotisme :

Contenu sensible :

S'il y a bien un *webtoon* qui fait l'unanimité auprès des lecteurs de *boy's love*, c'est la romance entre Yeo Eui-Joon et Beom Gunwoo (fréquemment appelé Ahjussi par les lecteurs). Succès international, *The Dangerous Convenience Store* continue de marquer les esprits, deux ans après la fin de sa publication originale, et ne cesse de conquérir le cœur de nouveaux lecteurs.

Confronté à des problèmes d'argent, Yeo Eui-Joon travaille de nuit en parallèle de ses études. Si le job en question semble idéal car très bien payé, il a cependant une contrainte de taille : la superette n'est fréquentée que par des gangsters !

Mais un soir, alors qu'il est harcelé par l'un de ces mafieux qui s'apprête à le frapper, Eui-Joon est secouru par Beom Gunwoo. Celui-ci est renfrogné mais affiche une carrure imposante et une force herculéenne. Il n'en faut pas plus pour que son geste altruiste attise la libido d'Eui-Joon qui commence à fantasmer sur son sauveur.

Première œuvre de la *manhwaga*, *The Dangerous Convenience Store* est d'ores et déjà un classique incontournable dans le monde du *boy's love*. Cette romance contemporaine met en scène un couple où les opposés s'attirent et se complètent. Incarnant un couple moderne et sans tabous, Eui-Joon et Beom Gunwoo commencent une relation du type *sex friends*, où les sentiments amoureux qu'ils développent petit à petit vont apporter une dimension plus dramatique à un scénario fortement érotique. Cette transition de la relation sans engagement à celle d'un couple se fait à travers plusieurs éléments scénaristiques qui étoffent l'intrigue : accorder sa confiance à l'autre, faire le deuil d'un précédent amour, accepter le passé de son partenaire… Les sentiments éprouvés par les protagonistes y sont retranscrits avec une grande sensibilité, le tout porté par une colorimétrie claire et chaude.

Allant jusqu'à l'extrême représentation d'un couple *grumpy & sunshine**, Eui-Joon et Beom Gunwoo s'opposent diamétralement sur tous les plans. Leurs caractères (enjoué/stoïque) et leurs physiques (svelte/massif) sont continuellement confrontés dans leurs différences. Ils sont parfaitement retranscrits à travers le trait fin du *chara-design*, aux finitions crayonnées. Certaines proportions physiques sont totalement exacerbées. De même, la retranscription des émotions des personnages est particulièrement réussie. Face à la forte expressivité du visage

d'Eui-Joon, ce sont de petits détails qui permettent à Beom Gunwoo, à travers son air renfrogné et impassible, de laisser transparaître une multitude de sentiments.

The Dangerous Convenience Store est le premier *webtoon* de la *manhwaga* Gusao, qui utilise aussi le pseudonyme 945. Création originale qu'elle produit seule, le *webtoon* se hisse parmi les meilleures lectures de l'application Ridibooks tout au long de sa sérialisation. Un succès qui se poursuit même après sa publication en 2023, année où la série sera le *boy's love* le plus consulté chez l'éditeur numérique.

Le *webtoon* reçoit plusieurs distinctions et prix, comme en 2021 et 2022 le Grand Prix *webtoon* de la catégorie *BL Comics* des Ridi Awards, ou encore pour son volume 4 le Grand Prix du livre électronique *BL* du Comic Ridi Awards de 2023.

Traduit dans plusieurs langues, le *webtoon* est sérialisé une première fois en France chez Verytoon. Il faisait partie des titres *boy's love* phares de l'éditeur jusqu'à la fermeture définitive de celui-ci et avant de rejoindre, quatre mois plus tard, le catalogue de Bontoon, où il approche de la fin de sa publication à ce jour.

La maison d'édition spécialisée dans la publication papier de *webtoon* venant de Corée KBooks crée une collection dédiée au *boy's love* en 2023 sous le nom KBL. *The Dangerous Convenience Store* est l'un des deux premiers titres qui ouvrent la collection en novembre 2023, à l'occasion de l'Ycon. Une sortie fortement attendue par le lectorat français, qui avait été *teasé* lors de la Japan Expo de la même année, par des PLV grandeur nature des deux personnages, ainsi que l'annonce d'une illustration inédite pour la couverture du volume 1.

Avec une demande croissante des lecteurs, *The Dangerous Convenience Store* est publié en version non censurée dès le volume 2.

De plus, depuis la fin de la publication des histoires parallèles, l'histoire d'amour entre Yeo Eui-Joon et Beom Gunwoo se prolonge à travers d'autres médias. Elle est tout d'abord adaptée en *CD-Drama* par Audio Comics. Les acteurs Kwon Sung-hyuk et Yoo Sun-il prêtent leurs voix au couple durant presque dix heures d'audio, disponibles depuis février 2024. *Manhwaga* pleinement investie dans sa première œuvre publiée, Gusao y compose l'OST mais aussi les paroles de la chanson *Longues pensées* pour la scène du karaoké.

Mais une adaptation en série est aussi prévue par la chaîne Aniplus. Lors d'un communiqué en mai 2023, la chaîne annonce que le studio d'animation Laftel sera à la production, pour une diffusion courant 2025.

Meyra SUDAL

En haut : une romance où les opposés s'attirent.

Au milieu : illustration promotionnelle coréenne du *webtoon*.

Ci-contre : Ahjussi et sa carrure... imposante !

HERE U ARE

Cœur à prendre sur les bancs de la fac

Avec une douloureuse sincérité, *Here U Are* a conquis le cœur des lecteurs friands de romance *school life* réaliste aux notes légèrement dramatiques.

À gauche : couverture française de l'adaptation papier du tome 2.

Ci-contre : l'incarnation du couple *grumpy and sunshine*.

Manhuajia : DJun

Traduction : Loïc Aloisio

Année VO/VF : 2017/2022

Éditeur VF : Webtoon / Taifu Comics

Statut publication VO : 138 chapitres et 12 épilogues (terminé) + 2 tomes (en cours)

Statut publication VF : 138 chapitres et 12 épilogues (terminé) + 2 tomes (en cours)

Érotisme :

Contenu sensible :

En deuxième année d'université, Yu Yang fait partie de l'association étudiante. Même s'il est apprécié de beaucoup, son joli minois ainsi que son caractère enjoué et serviable lui attirent la sympathie des filles de l'université tout autant que la jalousie de certains camarades… voire de l'aversion lorsque ces derniers apprennent qu'il est gay ! Mais Yu Yang assume son homosexualité et ne se laisse pas intimider par ceux qui lui tiennent des propos homophobes. Alors qu'il encadre un groupe de première année durant la semaine d'intégration, il rencontre Li Huan. Calme et introverti, ce nouvel étudiant ne s'intègre pas facilement. Il est peu expressif, et son manque de communication fait que ses interlocuteurs peuvent se méprendre sur ses intentions. Yu Yang qui a pris ce grand gaillard solitaire en sympathie décide de lui venir en aide sans se douter de ce que ses attentions vont produire chez son cadet.

Couple touchant qui séduit les amateurs de romance *grumpy and sunshine*, *Here U Are* développe tout au long des quatre années que durent leurs études, la rencontre et l'évolution des sentiments entre Yu Yang et Li Huan. Si tout oppose les deux personnages, ils ont en commun un besoin d'affection dont ils souffrent en silence. La perte d'un parent pour l'un et un amour à sens unique pour l'autre ont conduit les deux jeunes hommes à refouler leurs sentiments et leur chagrin. Ce *webtoon* est l'histoire d'une rencontre qui amène les protagonistes au changement nécessaire pour avancer dans leur vie.

Réaliste et bienveillante, cette romance pleine de rebondissements est une ode à l'amour et à la tolérance. L'homophobie et les difficultés rencontrées lorsqu'on assume son homosexualité y sont représentées avec réalisme.

Composé principalement sur fond blanc avec peu d'éléments de décor, l'ensemble met en avant le *chara-design* des personnages au style épuré et sobre. La colorimétrie froide s'accorde à la narration mélancolique, légèrement dramatique en fonction des chapitres.

DJun signe son troisième *webtoon boy's love* avec *Here U Are*. Le seul traduit en français à ce jour. Spécialisé dans l'homo-romance *school life*, très souvent dramatique, DJun se charge régulièrement aussi bien du scénario que du dessin.

Meyra SUDAL

ROSES ET CHAMPAGNE

Quand un avocat coréen rencontre un mafieux russe

***Roses et Champagne* est la première œuvre de l'éditeur KBL sortie en France, en 2023 : un titre à ne pas mettre dans toutes les mains. Entre viols et règlements de comptes entre mafias rivales, ce choix était un pari risqué mais qui a su retenir l'attention grâce à ses graphismes et à sa dose d'action.**

À Moscou, Jeong Iwon est un avocat coréen qui doit régler une affaire impliquant la mafia russe. Un beau jour, il va rencontrer César, l'héritier de la famille mafieuse Sergueïev. Il lui propose de l'aider à résoudre son affaire en lui fournissant des preuves mais en échange, l'avocat va devoir répondre à ses désirs.

Ne pas se fier aux premiers chapitres. Ce titre peut paraître doux, la relation se met doucement en place car ils vont apprendre à se connaître, mais il ne faut pas oublier que César fait partie de la mafia et que ce n'est pas un enfant de chœur. Il ne connaît rien à la tendresse ni à l'amour.

Iwon est un homme avec du caractère et qui n'a pas peur de tenir tête à César, et c'est ce qui va attiser davantage la curiosité de celui-ci.

Dès le départ, l'ambiguïté entre les protagonistes est présente car Iwon se demande si César est un ennemi ou un allié. Même s'il côtoie la mafia, Iwon n'oublie pas qu'il est avocat et aime la justice. C'est un homme bon qui n'a pas peur de défendre les innocents.

César est un excellent mafieux. Froid, impitoyable même avec les enfants, autoritaire… Le personnage est intéressant car même s'il agit pour son profit personnel, il montre de la douceur et de l'intérêt pour Iwon. Cela démontre que c'est le milieu dans lequel il a grandi qui l'a rendu ainsi.

Il faut préciser que plus vous avancerez dans le récit, plus les scène de relations sexuelles non consenties feront leur apparition, romantisant de fait le viol conjugal. C'est sur cela que le titre peut être critiqué. César ne remet pas en question ses actes et Iwon lui pardonne bien rapidement.

Si vous recherchez un titre réaliste car un mafieux ne se soucie pas forcément des personnes qui l'entourent et si vous savez dissocier la fiction de la réalité, cela reste une œuvre intéressante du début à la fin avec des rebondissements et de l'action.

Il fut disponible en 2023 sur Verytoon et désormais, il est sur la plateforme ONO avec 56 chapitres en incluant les bonus. Sinon, il est sorti en version papier chez KBL avec quatre tomes et est encore en cours. En plus de pouvoir vous le procurer en version papier, il est disponible en lecture en ligne sur le site d'ONO.

Priscilla RECULARD

Manhwaka : Zig et Ttung Gae

Traduction : Kette Amoruso

Année VO/VF : 2021/2023

Éditeur VF : Verytoon/Kbooks

Statut publication VO : 90 chapitres (terminé)

Statut publication VF : 6 tomes (en cours)

Érotisme :

Contenu sensible :

NETKAMA PUNCH !!!

Mon plan pour une vengeance parfaite ? Le larguer après l'avoir séduit… alors que je suis un homme !

Phénomène tout à la fois récrié et pratiqué, *Netkama Punch !!!* détourne avec beaucoup d'humour pour en faire une romance cette arnaque qui consiste à tromper virtuellement d'autres joueurs dans un jeu *online*, pour leur soutirer de l'argents et des items, en jouant avec leurs sentiments. Un *webtoon* où l'arroseur finit arrosé !

Manhwaka : Bongyee/Mizzo (scénario), Gongben (dessin)

Traduction : non créditée

Année VO/VF : 2022/2023

Éditeur VF : Delitoon

Statut publication VO : 81 chapitres (terminé)

Statut publication VF : 81 chapitres (terminé)

Érotisme :

Contenu sensible :

Chef de la meilleure guilde du jeu *MMO* [1] *Arcadia*, Se Young est battu lors d'un affrontement par Hui Jae, le chef d'une nouvelle guilde qui le remplace à cette occasion comme leader du jeu. Humilié, Se Young jure de quitter *Arcadia* pour ne jamais y revenir. Mais la tentation est trop forte et un an plus tard, Se Young se reconnecte. Pour rester incognito, il se crée un personnage féminin et se fait passer pour une débutante. Malheureusement pour lui, il est une nouvelle fois confronté à Hui Jae, qui décide de le prendre sous son aile. Le comportement de ce dernier est à l'opposé de celui qu'il avait lors de leur dernière rencontre. Se Young prend alors conscience que Hui Jae a développé des sentiments pour son personnage féminin et qu'il détient là l'occasion de se venger de l'humiliation subie l'année précédente.

Netkama est un néologisme japonais qui désigne un homme se faisant passer pour une femme sur internet. Le titre donne donc immédiatement le ton de cette comédie romantique. Plus qu'un quiproquo, le début de l'intrigue est une tromperie savamment orchestrée par Se Young, qui finit par se faire prendre à son propre jeu ! Si l'histoire met en avant des protagonistes aux comportements déviants, abusant de mensonges, chantages et divers comportements obsessionnels, elle n'idéalise pas ceux-ci et accentue fortement leurs travers dans une approche comique du scénario. La romance en *enemies to lovers** pour l'un, amour à sens unique pour l'autre, jongle entre histoire contemporaine et fantasy. Les chapitres enchaînent les scènes à Séoul et celles dans le monde fantasy d'*Arcadia*, où les personnages évoluent et échangent entre eux à la façon d'un jeu de réalité virtuelle.

L'autrice de *webnovel** à l'origine de *Netkama Punch !!!* est spécialisée dans les *romcom* [2] *boy's love* à succès. Publiée hors de son pays natal sous le pseudonyme de Chima, Kimma est notamment l'autrice de *Necromancer Survival*, en cours de publication chez Tappytoon et Kamondo Books. L'adaptation *webtoon* est confiée au studio de production Jayplemedia avec Bongyee/Mizzo au scénario et storyboard, et Gongben au dessin qui signe ainsi son premier *webtoon*.

Meyra SUDAL

À gauche : illustration promotionnelle coréenne du *webtoon*.

En haut : le *webnovel* à l'origine du *webtoon*.

1 *Massively Multiplayer Online game*, « jeu en ligne massivement multijoueur ».

2 Pour *romance comedies* ou « comédies romantiques ».

FATED NIGHT

Fuis-moi je te suis, suis-moi je te fuis !

Romance addictive par la tension palpable qui lie les protagonistes, *Fated Night* assume des personnages torturés à la relation ambiguë au service d'un thriller fantastique captivant.

Ci-contre : illustration promotionnelle coréenne.

En bas : illustration promotionnelle française de la plateforme ONO.

Seungju est le seul héritier encore en vie du clan Seo. Frappée d'une malédiction depuis des générations, sa famille est sous la protection de ses voisins, un clan d'exorcistes de renom à laquelle appartient son premier amour Muheun. Après une soirée alcoolisée, Seungju passe la nuit dans les bras de ce dernier. Mais lors de leurs ébats, Seungju absorbe malencontreusement une partie de son énergie. Dès lors, il est traqué par des fantômes. Mais Muheun s'engage à le protéger.

La relation entre Muheun et Seungju n'est pas des plus enviables et présente de nombreux dysfonctionnements. Ils se désirent tout autant qu'ils se fuient : chacun quémande l'attention de l'autre à tour de rôle avant de le rejeter une fois celle-ci obtenue. Si la romance met en avant un *age gap** qui pourrait ne pas être problématique puisque entre deux adultes, leur différence d'âge est malheureusement trop souvent recontextualisée à travers des flashbacks de leur enfance et met en avant un attachement malsain entre les deux protagonistes. La domination psychologique qu'exerce Muheun sur Seungju entraîne de fait des relations physiques à la limite du consentement. Cet aspect du scénario est par ailleurs abordé dès le chapitre 1, tel un avertissement au lecteur, lorsque Seungju se retrouve ivre et inconscient dans le lit de Muheun.

Cette romance s'accompagne d'un scénario fantastique à l'intrigue passionnante. Personnage central qui sera la clé du dénouement, Seungju découvre en même temps que le lecteur les tenants et aboutissants des conflits qui secouent l'organisation d'exorcistes à laquelle appartient Muheun. Les scènes érotiques sont réduites à leur minimum dans cette première saison, privilégiant le développement de l'intrigue.

Fated Night fait partie de cette nouvelle vague de *webtoons BL* qui ne sont plus des scénarios originaux mais des adaptations de *webnovel**. Si Jaewoo signe ici sa première publication en tant que *webtoon* artiste, la scénariste Oneulbom est quant à elle une *webnoveliste* prolifique de *boy's love* fantastiques fortement érotiques. Deux de ses *omegaverse**, adaptés en *webtoon*, sont en cours de publication chez Bontoon, *À la fin de la mémoire* et *Omega Complex*.

Le style graphique de Jaewoo s'apparente aux *webtoon* d'*action fantasy*, en lien avec le sujet abordé par *Fated Night*. Contextualisé par de multiples décors 3D, le *chara-design* détaillé se détache des fonds par sa colorisation en aplats sans dégradés, soulignée d'ombrages.

Meyra SUDAL

Manhwaka : Oneulbom (scénario), Jaewoo (dessin)

Traduction : ONO Korea

Année VO/VF : 2024/2024

Éditeur VF : ONO

Statut publication VO : 36 chapitres (en cours)

Statut publication VF : 33 chapitres (en cours)

Érotisme :

Contenu sensible :

AVERSE INESPÉRÉE

Mon poulpe a des désirs insatiables…

Pari improbable, *Averse inespérée* élève au rang de mignonnerie un concept souvent exécré par le lectorat féminin d'œuvre graphique érotique, celui du *shokushu zeme* (littéralement « attaques de tentacules »).

Et si les tentacules pouvaient être *kawaï* ?
Illustration promotionnelle de la plateforme Bontoon.

Manhwaka : Dodge

Traduction : non créditée

Année VO/VF : 2023/2024

Éditeur VF : Bontoon

Statut publication VO : 25 chapitres + 5 histoires annexes (terminé)

Statut publication VF : 25 chapitres + 5 histoires annexes (terminé)

Érotisme :

Contenu sensible :

Dans un futur où des monstres vivent parmi nous, Doha est un vétérinaire spécialisé en monstres herbivores. À la recherche d'un spécimen perdu dans les sous-sols du laboratoire où il travaille, Doha se fait attaquer par surprise par un *tentacor* (un monstre à tentacules) à l'appétit sexuel débordant ! Incapable de se libérer des assauts continus du *tentacor*, il est secouru par un homme qui est en fait le fils du directeur du laboratoire, Cha Kyunghwan. Après cet incident, Doha accepte de devenir le gardien du *tentacor* surnommé Poulpy. Sa mission : élever ce monstre à l'appétit sexuel insatiable jusqu'à sa maturité. Mais heureusement pour lui, il sera assisté dans ce travail par Cha Kyunghwan.

Pour le lectorat français, cette lecture oscille entre curiosité satirique et romance fantastique ultra *spicy**. Le concept des tentacules est tout à la fois représenté de façon traditionnelle et de façon plus *kawaï** à travers le monstre Poulpy.

Dans ce contexte de zoophilie, la notion de consentement n'est par conséquent pas respectée puisque les monstres agissent par instinct et non en fonction de la morale. Le genre permet donc la mise en scène de rapports sexuels à multiples pénétrations entre Doha et un monstre, puis au fil de l'histoire, entre les deux protagonistes mais très souvent dans un contexte tentaculaire.

Le *shokushu zeme* voit sa popularité exploser à partir des années 1980, lorsque la censure japonaise amène les *mangaka* de *hentaï* à représenter des tentacules au lieu du pénis (les tentacules n'étant pas concernées par la censure). Il fait partie des genres pornographiques très populaires au Japon et il n'est pas surprenant de le voir adapté dans le *boy's love*.

Dodge a commencé sa carrière de *webtooniste* en 2022 avec la série *In the Private Room*, dont les deux saisons sont disponibles en intégralité sur Bontoon. Si les genres scénaristiques divergent, l'artiste réitère avec *Averse inespérée* son intérêt pour les scénarios qui favorisent la répétition de scènes érotiques.

L'ensemble de l'intrigue est voué à mettre le protagoniste dans des situations à connotations sexuelles, au détriment parfois d'un développement plus poussé de l'histoire, qui devient par conséquent secondaire. Il en découle une représentation soignée avec beaucoup de détails pour les personnages et l'ensemble du bestiaire, quand les fonds et décors sont dessinés succinctement.

Meyra SUDAL

TRACES OF THE SUN

Je tuerai tes amis pour toi...

***Traces of the Sun* intègre brillamment une romance *boy's love* dans les codes scénaristiques des *webtoon* d'action à succès.**

Un jour, d'étranges donjons apparaissent, détruisant tous les alentours lors de leur ouverture, mais aussi lors de leur disparition s'ils ne sont pas clos, le boss qu'ils contiennent étant vaincu. Au même moment, certains humains se sont éveillés et ont développé des capacités surnaturelles. Yi Seon est testé *renaisseur* de classe A[1]. Son pouvoir lui permet de reconstruire à l'identique les bâtiments détruits. Il vit en reclus et cherche à cacher ses capacités, jusqu'au jour où Hyeon, le puissant chasseur de l'ombre appartenant à la première guilde de Corée, le traque pour qu'il rejoigne son équipe. Et pour le convaincre, Hyeon est prêt à tout.

Ce *webtoon* à la narration fortement dramatique intègre une romance *boy's love* dans les genres à succès du *webtoon* d'action que sont le *hunter** et le *fusion modern fantasy**. Pour s'adresser à un plus grand lectorat que celui du *BL*, la romance reste grand public, sans scène explicite de relation sexuelle, et privilégie dans son intrigue l'aspect *hunter* du récit. Un parti pris exclusif à l'adaptation *webtoon*, puisque l'histoire d'origine est un *webnovel* réservé à un lectorat adulte (classé *R19* en Corée). Cependant, le scénario sombre peut heurter la sensibilité de certains lecteurs, particulièrement l'intrigue qui lie Yi Seon à ses amis d'enfance.

Merin adapte au sein d'une équipe de cinq *webtoonistes* le *webnovel* de Dohaeneul. Elle est connue du lectorat français pour avoir contribué à la romance contemporaine *Bas les masques !* (Delitoon) mais son autre *webtoon BL* plus érotique, *The Crescent Scholar*, n'est pas disponible en français à ce jour.

Le jeu de couleurs sombres s'accorde au ton dramatique de l'histoire, accentué par des tonalités à dominante froide bleu et violet. Le personnage de Yi Seon y est par conséquent mis en valeur lors de l'utilisation de son pouvoir représenté par des effets de lumière dorée. Cette opposition des couleurs complète celle des deux protagonistes qui s'attirent comme des aimants : leurs caractères (leader agressif/subalterne accommodant), leurs parcours de vie (riche héritier/orphelin pauvre) et leurs capacités (chasseur dans les donjons/*renaisseur* après la fermeture de ceux-ci) en font un duo complémentaire qui peine à trouver son équilibre au début de l'intrigue.

Meyra SUDAL

Un univers visuel digne des meilleurs webtoon hunter.

Ci-dessous : illustration promotionnelle de la saison 3 du webtoon

Manhwaka : Merin

Traduction : non créditée

Année VO/VF : 2022/2024

Éditeur VF : Manta

Statut publication VO : 3 saisons / 95 chapitres (terminé)

Statut publication VF : 1 saison / 15 chapitres (en pause)

Érotisme :

Contenu sensible :

1 La traduction française a décidé d'adapter le système de classe à l'occidentale, donc par ordre alphabétique. La classe A correspond ainsi à la S dans le système asiatique.

REDEEM MON AMOUR ÉTERNEL

S'aimer par-delà le temps…

La passerelle entre le manga/*manhwa* traditionnel pour une publication papier et le *webtoon* en tant qu'œuvre conçue pour une lecture numérique par le *scroll* est encore rare. Mais *Redeem mon amour éternel* est la preuve parfaite qu'une artiste peut exploiter pleinement tout son potentiel à travers les deux supports.

À gauche : illustration promotionnelle de la plateforme Piccoma.

Le style graphique de Scarlet Beriko sublimé par la publication en couleur que permet le *webtoon*.

Mangaka : Scarlet Beriko

Traduction : Claire Lair

Année VO/VF : 2024/2024

Éditeur VF : Piccoma

Statut publication VO : 51 chapitres (terminé) + 1 tome (en cours)

Statut publication VF : 23 chapitres (en arrêt de publication)

Érotisme :

Contenu sensible :

Alors qu'ils traversent la route, Hangyeol voit son amant percuté par une voiture et mourir sous ses yeux. Terrassé par le chagrin, il se retrouve soudainement plusieurs années dans le passé. Hangyeol n'a plus qu'une idée en tête : retourner aux côtés de Taehyuk, et le prévenir de l'accident mortel à venir… Mais comment transmettre ses sentiments et convaincre ce bel homme dans la fleur de l'âge, alors qu'il n'est à ses yeux qu'un enfant de dix ans !

Redeem flirte sur le fil rouge d'un *age gap**, problématique qui perturbe tout autant le lecteur que le personnage de Taehyuk. Si l'esprit de Hangyeol est celui d'un jeune adulte, il est transposé dans son corps d'enfant de 10 ans, ce qui induit des échanges entre un homme de 27 ans et un mineur. Il n'y a cependant pas de sexualisation du corps de l'enfant et les quelques scènes où les sentiments de Taehyuk commencent à naître sont coupées par une chute humoristique qui empêche l'histoire de sombrer dans l'immoral. La romance fantastique contemporaine devient alors une ode à l'amour pur, celui de l'esprit et non de l'attirance physique.

Annoncé en grande pompe par les plateformes, le *webtoon* a droit à une sortie internationale simultanée. Un évènement d'autant plus rare qu'en fonction des pays, il ne paraît pas chez le même éditeur (Japon, Corée du Sud et France chez Piccoma, Taïwan et Thailande sur Kakao et en version anglaise chez Tapas). Une mise en avant justifiée, puisqu'il s'agit du premier *webtoon* de la très renommée et appréciée *mangaka* Scarlet Beriko.

Elle est accompagnée du studio Next Level. On retrouve le style de l'artiste à travers sa narration poétique mais aussi le *chara-design* soigné au yeux félins. La dominance de tons froids, à la forte tonalité bleu et violet, accentue l'aspect dramatique du récit au point que le lecteur ne sait pas d'avance s'il s'agira d'un drame ou d'un *happy end*.

La sérialisation terminée fin 2024 est immédiatement suivie au Japon d'une publication reliée avec un premier volume. Une annonce qui ravit les fans français de la *mangaka*, régulièrement publiée dans le catalogue de l'éditeur Taifu Comics, et qui n'ont malheureusement pas pu connaître le dénouement de l'histoire avec la fermeture du service Piccoma en France. Ils espèrent donc prochainement une publication papier.

Meyra SUDAL

THANATOS

Je suis tombé amoureux d'un dieu de la Mort

La balance des sentiments et de son emprise sur l'autre peine à s'équilibrer dans cette histoire où la romance est bien plus contrôlée par les émotions. Quand le divin s'en mêle, difficile de savoir ce que ressent l'autre !

Yoon Taeju vient confesser un meurtre à l'église de l'Incarnation. Il avoue avoir assassiné par sa simple pensée le directeur de l'orphelinat où il a grandi et subi des sévices. Le père César, qui recueille ses aveux, lui explique qu'il a simplement rendu son jugement en tant que dieu de la Mort. Six mois plus tard, Taeju rencontre le père Jeonghu. Ce dernier exerce sa fonction de prêtre avec beaucoup d'insolence et intrigue fortement le jeune dieu de la Mort qui décide de s'éloigner de César pour rester sous sa protection.

Adapté du *webnovel* de Travia, *Thanatos* est un *webtoon* réalisé à quatre mains par EK au scénario et SSOS au graphisme, qui signent ainsi leur première production *webtoon*. Les scènes sont contextualisées par des décors 3D peu retravaillés graphiquement et le *chara-design* reste simple. La qualité principale du titre réside dans son scénario qui mélange fantastique et ésotérisme.

En grec ancien, Thanatos représente « la mort ». Dans les mythes, celle-ci est toujours opposée à Éros, l'amour. Une antinomie qui caractérise à la fois le scénario mais particulièrement le personnage de Taeju. La romance abuse fortement de l'immoral et de l'amour interdit tout en justifiant dans son scénario les actes des différents personnages. Manipulations, jeux de pouvoir et de domination sur l'autre, différence d'âge… autant de thématiques qui sèment le doute dans les sentiments éprouvés par les protagonistes auprès du lecteur.

Au fil des chapitres, l'intrigue s'étoffe et rend plus complexe psychologiquement ce qui s'apparentait initialement à un triangle amoureux. Les liens qui unissent Taeju, Jeonghu et César oscillent entre sentiments conscients et soumission à l'autre. César entretient une attirance obsédante pour Taeju qui se refuse à lui, convaincu qu'il joue avec ses sentiments et qu'il se fait désirer. Il pense contrôler le jeune homme sans y arriver. Jeonghu assure craindre et être soumis aux désirs du dieu de la Mort alors qu'il maintient une froideur et une distance lui permettant de tirer les ficelles de leur relation… tout du moins en apparence. Quant à Taeju, son apparence juvénile donne l'impression qu'il est balloté par les évènements, influencé par les fortes personnalités de César et Jeonghu. Cependant, il obtient toujours ce qu'il désire, ne serait-ce que par la pression qu'exerce son don sur les deux prêtres.

Meyra SUDAL

À droite : illustration de la saison 1 de la plateforme ONO.

Manhwaka : EK (scénario), SSOS (dessin)

Traduction : ONO Korea

Année VO/VF : 2023/2024

Éditeur VF : ONO

Statut publication VO : 2 saisons, 37 chapitres (en cours)

Statut publication VF : 1 saison, 35 chapitres (en cours)

Érotisme :

Contenu sensible :

Noémie Coplo, fondatrice de Nao Publishing.

CENSURE *OR NOT* CENSURE ?

Telle est la question...

La censure d'une œuvre a toujours été un sujet sensible en lien avec la liberté d'expression. Mais si l'œuvre en question est mise à disposition du grand public déjà sous sa forme censurée, que signifie alors l'action de retirer cette censure ?

L'adaptation de *webtoon boy's love* au format papier en France n'est pas si récente que ça. Citons notamment parmi les œuvres phares *Killing Stalking* (voir p. 161) aux éditions Taifu Comics en 2021. Ce thriller horrifique fortement psychologique n'est pas accessible à un large lectorat. En mai 2023, c'est au tour de l'éditeur Nazca de publier le premier tome de *Salade Days*, une homo-romance tout en sensibilité entre un boxeur et un danseur classique. Ce *webtoon* chinois a acquis une grande notoriété auprès du lectorat par son histoire dramatique entre injustices sociales et difficultés rencontrées dans le milieu sportif professionnel.

Cette année 2023 marque d'ailleurs un tournant en France dans l'adaptation papier de *webtoon boy's love* lors de l'YCon, avec des éditeurs qui lui sont exclusivement dédiés et un parti pris assumé concernant la *décensurisation* [1]. D'un côté, la maison d'édition KBooks lance en grande pompe sa collection KBL accompagnée des premiers tomes de *The Dangerous Convenience Store* (voir p. 170) et *Roses et Champagne* (voir p. 173). De l'autre, Noémie Coplo, présidente de l'association La Mafia du *yaoi*, annonce la création de sa maison d'édition Nao Studio Publishing avec comme première œuvre à paraître en 2024 *Love Shuttle* (voir p. 162).

Rapidement, les deux éditeurs se positionnent comme des porte-étendards de la *décensurisation* des *webtoon boy's love*. Une mesure qui soulève de nombreuses questions auprès des *lecteurices*. Noémie Coplo leur apporte des éléments de réponses dans cet entretien exclusif. Censure ou non, quels enjeux se cachent derrière la suppression des « sabres laser [2] » ?

L'ensemble des *webtoon* publiés par Nao Studio Publishing sont décensurés. Peut-on dire qu'il s'agit d'une directive dans votre ligne éditoriale ?

C'est tout à la fois une directive de ma ligne éditoriale et une réponse apportée à la demande du lectorat *BL*. Étant donné que je suis lectrice moi-même, je connais cette frustration que l'on peut ressentir à la lecture d'une œuvre censurée. Mais surtout, j'ai suivi un parcours universitaire en histoire de l'art et je porte toujours une attention particulière aux dessins. À mes yeux, la censure des *BL* vient tronquer le travail de l'artiste. Cet effet laser blanc [2] qui te saute à la vue vient altérer tout le travail artistique et l'harmonie au moment des scènes intenses de l'œuvre. La *décensurisation*, c'est apporter une homogénéité au *webtoon*. On transcende l'œuvre d'origine en lui redonnant ce qu'elle aurait dû être initialement.

Je comprends tout à fait que, d'un point de vue culturel, les *boy's love* ont besoin d'être censurés là-bas. Mais je trouve dommage de dessiner des scènes explicites censurées, ou alors de les dessiner dans leur intégralité pour les censurer par la suite à l'aide d'un masque de censure dans une deuxième intervention. Les deux cas existent, *Love Shuttle* étant par exemple dessiné censuré. On pourrait aussi bien faire des scènes sensuelles où l'on ne voit pas les parties intimes et qui n'auront par conséquent pas besoin de censure, tout en ayant la même efficacité auprès des lecteurs.

En tant que lectrice, la censure m'a toujours dérangée visuellement. Par conséquent, c'est devenu en tant qu'éditrice une directive dans ma ligne éditoriale, notamment pour redonner aux scènes explicites leur intégralité et intensité.

En effet, censurer une création artistique est une décision à double tranchant. Notamment parce qu'elle impose une interprétation et un jugement dans l'acte de censure, à la place même du lecteur. Si elle vise à protéger un jeune lectorat, elle finit par infantiliser le lecteur et rend l'objet censuré encore plus désirable. Ce qui devient au final contreproductif. Comment est perçue cette *décensurisation* auprès des éditeurs et des *webtoonistes* coréens ?

Plusieurs éditeurs, particulièrement les grosses sociétés qui travaillent beaucoup à l'international, comprennent parfaitement cette demande. Comme Lezhin par exemple. Ils sont très conscients que le public étranger est en demande de contenu non censuré. D'ailleurs, leur contenu a fortement évolué et ils publient de plus en plus de *webtoon* non censurés aussi. C'est une attente qui ne concerne pas seulement le lectorat français. D'autres pays européens, l'Allemagne par exemple, décensurent les *webtoon* qu'ils publient.

Mais des éditeurs plus petits se posent des questions. Ne serait-ce que : « Mais le *boy's love*, ça va se vendre en France ? » Eh oui ! [*Rires.*] Un tout petit peu.

En soi, ils ne sont pas choqués par rapport à la décensure. En tout cas, je n'ai pas été confrontée à ce cas de figure.

Les éditeurs coréens sont plutôt intrigués et curieux de connaître les attentes du public français. Ils se posent des questions notamment sur la raison qui nous pousse à publier en livre plutôt qu'en version numérique un *webtoon*. Nous avons des échanges sur les attentes des lecteurs concernant l'objet livre, la sensation du papier, l'odeur des pages. L'envie d'avoir son *webtoon* préféré en version collector.

1 La décensurisation est l'action de retirer la censure qui a été apposée sur une œuvre.

2 Le mot « sabre laser » est fortement employé par les *lecteurices* de *boy's love* pour désigner les membres masculins en érection qui, une fois censurés, ressemblent aux sabres laser des Jedi dans *Star Wars*.

C'est important de leur expliquer cette culture du livre que l'on a en France. Mais surtout que la communauté *BL* apprécie de lire une œuvre dans son intégralité, donc décensurée.

As-tu eu des retours des autrices à ce sujet ?

Je n'ai pas eu de retour en particulier des autrices. Hormis Aeju (*Love Shuttle*) qui était super contente de décensurer son *webtoon*. Pour *Defense Mechanism*, l'artiste Zed a profité de ma demande pour travailler directement dès la saison 2 sur une version décensurée. En général, les *webtoonistes* aiment décensurer leurs œuvres, elles n'attendent que ça de pouvoir publier leur *webtoon* en intégralité.

On peut donc parler d'une attente commune entre les *lecteurices* et les artistes. Techniquement, comment est réalisée cette *décensurisation* des parties oblitérées ?

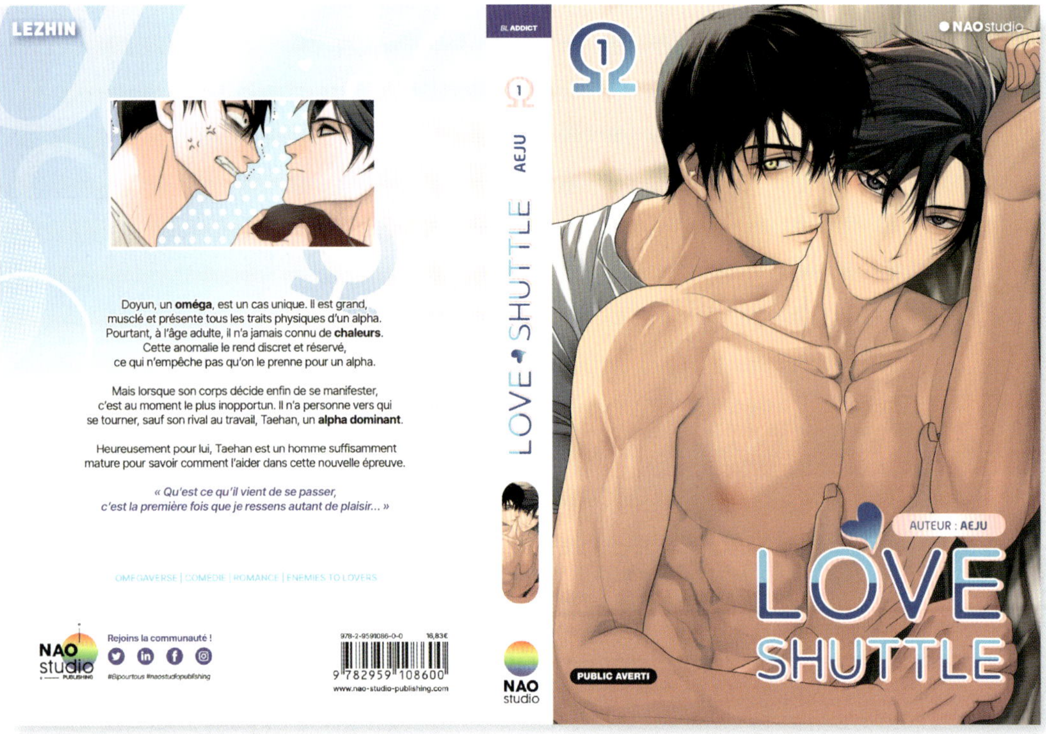

NaoPublishing édite en papier des versions décensurées des webtoons en retirant les "sabres-laser" ajouté pour les sites Web et le pays d'origine.

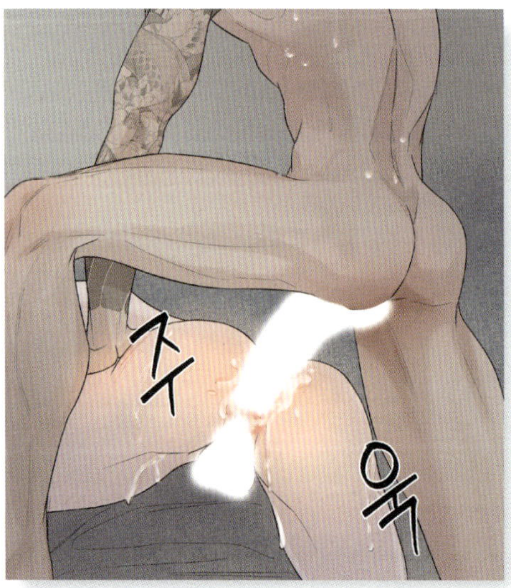

Exemple de censure sur une case du webtoon *Defense Mechanism*, où les sexes masculins sont simplement effacés par un coup de blanc. Censure de type «sabre-laser» comme l'appelle les fans de *BL*.

En général, c'est l'artiste qui réalise la décensure de son *webtoon*. C'est le cas pour *Love Shuttle*, *Defence Mechanism* et *Payback* (voir p. 164).

Il y a des cas plus particuliers, comme pour le *webtoon Love So Pure*. Produit par Plan B/ Gonggam Media au sein d'un studio, le travail de décensure fut en partie réalisé en France. Les fichiers que nous avions reçus étaient à demi censurés. Pour certaines parties, il y avait juste un calque de censure à retirer sur le fichier. Cette opération a été réalisée par mes soins au sein de la maison d'édition. D'autres parties par contre étaient censurées sans avoir été dessinées sous ces calques de censure. Il a donc fallu procéder à une reconstruction de l'image une fois le calque retiré. Dans ce cas précis, on fait appel à des artistes capables de réaliser ce travail en respectant l'univers graphique et le *chara-design* de l'œuvre. Pour *Love So Pure*, la mission de reconstruction a été confiée au studio Charon [3].

3 https://www.facebook.com/StudioCharon

C'est un véritable challenge donc, lorsque la *décensurisation* est réalisée en France et qu'il faut reconstruire une partie du dessin. Un travail qui doit d'une part obtenir l'aval des ayants droit (maison d'édition, artistes...) et d'autre part doit passer inaperçu du lecteur. Mais la *décensurisation* a-t-elle d'autres conséquences comme la distinction d'une œuvre entre pornographie et érotisme ?

Le terme pornographie n'est pas adapté. La question se pose en effet quand on aborde le sujet de la décensure. Il soulève notamment la question de la restriction d'âge. L'œuvre devient-elle alors accessible à partir de 16 ans ou 18 ans ? Mais lorsqu'une œuvre est considérée comme pornographique, sa mise à disposition auprès des lecteurs devient très compliquée. Juste pour exemple, sa TVA passe de 5,5 % à 20 %, une augmentation non négligeable auprès des lecteurs.

À mes yeux, c'est important de préciser que nous ne publions pas de *webtoon* pornographique. Une œuvre, un roman ou un film est considéré comme pornographique quand l'acte est livré de manière brute. Qu'il n'y a pas de scénario, de contexte ni de psychologie développée. En tant qu'éditrice, je ne souhaite pas publier de *webtoon* dont le contenu est exclusivement composé de *smut**. Ça ne m'intéresse pas. Donc quand j'entends « Noémie, elle est éditrice pornographique »... absolument pas. [*Rires.*] Je reprends toujours les gens sur ce sujet car pour moi, c'est important de bien faire la différence. Ce n'est pas de la pornographie parce que l'œuvre est décensurée, c'est toujours de l'érotisme mais explicite.

Chaque lecteur a une vision très personnelle de l'érotisme. André Breton disait : *« La pornographie est l'érotisme des autres ».* Si la sensibilité de chacun est variable, on ne peut nier qu'une œuvre devient encore plus explicite une fois décensurée. Cela a-t-il un impact lors de la mise en vente des titres auprès des lecteurs ?

Ci-dessous : couverture du tome 2 d'un *webtoon omegaverse* incontournable.

J'ai fait le choix de recouvrir avec un film les tomes qui contiennent des scènes explicites lors de leur mise en vente, afin qu'ils ne puissent pas être consultables en librairie par un jeune lectorat. De nombreux mangas *boy's love* ne le sont pas nécessairement malgré des contenus parfois très *hard*, voire violents. C'est une décision que j'ai prise et que j'applique pour l'ensemble de mes séries. Leur contenu étant décensuré, ils sont recouverts d'un film.

Ensuite, il y a plusieurs éléments présents sur les *webtoon* que nous publions. Sur les couvertures, l'avertissement « pour public averti » et une restriction d'âge à partir de 16 ans. À l'intérieur, un texte d'avertissement qui précise que le contenu comprend des scènes sexuelles ou violentes, destinées à un public de 16 ans et plus. Mais ces mesures ne sont pas liées à la *décensurisation*. Elles ne sont pas non plus liées à des directives coréennes lors de l'achat des droits.

Des restrictions qui pourraient être un frein à l'achat d'un *webtoon* ? Ne pas pouvoir le feuilleter en librairie avant de l'acheter par exemple. Ou au contraire, le fait de *décensuriser* un *BL* attire-t-il le lecteur ?

J'ai remarqué qu'il y avait deux *team*. Il y a celle qui achète exprès parce que c'est décensuré. Même s'il est minoritaire, ce lectorat est en demande d'un contenu non censuré. Et il y a celle qui apprécie de voir son « œuvre favorite » décensurée. Le fait de proposer leur série coup de cœur dans une version intégrale leur donne envie de l'avoir en format papier dans leur bibliothèque. La *décensurisation* peut être un motif d'achat. Là où, finalement, le lecteur de *BL* aurait pu se dire : « Je passe à côté, je l'ai déjà lu en numérique. » Eh bien non : « Elle est décensurée, il me la faut » ! *[Rires.]* C'est devenu l'argument en plus qui pousse à craquer pour un titre plutôt qu'un autre.

Un désir d'achat qui se comprend quand on est friand d'œuvres fortement érotiques. On constate ces dernières années une libération de la parole autour de l'érotisme féminin, qui a implicitement induit une popularisation croissante du *boy's love*. Des maisons d'édition, comme Nao Studio Publishing, contribuent à cette évolution. Au point de voir un *BL décensuré* photographié devant l'Élysée ?

Dans la vie, il faut du culot, respectueux bien sûr, mais c'est une forme de culot aussi de savoir y aller sans se démonter ! J'ai participé au concours 101 femmes entrepreneures pour la France et j'ai été lauréate pour le département de la Loire. Dans le cadre du concours, j'ai été reçu à Matignon avec les autres lauréates. Pour moi, Nao Studio Publishing n'est pas simplement une maison d'édition mais aussi un moyen d'être une porte-parole et d'entrer dans une phase de communication afin (à ma mesure, bien sûr, car j'estime n'être

À gauche : couverture du tome 1 de *Payback*. La sortie du tome 1 en France correspond à la venue en France de la *manhwaka* Fujoking.

À droite : *Love Shuttle* fut le première publication de la maison d'édition Nao Studio Publishing.

qu'une petite porte-parole) d'apporter ma pierre à l'édifice dans la lutte contre la discrimination et contre l'homophobie. Contre le harcèlement anti-LGBT et contre les discriminations envers les femmes aussi. Car mon lectorat reste majoritairement féminin et que, nous autres, les femmes sommes encore plutôt mal loties. Même s'il y a du mieux, savoir que l'entrepreneuriat féminin, c'est à peine 35 % de l'entrepreneuriat en France, ça me choque.

Mon parcours professionnel a toujours été plein d'évolutions. Mais avec Nao Studio Publishing, j'ai ajouté un but sociétal à ma passion. J'ai découvert le *BL* en achetant par hasard une petite cagette à un euro chez Emmaüs. Que du *red flag* et du *trigger warning*. Mais ça m'a rendue curieuse car j'avais beaucoup aimé ce que j'avais lu. J'ai alors découvert *Given*. J'ai immédiatement adoré le *BL* ! Les thématiques, ces histoires qui te font travailler ton imaginaire et te font fantasmer, pas dans le sens sexuel, mais dans le sens fantasmer une vie, fantasmer une relation, un romantisme. Tout en pouvant mettre en avant des histoires que tu ne cautionnes pas forcément dans la vraie vie. J'ai kiffé cet univers. [*Rires.*] Ma *mangathèque* a dépassé les 1 000 tomes en un an. C'est en chinant sur Vinted [4] que j'ai rencontré Marjolaine et Charlotte. Ensemble, nous avons créé l'association La Mafia du *yaoi* et je me suis encore plus spécialisée sur le sujet, ce qui m'a permis de découvrir le *webtoon*. Je me suis dit : *Mais c'est fabuleux, ça ! On a des thématiques encore plus dures, de la couleur, des séries longues… Pourquoi on n'a pas ça en papier en France ?*

J'étais en pleine reconversion professionnelle. J'avais fait tant d'études pour, au final, ne faire qu'une partie de ce pour quoi j'ai été formée. J'avais besoin de m'épanouir autrement. Avec Nao Studio Publishing, je souhaite créer une communauté soudée mais aussi une *safe place* pour les fans de *BL*. Quand tu vas sur TikTok et que tu vois des emojis tête de mort et des propos odieux sous les vidéos qui présentent des *BL*, tu réalises que l'homophobie est encore trop présente mais surtout que ce genre est encore incompris. J'aimerais démystifier cette thématique. La rendre plus populaire, communiquer dessus pour faire comprendre aux gens qu'on n'est plus dans les années 1950 et qu'il faut que ça change ! Qu'on soit à l'écoute les uns des autres. Et que lire un *webtoon* où il y a un sexe d'homme en érection n'a rien de choquant.

Me rendre à Matignon fut une bonne expérience. C'est super gratifiant aussi. Remporter ce concours apporte de la notoriété à une jeune maison d'édition. Quand Aeju a vu ma photo avec *Love Shuttle* devant l'Élysée accompagnée du Premier Ministre, elle ne s'y attendait pas. Même en Corée, ça ne s'est pas produit de pouvoir mettre ainsi le *boy's love* en avant auprès des institutions. On m'a souvent répondu « Quel culot ». Eh bien, oui. Il faut du culot ! J'ai même offert un exemplaire en main propre à Gabriel Attal. Si on veut faire bouger les choses, il faut du culot.

Propos recueillis par Meyra Sudal, décembre 2024.

4 https://www.vinted.fr/

Extrait de l'anime *One Piece*. Parmis les personnages queer que l'on découvre tout au long de l'intrigue du manga, se retrouvent les Okamas, des hommes travestis en femme.

LE *BL* : INFLUENCEUR ET INFLUENCÉ

Comme toutes les productions littéraires, un manga *boy's love* s'inscrit dans les codes et les mouvances du moment où il est créé. Pourtant, le *BL* a toujours été avant-gardiste et continue d'influencer l'ensemble des productions qui gravitent autour de la planète manga.

Le *BL* fait des petits...

La ligne éditoriale homo-érotique qui prolifère aux cours des années 1990 n'a jamais été une limite pour le *boy's love*. Alors que le genre puise son origine dans les premiers *shôjo* homo-romantiques, il a su s'inviter au fil des ans dans de nombreux scénarios de mangas aux styles variés s'adressant à tous types de lecteurs. La quête des références au *boy's love* ou des sujets que le genre véhicule s'apparente à un *cherche et trouve* dans les parutions mangas depuis la fin des années 1990.

On ne compte plus le nombre de personnages queer présents dans les pages du manga *One Piece* [1]. Le *shônen*, fortement humoristique dans sa narration, caricature la communauté LGBT mais lui donne une visibilité saine et décomplexée. Comme pour les Okamas qui sont des personnages soit transgenres soit travestis (le terme est par ailleurs employé au Japon pour désigner des personnes *gender bender*). Ils assument leur sexe biologique sans cacher leur morphologie masculine ou leur pilosité, tout en se travestissant. Kedétrav, le royaume des Okamas, est un lieu où tous ceux qui se sentent femme se rassemblent, qu'importe leur genre. Les personnages Newkamas explorent encore plus loin le concept en ayant changé de sexe grâce aux pouvoirs du personnage Emporio Ivankov.

1 Saga *fantasy aventure* phare du *mangaka* Eiichiro Oda en cours de publication aux éditions Glénat.

L'homo-romance s'invite dans les pages du manga *L'Atelier des sorciers* [2], à travers la représentation du couple que forment Garga et Atwart. Personnage secondaire, mais récurent dans l'intrigue, Garga est membre de la milice magique quand Atwart (jusqu'ici moins présent que son compagnon dans le scénario) est un sorcier, ancien assistant d'Olugio. L'évolution dramatique de leur romance soulève des questions de société actuelles, comme la reconnaissance des droits du conjoint dans les couples homosexuels.

Les références satiriques au *boy's love* sont une dynamique propre au comique de répétition du scénario du manga *Fruits Basket* [3]. Principalement incarné par les personnages de Shigure et Ayame qui en sont le parfait exemple : ce dernier excentrique se complaît à interpréter le fantasme des *fujoshi* (voir p. 65) dans une relation fictive avec son ami d'enfance, incluant parfois dans leur jeu le personnage d'Hatori qui reste pourtant hermétique à leurs tentatives.

Présent dans les jeux vidéo, les *anime* (qu'ils soient des adaptations de manga ou des créations originales) et les *live action*, le *boy's love* émerge de plus en plus comme genre secondaire ou principal des scénarios de la pop-culture japonaise.

Des intrigues qui surfent sur la vague des genres à la mode

Les phénomènes littéraires et cinématographiques qui caracolent au top des ventes et influencent le marché du divertissement n'échappent pas aux éditeurs de mangas, qui suggèrent à leurs auteurs de produire des récits dans la lignée de ces courants à la mode.

Avec ces thématiques fantastiques aux succès indémodables, la saga cinématographique *Twilight*, qui débute en 2008, relance l'attrait du public pour les vampires et les loups-garous comme incarnation de fantasmes romantico-érotiques. Le tout dans un contexte à la tension dramatique qui exploite le concept d'amour interdit. La *mangaka* Taino Nikke publie en 2019 la duologie *Dites au chat noir de ne pas sortir cette nuit* [4]. Le scénario qui réinterprète, sans en être un, les dynamiques de l'*omegaverse* (voir p. 111) transforme la morsure de vampire en puissant aphrodisiaque. De son côté, la série *Coyote* [5] de Zariya explore en 2016 le mythe lycanthrope dans un univers mêlant modernité et gothique victorien. L'intrigue d'un érotisme puissant s'inspire des codes des *fan fiction slash* [6] américaines dérivées de la série télé *Supernatural*.

L'année 2010 marque le début d'une épidémie zombie qui envahit tous les milieux du divertissement. L'adaptation télé du comics *Walking Dead* exercera une influence considérable sur les productions des années suivantes. Et le virus des « morts-vivants » n'épargne pas les *boy's love*. Se déroulant aux États-Unis, le *one-shot Boys of the Dead* décrit à merveille des personnages aux destins croisés dans un contexte postapocalyptique où leur survie dépend de choix difficiles. La *mangaka* Douji Tomita n'épargne ni ses personnages ni ses lecteurs dans ce récit horrifique dramatique à l'ambiance pesante, merveilleusement bien retranscrit par son style graphique. *Zombie Hide Sexe*, lui, développe les tensions amoureuses entre personnages (triangle, voire quatuor amoureux) alors que la mort rode à tout instant dans ce manga de Yuo Yodogawa.

L'industrie du divertissement n'échappe pas, elle non plus, aux scénarios *BL*. La *mangaka* Miyoshi Ayato met en scène des idoles pour son diptyque *Rock Your World* [7]. Strass, paillettes et amour impossible au sein d'un groupe de *J-Pop** sont les ingrédients-clés de la *romcom**. Les fans de *J-Pop* et *K-Pop* créant de nombreuses *fan fiction boy's love* entre les membres de leurs groupes préférés, il était inenvisageable de ne pas retrouver ce genre d'intrigue dans les publications *BL* des éditeurs.

Meyra SUDAL

Ci-dessus : couverture japonaise du *one-shot Boys of the Dead* dont la composition rappelle les affiches de cinéma.

Ci-dessous : couverture française du premier tome d'une duologie où vampirique rime avec érotique. Un amour interdit dans un internat entre un humain et un vampire.

2 *Seinen* fantasy de la *mangaka* Kamome Shirahama en cours de parution chez Pika.

3 *Shôjo* de la *mangaka* Natsuki Takaya disponible en intégralité aux éditions Delcourt.

4 Les deux tomes sont disponibles aux éditions Hana.

5 Série en cours de publication avec quatre tomes au Japon et en France, aux éditions Hana.

6 Une *fiction slash* met en scène une relation amoureuse entre deux personnages de même sexe.

7 Les deux *one-shot* sont disponibles chez Hana.

OTAKU OTAKU

Être otaku ? C'est tout un art de vivre !

À gauche : couverture française du tome 1.

Page de droite, en haut : couverture de l'édition américaine en doubles tomes. L'illustration correspond au tome 4 japonais. En bas : illustration de promotion de l'adaptation en *anime* du manga.

Quand l'héroïne d'une comédie romantique hétérosexuelle est une lectrice assidue de *boy's love*, le manga a de quoi séduire la communauté *BL*. Entre satire et mise en avant décomplexée d'un lectorat souvent critiqué, *Otaku Otaku* décrit avec dérision le quotidien de jeunes adultes en marge de la société par leurs passions *geek*.

Mangaka : Fujita

Traduction : Aline Kukor

Année VO/VF : 2014/2018

Éditeur VF : Kana

Statut publication VO : 11 tomes (terminé)

Statut publication VF : 11 tomes (terminé)

Érotisme :

Contenu sensible :

Narumi Momose vient d'être embauchée dans une nouvelle entreprise. Mais il se trouve que par hasard Hirotaka Nifuji, un ami d'enfance, y travaille aussi et qu'il connaît son secret. Narumi et Hirotaka sont tous deux des *otaku* [1] qui ont partagé leur passion pour les jeux vidéo et les mangas durant leur scolarité. Mais si Hirotaka ne cache pas son addiction pour les jeux vidéo, Narumi, elle, ne souhaite pas révéler à son entourage son côté *otaku*. Et encore moins le fait qu'elle est une *fujoshi* (voir p.65) ! Elle a justement quitté sa précédente entreprise où elle travaillait avec son petit ami qui a rompu, jugeant ses passions honteuses. Heureusement pour Narumi, leurs supérieurs respectifs, Hanako et Tarô, ont eux aussi leur lot de passions secrètes. Commencent alors les aventures rocambolesques de quatre collègues de travail *otaku*.

Otaku Otaku est la *romcom love office** incontournable pour tout fan de manga et de *boy's love*. À travers ces personnages tout en excentricités, l'histoire dépeint avec humour le quotidien d'une génération de passionnés qui refusent d'abandonner son intérêt pour la pop culture japonaise en grandissant. Difficile de faire comprendre aux autres, une fois dans la vie active, une passion souvent considérée comme une passade adolescente. Ce quatuor est un hommage à ces adultes incompris à qui l'on reproche de ne pas grandir, alors qu'ils expriment juste leur amour pour la culture *otaku*. Mais surtout à travers les deux personnages féminins, c'est un hommage aux lectrices de *BL* ! Découpée en gags de quelques pages, la narration est soutenue et enchaîne sans discontinuer des situations qui sentiront le vécu auprès des *lecteurices*.

Narumi représente le stéréotype de la *fujoshi** qui vit pleinement sa passion pour les *boy's love*. Elle participe au Comiket avec ses *dojinshi* et ne loupe jamais l'occasion d'imaginer une *fanfiction* avec les hommes qui l'entourent, qu'ils soient fictifs ou réels. Hirotaka en fait même souvent les frais. Tout à la fois drôle et attendrissante, sa quête d'une relation amoureuse classique s'oppose à sa relation avec Hirotaka qui est loin d'être conventionnelle. Leurs péripéties et échanges avec leurs collègues *otaku* les amènent vers un équilibre de couple.

Hirotaka est un *gamer addict*. Chaque minute de son temps libre est vouée à ces jeux vidéo au point qu'il en paraît asocial, voire désagréable pour les non-passionnés de jeux (le personnage ne lâche pas sa console lors d'un repas – une attitude plutôt

1 Un *otaku* est un individu obsédé par une passion exclusive, en rapport avec la pop-culture japonaise dans l'acceptation européenne. Étymologiquement, le mot désigne péjorativement une personne qui consacre une grande partie de son temps à une activité d'intérieur. On retrouve dans la culture *otaku* tout ce qui a trait au *gaming*, au manga et aux *anime*, à l'industrie du divertissement et aux idoles, ou encore au *cosplay*.

impolie). Il retranscrit à sa façon son amour pour Narumi en la soutenant dans sa production de *dojinshi* ou en l'aidant à passer les niveaux des jeux vidéo où elle bloque.

Le couple secondaire est composé de Tarô (supérieur de Hirotaka), un lecteur assidu de mangas, et Hanako (supérieure de Narumi), une *cosplayeuse* passionnée de jeux vidéo et de mangas, elle aussi *fujoshi*. Les deux femmes partagent leur passion pour le *BL*, débattant à de multiples reprises des rôles que pourraient avoir leurs compagnons (Hirotaka et Tarô) s'ils étaient les personnages d'un *BL* érotique, débattant sur qui endosserait le rôle d'*uke** et qui celui de *seme**.

Succès incontesté, *Otaku Otaku* est adapté en *anime* de 11 épisodes diffusés au printemps 2018, puis en 3 OAV dont le troisième accompagne la sortie du dernier tome du manga. Une adaptation *live action* est diffusée dans les salles obscures en 2020 sous le titre *Wotakoi: Love Is Hard for Otaku*, diffusé en avant-première lors du Festival international de la bande dessinée d'Angoulême. On retrouve dans le rôle principal de Hirotaka l'acteur Kento Yamazaki (qui interprète le rôle principal d'Arisu dans le *J-Drama Alice in Borderland*) et l'actrice Mitsuki Takahata dans celui de Momose.

Meyra SUDAL

Fujita publie entre avril 2014 et février 2015 sur son compte pixiv un *web-manga* humoristique composé de chapitres courts. L'histoire qui met en avant de nombreux personnages représentant des *otaku* est publiée par Ichijinsha en avril 2015 sous forme d'un *one-shot**. Le succès auprès des *lecteurices* est tel que le manga devient une série, prépubliée dans le magazine *Comic Pool* à partir de novembre de la même année. À la sortie du dernier chapitre, la *mangaka* annonce un spin-off qui sortira sur le service digital Pool, proposé par pixiv. Fujita exerce depuis une activité de *mangaka* et *dojinka* spécialisée dans la romance *boy's love* extrêmement érotique et signe ses *BL* sous le nom de plume megane. Tout récemment, Fujita a publié un chapitre de *girl's love** *school life** sportif où les protagonistes ressemblent à s'y méprendre à des garçons. Une inversion des genres moins commune qui parodie les *boy's love* où les protagonistes masculins ressemblent fortement à de jeunes filles.

Les tomes d'*Otaku Otaku* sont régulièrement classés dans le Top Oricon parmi les mangas les plus vendus. Le tome 2 fut classé premier la semaine du 28 mars au 3 avril 2016, tandis que le tome 3 est resté quatre semaines consécutives dans le classement. Le manga est classé 9e au Zenkoku Shotenin ga Eranda Osusume Comic de 2017.

BL MÉTAMORPHOSE

Il n'est jamais trop tard pour découvrir les boy's love

La passion qui unit les protagonistes de *BL métamorphose* prouve que les histoires d'amour sont intergénérationnelles, pouvant toucher le cœur des *lecteurices* qu'importent leurs âges.

Couverture du tome 1 français.

Mangaka : Kaori Tsurutani

Traduction : Géraldine Oudin

Année VO/VF : 2017/2019

Éditeur VF : Ki-oon

Statut publication VO : 5 tomes (terminé)

Statut publication VF : 5 tomes (terminé)

Érotisme :

Contenu sensible :

À 75 ans, Yuki est une veuve qui passe ses journées entre mots croisés et cours de calligraphie. Un jour de forte chaleur, elle se réfugie dans une librairie. Attirée par la couverture d'un manga alors qu'elle n'en avait plus lu depuis sa jeunesse, Yuki l'achète sur un coup de tête sans savoir qu'il s'agit d'un *boy's love*. D'abord surprise, elle est rapidement envoûtée par cette romance entre deux lycéens. Désireuse de connaître la suite, Yuki retourne à la librairie pour se la procurer et retrouve la jeune Urara, apprentie libraire qui l'avait servie. De nature timide, Urara a toujours caché sa passion pour le *boy's love*. Mais la bienveillance de Yuki va petit à petit décomplexer l'adolescente qui trouve en la vieille dame l'oreille attentive d'une amie.

Slice of life touchant et drôle, *BL métamorphose* renverse les clichés autour du lectorat *BL* tout autant que ceux sur l'amitié entre deux personnes ayant une grande différence d'âge. L'histoire est un témoignage juste des bienfaits de l'échange intergénérationnel et brise les a priori sur les seniors mais aussi les jeunes. Leur rencontre est un déclic pour Urara qui gagne en confiance en elle et s'ouvre plus facilement aux autres. Enseignant l'art de la calligraphie, Yuki représente de fait un personnage ayant une sensibilité artistique. Elle incarne une porte-parole de l'opposition face à la critique visant les *BL*. Son ouverture d'esprit et sa curiosité pour l'évolution de notre société sont des exemples de tolérance.

BL Metamorphosis, le film adaptant le manga sorti en 2022

Urara accompagne Yuki dans sa découverte des *boy's love* : Comiket, *dojinshi*, rythme de publication... le manga fourmille d'informations pour les néophytes du genre.

Kaori Tsurutani lance sa carrière en remportant en 2007 le prix du 52ᵉ Chiba Tetsuya, avec son manga *Okina Daidokoro*. Deuxième série longue de la *mangaka*, *BL métamorphose* est retenu pour faire partie des dix mangas pour lectorat féminin du guide Kono Manga ga Sugoi! de 2019. Un guide qui révèle les mangas à suivre dans l'année à venir, sélectionnés par des éditeurs, libraires, *mangaka*... *BL métamorphose* remporte le prix New Face Award au 22ᵉ Japan Media Arts Festival Manga Division. Le manga est aussi nominé pour le prix Manga Taishô, une première fois en 2019 puis en 2021.

BL métamorphose est porté au cinéma en 2022 par le réalisateur Shunsuke Kariyama avec l'actrice Nobuko Miyamoto dans le rôle de Yuki.

Meyra SUDAL

BLUE FLAG

Le shônen qui cachait une homo-romance.

Chassé-croisé amoureux, *Blue Flag* renverse les codes du triangle amoureux à travers un tourbillon de sentiments qui ne laisse pas le lecteur indemne.

En bas : illustration du coffret découverte regroupant les trois premiers tome de la série. L'illustration est à l'identique de celle du tome 1.

Taichi vient d'entamer sa dernière année au lycée. Il retrouve dans sa classe son ami d'enfance Tôma, un élève très populaire, membre du club de baseball, dont il s'est éloigné depuis le collège. Face à ce grand gaillard qui a le cœur sur la main, Taichi est complexé. Pourtant, Tôma reste identique à lui-même, toujours aussi avenant et proche de lui, comme si la distance que Taichi tentait de mettre depuis toutes ces années n'existait pas.

Un jour, leur camarade de classe, la petite et maladroite Futaba, demande conseil à Taichi car elle est amoureuse de Tôma. Ce dernier essaye de l'aider comme il peut, tout à la fois agacé et amusé par la jeune fille. Mais cette dernière année est celle de trop pour Tôma dont les sentiments, qu'il étouffe depuis tant d'années, sont sur le point d'exploser.

Le *mangaka* propose avec brio un *shônen* de romance *school life** où le *triangle amoureux** croise homo-romance et romance hétérosexuelle. *Blue Flag* interroge les limites entre amour et amitié. Sans hiérarchisation des sentiments, les émotions ressenties par les personnages sont toutes exprimées et considérées comme ayant de la valeur. Si les protagonistes expriment leurs émotions plutôt que de les contenir, limitant les traditionnels quiproquos des romances *school life*, le *mangaka* distille cependant de nombreux détails implicites qui imposent une double lecture entre sentiments conscients et inconscients. À l'image de ce qui se passe dans le chapitre final, les éléments les plus importants ne sont pas toujours ouvertement exprimés. Taichi et Tôma devront faire un travail d'introspection pour comprendre ce qu'ils éprouvent et s'affranchir de la pression de leur entourage pour assumer ces sentiments nouveaux.

Kaito est un *mangaka* spécialisé dans le *shônen*, souvent sportif et *school life*. *Blue Flag* est sa dernière série en date prépubliée dans le *shônen Jump +*. Le style graphique est en accord avec la production *shônen* : des expressions faciales souvent comiques et l'emploi régulier de *SD* [1] pour Taichi et Futaba. Les scènes dramatiques sont cependant représentées avec énormément de détails dans un style graphique réaliste, avec des plans plus rapprochés, à la façon de Masakazu Katsura.

Le manga a fait énormément parler de lui au Japon tout au long de sa sortie. Il est par ailleurs l'une des 15 séries les plus recommandées par les libraires en 2018, selon l'étude annuelle intitulée Zenkoku Shotenin ga Eranda Osusume Comic, diffusée *via* le site web Honya Club.

Meyra SUDAL

Mangaka : Kaito
Traduction : Nesrine Mezouane
Année VO/VF : 2017/2019
Éditeur VF : Kurokawa
Statut publication VO : 8 tomes (terminé)
Statut publication VF : 8 tomes (terminé)
Érotisme :
Contenu sensible :

1 *SD* signifie *Super Deformed*. Il représente un style de dessin où un personnage est dessiné avec une tête énorme et un tout petit corps dans un style caricatural.

DE LA PAGE À L'ÉCRAN

Ci-dessus : image titrée du *JDrama The Novelist* adaptation du *BL Pornographer*.

Page de droite, en haut à gauche : troisième saison d'une saga dont les premiers opus sont *Kiss Me Again* et *Kiss The Series*. L'histoire d'amour de plusieurs couples qui évoluent au fil des 42 épisodes et se poursuit à travers différents spin-off.

En bas : affiche promotionnelle de l'adaptation thaïlandaise du manga *Cherry Magic*.

Tourner la dernière page d'un manga est un moment tout en émotions pour le lecteur, qui devient alors en demande de prolonger le plaisir de sa lecture à travers d'autres médias, comme les *anime* ou *drama*.

Fan service et modèle économique

L'exploitation au maximum d'une propriété intellectuelle à succès (dite *IP*) est un procédé devenu courant en Corée du Sud. Les grands groupes *chaebol* [1], comprenant plusieurs entreprises du milieu du divertissement, adaptent un scénario original (souvent un *webnovel**) en format *webtoon*, en *Audio-Drama** puis *anime* ou *live action**, et parfois en jeux vidéo. Plus la licence rencontre du succès, plus elle est franchisée à travers des *goodies** et des opérations commerciales (expositions temporaires dans des cafés, produits exclusifs limités). La Corée du Sud propose souvent des adaptions libres des *IP*, qui vont jusqu'à changer parfois le dénouement de l'œuvre d'origine. L'objectif étant, à partir d'un scénario à succès, de toucher un maximum de public, quitte à faire évoluer l'histoire. Notons que cette pratique est moins courante à ce jour dans les adaptations des *webtoon* du genre *boy's love*, que ceux d'action ou de romance. Le *K-Drama Love Tractor*, par exemple, respecte le déroulé de l'intrigue du *webtoon* [2].

Au Japon, l'interconnexion entre les différents acteurs du secteur est un processus tout aussi bien rodé en ce qui concerne l'adaptation des mangas en *anime* et *J-Drama*. Même si cette dernière revêt moins une dimension de profit économique au sein d'un groupe d'entreprises. Les mangas sont régulièrement adaptés sous un format audiovisuel, pour le grand comme le petit écran. Les fans en ont une attente particulière et consomment volontiers la même histoire retranscrite sous différents formats. Contrairement à ce qui se passe en Corée du Sud, les sociétés de production japonaises appliquent une politique plus respectueuse de l'œuvre originale. Il n'est pas rare de voir des *anime* reprendre mot pour mot les scènes de dialogue du manga dans un mimétisme troublant, comme c'est le cas de la saga *Twilight Outfocus* [3] de la *mangaka* Janome. Composé de plusieurs *one-shot**, la série *school life** suit l'histoire d'amour de deux jeunes lycéens d'une grande maturité, qui expriment leur passion pour le cinéma dans leurs clubs respectifs, l'un comme acteur et l'autre à travers la réalisation.

1 Groupe d'entreprises (souvent familiales) de secteurs variés, entretenant entre elles des participations croisées.

2 Disponibles sur la plateforme française ONO.

3 L'ensemble des tomes parus au Japon sont publiés chez Hana.

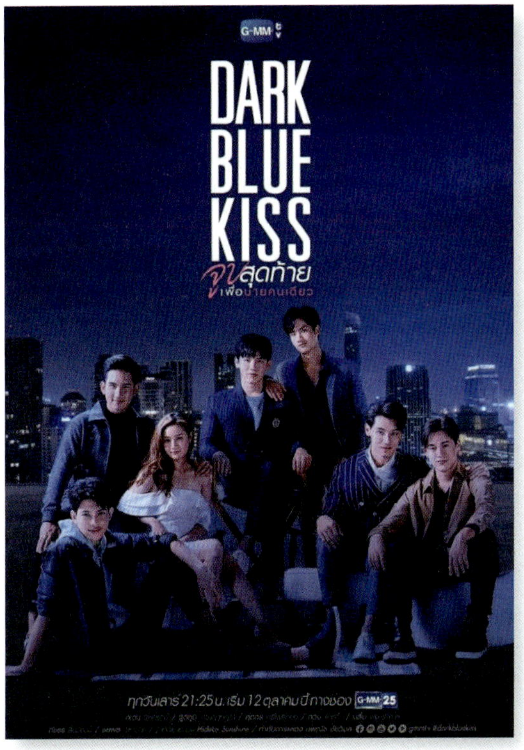

Plus que de la fiction : un enjeu de société

La Thaïlande s'impose au cours des années 2010 comme le pays de référence des *drama boy's love*. Leur popularité est telle qu'ils ont un impact significatif sur la représentation des communautés LGBT dans le pays. La série *Sotus* [4] diffusée en 2016 est un succès phénoménal et popularise le genre autant à travers le pays que chez ses voisins nippon, coréen et taïwanais. Les productions télévisuelles *BL* s'enchaînent et s'emparent de sujets de société. *Dark Blue Kiss*, la suite de *Kiss Me Again*, aborde avec sensibilité la question du coming out* dans le cercle familial.

Les acteurs interprétant ces rôles homosexuels voient leur popularité augmenter. Certains professionnels du milieu, comme le réalisateur Noppharnach Chaiyahwimhon [5], assument ouvertement leur homosexualité quand, dans d'autres pays d'Asie, elle est vécue à l'abri des regards (voir p. 76). Les *drama boy's love* thaïlandais deviennent un tremplin en termes de visibilité et de succès auprès du grand public. À tel point que ces dernières années, et bien qu'ils aient déjà été adaptés en *live action* dans leur pays d'origine, les sociétés de production achètent les droits des mangas japonais *BL* à succès, comme *Cherry Magic* (voir p. 28).

L'impact de ces séries est considérable. D'une certaine façon, elles ont contribué à la reconnaissance légale des couples gays et à la ratification en 2020 d'une loi de partenariat citoyen, premier pas vers la légalisation du mariage pour tous promulguée en 2024.

Fujimoto Yukari [6] considère que les *drama boy's love* sont le chaînon manquant pour combler le fossé entre la fiction et la réalité des communautés LGBT au Japon. Yukari est convaincue que les images réelles jouent un rôle prédominant dans l'inconscient des citoyens, plus qu'une représentation en 2D.

Version animée de *Twilight Out of Focus*.

« Les Japonais ont le sentiment que s'éloigner de la normalité ne peut conduire qu'au malheur. Certains signes de changement existent, mais c'est généralement sur un mode inconsciemment discriminatoire : les homosexuels ne sont pas normaux, les pauvres, nous devons leur tendre la main. Ce type de série télé de fiction peut faire évoluer les regards, en montrant une vie quotidienne "normale et heureuse" sans hiatus aucun [7]. »

Ces dernières années toutefois, emportés par le succès télévisuel des *BL* thaïlandais, les *J-Drama* d'homo-romance ont augmenté. Le manga de Maki Marukido, *Pornographer* [8], est ainsi adapté en 2018, quand la série en cours *Ameiro Paradox* [9] d'Isaku Natsume a récemment eu droit à sa version *live action* (2022). Toutes deux sont disponibles sur la plateforme Viki.

Meyra SUDAL

4 La série est disponible en sous-titres anglais sur la chaine YouTube officielle de GMMTV.

5 Réalisateur de nombreuses séries *live action BL*, dont récemment *Last Twilight*, récompensée de nombreux prix aux YUnivers Awards et Y Entertain Awards.

6 Fujimoto Yukari est professeure à l'université Meiji, spécialisée dans la culture manga et les représentations de genre.

7 Propos recueillis par Nippon.com en 2020 : https://www.nippon.com/fr/in-depth/d00607/?pnum=2

8 Le *one-shot* est disponible aux éditions Hana.

9 Les six tomes parus à ce jour sont édités par Taifu Comics.

CHASSÉ-CROISÉ ENTRE *LIGHT NOVEL* ET MANGA

Le lien qui uni les *light novel* aux mangas pourrait s'écrire à la façon d'un *friends to lovers**, tant leurs apparitions et évolutions sont intrinsèquement liées.

Adaptation manga de la romance contemporaine de Michi Ichiho. Couverture de l'édition anglaise chez Seven Seas, inédit en France.

Aux origines des *LN*

Difficile de passer à côté du phénomène *light novel** (aussi abrégé *LN*) tant sa présence croissante dans l'Hexagone ces dernières années ne passe pas inaperçue. Les titres traduits des grandes licences mangas, jeux vidéo, ou encore *anime* remplissent les étagères des librairies. Destinés à un lectorat adolescent et jeune adulte, les *light novel* peuvent correspondre à notre ligne éditoriale *young adult* en dehors de leur format. C'est ce dernier qui les distingue réellement des romans : assez court, environ 200 pages et 50 000 mots maximum. L'écriture dynamique est souvent dépourvue de descriptions et privilégie les dialogues à la narration. Le rythme soutenu va droit au but pour une lecture rapide. Les *LN* sont appréciés autant par les lecteurs aguerris en quête d'une histoire à dévorer dans les transports en commun que par les réfractaires aux romans qui veulent plonger sans détour au cœur de l'action. Un format idéal pour la nouvelle génération aux modes de consommation ultra rapides. Les *LN* sont parfaitement adaptés à la publication numérique. Rebaptisés alors *webnovel**, jusqu'à une impression papier par un éditeur où le format reprend l'appellation *LN*.

Tout comme pour le manga, c'est dans les pages des magazines adolescents des années 1970 que les *light novel* sont apparus. L'histoire y est sérialisée à la façon des romans-feuilletons français du XIXe siècle. Elle s'agrémente d'illustrations, couramment réalisées par des *mangaka*. Un univers visuel commun qui associe encore plus ces deux styles littéraires.

Dans les années 1990, les *light novel* fidélisent un lectorat et des rayons dédiés apparaissent en librairies. Une vague de *LN* à succès déferle dans le monde de l'édition au cours des années 2000. Les séries comme *La Mélancolie de Haruhi Suzumiya* et *Sword Art Online* font connaître les *LN* par-delà les frontières, même si les premières tentatives de publications françaises peinent à trouver leur lectorat [1]. C'est au cours de cette

1 Ce fut le cas du *LN La Mélancolie de Haruhi Suzumiya* publié par Glénat, en cours avec 13 tomes et abandonné en France dès son tome 1.

décennie que le portage des *LN* en mangas, *anime* et jeux vidéo prend son essor. Plus qu'une simple adaptation, les *LN* deviennent un outil marketing complémentaire pour les licences à succès. Leur moindre coût de production par rapport au manga permet de compléter un récit à l'aide de spin-off* et de *crossover**.

Le *boy's love* au cœur des pages des *light novel*

Les *light novel* homo-romantiques étaient déjà présents dans les pages du magazine *June* (voir p. 61). Mais c'est au cours des années 1990 que les *LN BL* s'imposent comme genre incontournable du format. Narise Konohara fait partie de ces autrices prolifiques qui ont contribué au boom des *LN* de cette époque. Scénariste de mangas *BL*, autrice de *LN* homo-romantiques et homo-érotiques, Konohara fait partie du groupe d'écrivaines Unit Vanilla. Aucun genre ne résiste à sa plume, l'autrice maîtrise tous les styles : fantastique, comédie, *school life**, tragédie, aventure, *slice of life**... Publiée en 2007 aux éditions Tatsumi Shuppan, la duologie *Utsukushii Koto* est l'un des chefs-d'œuvre de Konohara et une romance dramatique *gender bender* [2] incontournable des *light novel* homo-érotiques. Le protagoniste Matsuoka porte et se maquille avec les affaires oubliées de son ex-petite amie. Ainsi habillé, il arpente les rues la nuit et ressent du plaisir face aux regards des hommes qu'il croise. Mais un jour, il rencontre ainsi vêtu Hirosue, un collègue de travail. Entre un homme fou amoureux d'une femme qui n'existe pas et un autre qui se laisse emporter par les sentiments purs de ce dernier, le dénouement semble sans issue. Le succès est tel qu'une réédition intégrale voit le jour en 2013. Puis, en 2021, la *mangaka* Nao Inui l'adapte en manga.

Plus récemment, *Yes, No, or Maybe?* d'Ichiho Michi paraît en 2014 aux éditions Shinshokan. L'intrigue qui se développe en trois tomes est agrémentée des illustrations de la *mangaka* Lala Takemiya. La romance contemporaine *love office* entre Kunieda Kei, un animateur de télé apprécié de tous pour sa personnalité sans défaut, et Tsuzuki Ushio, un scénariste d'animation travaillant pour la même entreprise, reprend les thèmes classiques du genre. Kei cache derrière un sourire de façade une personnalité colérique égocentrée qu'Ushio découvre par inadvertance. Tout d'abord adapté en film d'animation [3] en 2020, le *LN* fait l'objet d'une seconde adaptation en manga par Yukimura.

Succès immédiat lors de sa diffusion en 2016 sur la chaîne GMM TV, le *drama** *BL* taïwanais *Sotus* est à l'origine un *light novel** de BitterSweet. Romance *school life** *enemies to lovers** addictive, l'intrigue met en scène un jeune étudiant fraîchement inscrit en école d'ingénieurs et qui va s'opposer au représentant des troisièmes années et au traditionnel bizutage que les nouveaux doivent subir. Le *light novel* publié en 2015 dans son pays d'origine est doublement importé au Japon en 2021. Tout d'abord sous sa forme *LN* traduite mais aussi à travers une adaptation en manga par Shichiri Kei en trois tomes.

Encore trop peu publiés en France, les *light novel boy's love* sont riches en diversité et la quantité impressionnante d'œuvres encore inconnues chez nous a de quoi faire rêver les fans de ces lectures hybrides entre manga et roman.

Meyra SUDAL

2 Personne qui s'habille et se présente d'une manière qui défie les attentes de la société vis-à-vis de son genre.

3 Disponible en streaming sur la plateforme Crunchyroll.

Ci-dessus : couverture française de l'unique tome traduit en France du *light novel* de Haruhi Suzumiya, édition Hachette.

Ci-contre : couverture de l'édition américaine chez Yen Press de l'adaptation en manga de Sotus.

À droite : tome 1 de l'adaptation en manga de l'œuvre phare de Narise Konohara, *Utsukushii Koto*. Édition américaine Seven Seas.

LA FOLLE PASSION DU *DANMEI*

Alors que le confinement contraint une grande partie de la population à rester à la maison, quelques passionnées de *boy's love* et de *drama* vont sur les réseaux sociaux révéler au public français le potentiel homo-romantique incroyable des *danmei*.

Un *boy's love* version chinoise

Les lecteurs chinois découvrent le *BL* vers la fin des années 1990, *via* l'import de mangas japonais *scantradés* [1] et traduits en mandarin de Taïwan [2]. Un genre interdit par la censure du gouvernement, qui proscrit la représentation de l'homosexualité. Ce qui renforce son intérêt auprès de lecteurs désireux d'ouverture d'esprit *via* la représentation multiculturelle du monde qu'offre internet. Apparaît alors le mot *danmei*, originaire du japonais *tanbi* (traduit littéralement par « esthétisme »). Il désigne toutes les œuvres homo-romantiques et homo-érotiques produites en Chine et s'emploie à l'identique du terme *boy's love*.

Rapidement, les premières *fanfiction* chinoises font leur apparition sur les forums. La communauté fan de *danmei* contourne les interdits et la censure pour communiquer autour de sa passion et esquiver au mieux les fermetures répétitives des sites web dédiés à cette littérature condamnée. La résistance se met en place et un circuit clandestin de publication voit le jour, comme avec le magazine *Danmei Season* de 1999 à 2013. Le succès est tel et la production tellement exponentielle qu'elle impose une sorte de souplesse de la part du gouvernement, incapable de faire front pour éradiquer cette déferlante *danmei*. Une tolérance qui n'est liée qu'au temps d'adaptation dont a besoin le gouvernement pour ajuster ses outils sur le contrôle des publications artistiques *online*. Plusieurs *auteurices* sont condamnés à des amendes et à des périodes d'emprisonnement pour avoir diffusé du contenu *danmei*. Depuis 2020, l'Administration nationale de la presse et de la publication impose un renforcement de la gestion des contenus littéraires en ligne de la part des grandes plateformes, afin qu'elles exercent une censure plus stricte. Imposer un contrôle par ces dernières plutôt que s'attaquer individuellement aux auteurs permet de gagner en efficacité et a fait évoluer les publications mises en ligne ces dernières années.

Couverture du tome 1 du roman *Le Grand Maître de la Cultivation Démoniaque*, traduction de *Mo Dao Zu Shi*.

1 Traductions illégales de mangas réalisées à partir de scans des pages disponibles sur internet.

2 Sur l'île de Taïwan, la langue officielle est le mandarin (suivi du taïwanais compris par 70 % de la population) comme en République populaire de Chine, mais l'île utilise la graphie traditionnelle des idéogrammes contrairement à la Chine continentale qui utilise une graphie simplifiée depuis la Révolution culturelle.

À gauche : le *drama* à l'origine de la passion de beaucoup de *lecteurices* français(e) de *danmei*, l'adaptation *live action* de *Mo Dao Zu Shi*.

À droite : illustration promotionnelle de l'adaptation *anime* de *Mo Dao Zu Shi* par le studio chinois B.CMAY PICTURES.

La grande majorité des autrices de *danmei* sont des femmes nées dans les années 1980/1990 lorsque la politique de l'enfant unique était en cours dans une Chine post-socialiste. Sans frère, beaucoup ont bénéficié d'une éducation privilégiée. Ces jeunes femmes rejettent massivement l'image traditionnelle féminine que la société impose et qui comprend le mariage et la maternité. Les autrices de *danmei* projettent dans leurs récits une résistance face à un système conservateur. Une revendication politique, sociale et féministe à travers l'homo-romance qui n'est pas sans rappeler celle d'autres autrices une trentaine d'années plus tôt, le « Groupe de l'an 24 » (voir p. 13).

Si les différents genres de *danmei* sont présents parmi les publications *boy's love* en France, comme le *school life** *Here U Are* (voir p. 172), ce sont les *romantasy* historiques qui ont subjugué le cœur des lecteurs. Un style unique puisant son inspiration dans les thèmes de la mythologie, de l'histoire et des légendes chinoises.

L'épopée *danmei* en France

C'est sur les réseaux sociaux qu'une poignée de fans, qui viennent de découvrir en plein confinement le *drama* chinois *The Untamed*, lance une propagande de grande échelle autour du *danmei* et plus particulièrement ce titre ! La série de 50 épisodes, de 45 minutes chacun, disponibles sur Viki, est l'adaptation *live action* de *Mo Dao Zu Shi* de Mo Xiang Tong Xiu. L'œuvre est déjà un succès dans son pays d'origine : elle est publiée en quatre tomes pour l'intrigue principale et complétée d'un cinquième, adapté en *webtoon* de 259 chapitres, auxquels s'ajoute une série d'animation sous le titre français *Le Fondateur du diabolisme* en deux saisons (la troisième étant exclusivement humoristique avec les personnages représentés en *chibi*[3]). Action, surnaturel, réincarnation et romance sont au programme d'une intrigue qui a conquis le cœur de nombreux lecteurs.

Les équipes des éditions Bookmark font partie de ces téléspectateurs conquis par *The Untamed*. Le titre leur donne envie de relancer leur collection asiatique dédiée au *boy's love*. Le premier tome de *Mo Dao Zu Shi* sort fin 2022 simultanément en broché et relié version collector, ainsi que dans un tirage en coffret prestige limité en nombre d'exemplaires. L'engouement de la communauté française est immédiat. L'année suivante, c'est la version *webtoon* de l'œuvre que les éditions Komogi proposent d'éditer en France *via* une campagne de financement participatif, qui comprend notamment une version collector exclusive à cette dernière. L'objectif est atteint en à peine quelques heures et la campagne se clôt en franchissant le seuil des 300 % collectés.

La folie *danmei* est lancée en France. Les deux éditeurs proposent l'année suivante les titres phares du genre, tels que *The Husky and His White Cat Shizun* de Rou Bao Bu Chi Rou annoncé lors du lancement de la collection *Danmei* de Komogi en juin 2024, ainsi que *Thousand Autumns* de Meng Xi Shi toujours chez le même éditeur. De son côté, ce sont deux autres œuvres de l'autrice Mo Xiang Tong Xiu que publie Bookmark : *The Scum Villain's Self-Saving System* et *La Bénédiction des cieux*.

Meyra SUDAL

Ci-dessous : couverture française aux éditions Bookmark du roman *The Scum Villain's Self-Saving System* de l'autrice Mo Xiang Tong Xiu.

3 *Chibi* ou *SD* (pour *super-deformed*) désigne une façon de dessiner un manga ou un *anime* en représentant les personnages comme des enfants, ou en réduisant leurs tailles. Souvent, il s'agit d'une version humoristique du personnage ou de l'œuvre dessinée.

GLOSSAIRE

Age gap — Expression employée dans les romances pour représenter une grande différence d'âge dans un couple, souvent avec un personnage masculin plus âgé.

Alpha / Omega — Termes désignant des sous-genres en plus des sexes féminin et masculin dans l'*omegaverse* (voir p. XX).

Artbook — Un recueil d'illustrations et d'informations artistiques sur une œuvre ou plusieurs œuvres du même auteur.

BDSM — Sigle pour « Bondage, Domination, Soumission, Sado-Masochisme ». Ensemble de pratiques sexuelles et contractuelles utilisant la douleur, la contrainte, l'humiliation érotique ou la mise en scène de divers fantasmes sexuels.

Bear — Dans la communauté homosexuelle masculine, décrit un type d'homme enveloppé, musclé et avec de la pilosité faciale et corporel.

CD-Drama / Audio-Drama — Interprétation par des doubleurs du récit en format audio, avec des effets sonores et des bandes-son originales. L'*Audio-Drama* peut être une adaptation de tout ou partie d'une œuvre écrite (*webnovel*, *webtoon*...). Anciennement diffusés et vendus en format CD, les *Audio-Drama* sont aujourd'hui majoritairement disponibles à l'achat, ou gratuitement, en numérique. Leur forme physique en CD est ponctuellement produite dans le cadre d'un *goodie* ou associée à la parution d'un livre.

Chara-design — Terme lié aux mondes de l'animation, du cinéma, de la bande dessinée et du jeu vidéo. Caractéristiques et représentations graphiques des personnages.

Colorimétrie — Mesure de la couleur d'une œuvre.

Coming out — Action d'annoncer volontairement son orientation sexuelle, une identité de genre ou une variation des caractéristiques sexuelles.

Crossover — Œuvre qui reprend des personnages ou un univers d'une autre histoire sans pour autant en être la suite ou la préquelle. Souvent du même auteur, les *crossover* peuvent toutefois être produits par des artistes totalement étrangers à l'œuvre d'origine.

Dojinshi – Dojinka — Manga autoédité, parfois sous forme de recueil collectif, par des auteurs amateurs (*dojinka*) ou confirmés sous formes de fanzines.

Dystopie — Récit de fiction dans une société oppressive à l'autorité totale, souvent avec des citoyens qui ne peuvent plus exercer leur libre arbitre.

Enemies to lovers	Expression employée dans les romances pour représenter un couple où les protagonistes se détestent et ne s'entendent pas, avant de développer des sentiments l'un pour l'autre.
Fan service	Contenu destiné aux fans d'une œuvre ayant pour vocation d'alimenter leurs fantasmes (souvent à connotation érotique).
Fandom	Groupe d'individus qui se rassemblent autour d'une passion commune, en l'occurrence ici des fans d'une même œuvre qui écrivent des histoires dérivées de l'univers qu'ils admirent.
Fantastique	Œuvre où dominent des éléments surnaturels ou non vraisemblables.
Fantasy	Œuvre où l'action se déroule dans un monde imaginaire peuplé d'êtres surnaturels, mythiques ou légendaires.
Flash-back	Retour en arrière dans la trame chronologique d'une histoire qui permet au lecteur de découvrir un élément important du passé qui impacte l'évolution de l'intrigue ou la psychologie d'un personnage.
Forced proximity	Expression employée dans les romances lorsque deux personnages sont contraints par un élément indépendant de leur volonté de se fréquenter quotidiennement.
Friends to lovers	Expression employée dans les romances lorsque deux personnages sont des amis de longue date et vont développer des sentiments amoureux.
Fujoshi	Terme japonais péjoratif désignant les femmes aimant les œuvres *boy's love*.
Fusion moderne *fantasy*	Œuvre qui fusionne un univers fantasy avec notre monde moderne.
Game fantasy	Œuvre qui intègre dans sa narration du *game play* des jeux vidéo.
Geek	Personne passionnée par les nouveautés techniques, en particulier l'informatique, internet, les jeux vidéo et les univers imaginaires (souvent de la pop-culture).
Girl's love (GL)	Histoire centrée sur une relation sentimentale entre femmes.
Goodies	Produits dérivés concernant une œuvre (stand acrylique, peluche, etc.).
Grumpy & sunshine	Décrit des protagonistes aux caractères opposés, souvent stéréotypés entre un personnage grincheux ou stoïque face à un personnage souriant et pétillant.
Harem	Œuvre dans laquelle le protagoniste est entouré de plusieurs personnages souhaitant le conquérir.
Hunter	Œuvre de fusion moderne *fantasy* et de *game fantasy* avec obligatoirement la présence de portails qui mènent vers des donjons.
Idole	Célébrité qui travaille dans l'industrie du divertissement au sein d'une agence, et ayant souvent suivi (particulièrement en Corée) plusieurs années de formation avant de devenir professionnel. Les idoles ou *idols* débutent souvent leur carrière au sein d'un groupe puis évoluent dans différents milieux, tels que le mannequinat, la présentation d'émissions télé et radio, le cinéma…

Isekaï	Mot japonais qui signifie « autre monde ». Le terme est largement employé pour toute œuvre de fiction (*webtoon*, manga, *anime*, jeu vidéo...) dans laquelle le héros quitte notre univers pour atterrir dans un monde parallèle (fantasy, jeu vidéo, médiéval, aristocratie occidentale...).
Kawaï	Adjectif japonais qui peut se traduire par « mignon ». Couramment employé dans le vocabulaire de la pop-culture.
K-Drama / J-Drama	Série télévisée produite en Corée ou au Japon, initialement pour le public du pays natif où elle est tournée. Aujourd'hui, les *K-Drama* et *J-Drama* s'exportent fortement à l'international grâce aux sites de streaming légal.
K-Pop	Mot qui désigne la production musicale originaire de Corée du Sud caractérisée par une large variété d'éléments : le recrutement et la formation des « idoles », la production musicale qui mêle plusieurs styles (pop, électro, RnB, hip-hop et rock), l'importance de la chorégraphie, la compétition entre groupes et artistes solo dans des émissions musicales...
Level up	Action d'un personnage qui gagne des points de compétences qu'il répartit pour améliorer ses caractéristiques physiques ou autres.
Light novel	Roman d'origine japonaise, au format court pour jeune public (équivalent de notre *young adult*) et parfois illustré. Aujourd'hui, beaucoup des *light novel* sont à l'origine de *webnovel* avec une parution hebdomadaire.
Live action	Film ou série télé joué avec des acteurs (par opposition aux productions d'animation).
Love office	Expression employée dans les romances lorsque l'action se déroule sur le lieu de travail.
MM	Œuvre décrivant une relation, souvent de romance, entre deux hommes.
OAV	*Original Animation Video* est la production d'animation pour qu'elle soit diffusée directement en vidéo sans passer par le cinéma ou la télévision.
Ocre	Couleur qui provient d'un minéral naturel, allant du jaune au brun et parfois jusqu'au rouge.
Omegaverse	L'*omegaverse* est un univers fantastique sans règles officielles (elles peuvent différer d'une histoire à l'autre). Il existe deux récurrences communes à tous les récits *omegaverse* : il existe trois genres d'individus (*alpha*, *beta* et *omega*) et les hommes peuvent aussi donner vie à un enfant (voir p. 111).
One-shot	Manga dont l'intrigue tient en un seul tome.
OST	*Original Sound Track* est la bande-son enregistrée d'une production audiovisuelle.
PLV	Sigle pour « Publicité sur lieu de vente ». Désigne l'ensemble des supports de communication utilisés sur les lieux de vente pour valoriser l'œuvre.
Pop-culture	Culture dont la principale caractéristique est d'être produite et appréciée par le plus grand nombre, à l'opposé d'une culture élitiste ou avant-gardiste qui ne toucherait qu'une population instruite de la culture en question. La pop-culture est largement dominée par les univers de l'imaginaire produits dans l'ensemble de la production du divertissement (cinéma, jeux vidéo, romans, BD, comics, mangas...).

Post-apocalypse	Sous-genre de la science-fiction qui dépeint la vie après une catastrophe ayant détruit la civilisation.
Sadomasochiste	Individu s'adonnant à cette pratique sexuelle et qui aime dominer et/ou se faire dominer.
Saison	Dans le *webtoon,* le terme s'emploie à l'identique des séries télé. Ensemble des chapitres d'un *webtoon* après lesquels la publication se met en pause. Une saison correspond généralement à un arc narratif.
Satire	Œuvre qui passe par la moquerie, voire la caricature, pour critiquer un sujet.
School life	Histoire dont le contexte principal est un lieu scolaire.
Science-fiction	Œuvre souvent futuriste où dominent des éléments liés à l'évolution technologique.
SD	*Super Deformed*. Mot qui définit un style de dessin où un personnage est dessiné avec une tête énorme et un tout petit corps dans un style caricatural.
Sex friends	Expression employée dans les romances pour désigner deux personnages qui entretiennent régulièrement une relation sexuelle sans engagement.
Slice of life	Histoire qui caractérise une tranche de vie d'un ou plusieurs personnages.
Slow burn	Expression employée dans les romances pour désigner l'attirance entre les personnages qui se construit lentement.
Smut	Histoire avec une prédominance dans son intrigue pour la mise en place de scènes érotiques, voire pornographiques.
Spicy	Moment très chaud au niveau sexuel dans une œuvre.
Spin-off	Série dérivée de l'œuvre principale.
Triangle amoureux	Expression employée dans les romances pour désigner une intrigue amoureuse avec trois personnages.
Vignette	Aussi appelée case, c'est une image d'une œuvre graphique délimitée par un cadre.
Y/CON	Une convention française dédiée aux homo-fictions.
Web-Drama	Série *live action* produite pour le web.
Webnovel	Roman, ou nouvelle, sérialisé sur internet, généralement avec une parution hebdomadaire.
Webtooniste	Désigne l'ensemble des artistes de *webtoon*. Le *webtooniste* peut produire seul un *webtoon*, ou n'avoir à sa charge qu'une partie de celui-ci. Le mot désigne alors l'ensemble des intervenants artistiques (auteurs, graphistes, *chara-designers*, coloristes, illustrateurs de décors…).

INDEX

BIBLIOGRAPHIE

Les œuvres lues, vues et mentionnées dans ce livre

10 Counts
À genoux suppliant d'être aimé
À l'image de Mona Lisa...
Ameiro Paradox
Après l'hiver, les fleurs de cerisiers
Asana n'est pas hétéro
Assis bon toutou
Averse inespérée
Banana Fish
Beast Storm
BJ Alex
Black or White
Blue Sky Complex
Blue Summer
Boys of the Dead
Celle que je suis
Cherry Magic
Cinq mecs en coloc
Coyote
Daisy Jealousy
Dear Gene
Dick Fight Island
Dites au chat noir de ne pas sortir cette nuit
Doukyusei
Entre nous/Sign
Fangs
Fated Night
Fruits Basket
Given
Gravitation
Here U Are
Hidamari ga Kikoeru
House of Brutes
I Cannot Reach You
In These Words
Internet Love
Junjo Romantica
Killing Stalking
L'Affaire Max Mojave
L'amour est une illusion
L'Amour sur le bout de la langue
L'Atelier des sorciers
L'Échappée belle – Notre voyage autour du monde
L'Épouse de la bête
L'Étranger de la plage/du zéphyr
La Difficulté d'aimer
La Fée des neiges
La Fiancée de l'alpha
La Rose de Versailles
La Saveur des sentiments
La Vie d'Otama
Le Clan des Poe
Le Cœur de Thomas
Le Dit du Genji
Le Fil du destin
Le Mari de mon frère
Le patron est une copine
Les Fantaisies du roi
Laisse-moi te détester
Life
L'Oiseau de Shangri-la
Love Mix-Up
Love Shuttle
Love So Pure
Love Tractor
Lullaby of the Dawn
Menteurs ! Les vampires n'existent pas !
Minato's Coin Laundry
Mo Dao Zu Shi
Momo et Manji
Mon voisin flippant est un omega
Moon and Sun
More and More of You
M. Tokugawa sixième salle 4 professeur principal
My Beautiful Boy
My Pretty Policeman
Nagahama to Be, or not to Be
Netkama Punch !!!
Nomi et Shiba
Not My Fiancé !
Old Fashion Cupcake
On or Off
One Piece
Papa, Papa et moi
Payback
Pedigree
Pendulum – Jujin omegaverse
Play after Call
Pornographer
Priapus
Queutard légendaire vs Cul d'acier
Ramen Master
Redeem Mon amour éternel
Rock Your World
Romantic Lament
Roses et Champagne
Sakura Gari
Sanctify
Sasaki et Miyano
Scène de nuit
Secondo Piatto
Soleil d'hiver
Sotus
Tadaima Okeiri
Thanatos
The Dangerouse Convenience Store
The Teijo Academy
Therapy Game
Tokyo Babylon
Touche pas à mon sub
Traces of the Sun
Twilight Outfocus
Un comptable à la cour
Utsukushii Koto
Vice
Viewfinder
What Did You Eat Yesterday?
Will livreur 1 & 2
Yes, No, or Maybe?
Zetsuai
Zombie Hide Sexe

Articles de référence sur le Web

- *La culture « boys' love » changera-t-elle les sociétés japonaise et asiatique* - Nippon.com (sep 2020) https://www.nippon.com/fr/in-depth/d00607/?pnum=1
- *13 Investigating the activist potentials of "gay manga" in Japan and the Philippines* - Thomas Baudinette (2023) https://www.academia.edu/89656508/Investigating_the_activist_potentials_of_gay_manga_in_Japan_and_the_Philippines?email_work_card=title
- Lovesick, The Series: *adapting Japanese 'Boys Love' to Thailand and the creation of a new genre of queer media* - Thomas Baudinette (South East Asian Research ; 2019)
- *"Gay manga" in Japanese Gay Men's Life Stories: Bara, BL and the Problem of Genre* - Thomas Baudinette (La Trobe University ; juin 2015) https://www.academia.edu/11591779/_Gay_manga_in_Japanese_Gay_Men_s_Life_Stories_Bara_BL_and_the_Problem_of_Genre
- *Japanese gay men's attitudes towards 'gay manga' and the problem of genre* - Thomas Baudinette (EAPC 3 (1) pp. 59–72 ; 2017)
- Boys' Love *Manga: Essays on the Sexual Ambiguity and Cross-Cultural Fandom of the Genre* - Patrick W. Galbraith (Asian Studies Review – aout 2011) https://www.academia.edu/124532758/Book_Review_Boys_Love_Manga_Essays_on_the_Sexual_Ambiguity_and_Cross_Cultural_Fandom_of_the_Genre_?email_work_card=title
- *Mais qu'est-ce qu'un* Light Novel *?* - Amandine Coyard (sep 2017) https://dozodomo.com/2017/09/13/dossier-light-novel-presentation-phenomene/
- *Les fujoshi (fans de yaoi) dans les mangas grands publics : un retour négocié à l'hétéronorme* - Lauren Dehgan Université Paris Nanterre (Oct 2019) http://www.graat.fr/8Dehgan.pdf
- *La culture japonaise de l'homosexualité masculine « nanshoku » et son héritage* - Saeki Junko (oct 2023) https://www.nippon.com/fr/japan-topics/d00925/?pnum=2
- *Les femmes, les hommes et les «wakashu» : quand le Japon avait un genre de 3e genre* – Pauline Petit (fev 2022) https://www.radiofrance.fr/franceculture/les-femmes-les-hommes-et-les-wakashu-quand-le-japon-avait-un-genre-de-3e-genre-5638449
- *Jujin* – Kyoto National Museum (sep 1993) https://www.kyohaku.go.jp/jp/learn/home/dictio/kaiga/juni/
- *Furry* – Wikifur https://fr.wikifur.com/wiki/Furry
- *OMAHA THE CAT DANCER* – DDM toonopedia https://www.toonopedia.com/omaha.htm
- *Kemonomimi* - https://dic.pixiv.net/a/%E7%8D%A3%E8%80%B3
- *BDSM* – Fanlore (nov 2023) https://fanlore.org/wiki/BDSM
- *Alpha/Beta/Omega* – Fanlore (dec. 2024) https://fanlore.org/wiki/Alpha/Beta/Omega
- *Yaoi Ronsō: Discussing Depictions of Male Homosexuality in Japanese Girls' Comics, Gay Comics and Gay Pornography* - Wim Lunsing (janv. 2006) http://intersections.anu.edu.au/issue12/lunsing.html
- *Japon. Les décisions historiques sur le mariage entre personnes de même sexe sont une victoire attendue de longue date pour les droits des LGBTI* – amnesty international (mars 2024) https://www.amnesty.org/fr/latest/news/2024/03/japan-groundbreaking-same-sex-marriage-rulings-a-long-awaited-victory-for-lgbti-rights/
- *Wakashudô: le samouraï et l'homosexualité* - Julien Peltier (fev 2023)
- *Conférence – Situation et revendications des personnes LGBT au Japon* – ARCHIKOCHI (juin 2016) https://achikochi.tokyo/2016/conference-situation-et-revendications-des-personnes-lgbt-au-japon/
- *Le drama, une nouvelle pratique télévisuelle ?* – La maison des cultures asiatiques https://asiexpo.fr/le-drama-une-nouvelle-pratique-televisuelle/
- «Boys' Love»*: la nouvelle libération sexuelle* - Julie Rambal (sep 2022) https://www.illustre.ch/magazine/boys-love-la-nouvelle-liberation-sexuelle-529937
- *Girls Reading/Writing/Re-Writing Male Homoeroticism in Japan: Intertextual Transformations in Shōjo and* Boys' Love (BL) *Manga* – Anne Lee (The University of Queensland ; 2017) https://www.academia.edu/116319151/Girls_Reading_Writing_Re_Writing_Male_Homoeroticism_in_Japan_Intertextual_Transformations_in_Sh%C5%8Djo_and_Boys_Love_BL_Manga?email_work_card=title
- *Homosexualizing "Boys Love" in China Refexivity, Genre Transformation, and Cultural Interaction* - XI TIAN (Lingnan University ; mars 2020) https://www.academia.edu/43642450/Homosexualizing_Boys_Love_in_China_Reflexivity_Genre_Transformation_and_Cultural_Interaction?email_work_card=title
- *The* Yaoi/Boys' Love/Danmei *Audience* - Anna Madill (In Encyclopaedia of Gender, Media and Communication ; 2020) https://www.academia.edu/36410944/Madill_A_2020_The_Yaoi_Boys_Love_Danmei_Audience_In_Encyclopaedia_of_Gender_Media_and_Communication_Karen_Ross_General_Editor_Valentina_Cardo_Associate_Editor_Wiley_Blackwells?email_work_card=title

Livres de référence

- Collectif, *Homosexualité et Manga : le Yaoi*, éditions H, 2008
- Courduriès, Jérôme, *Être en couple (gay)*, Presses universitaires de Lyon, 2019
- Giard, Agnès, *Dictionnaire de l'amour et du plaisir au Japon*, Glénat BD, 2015
- Giard, Agnès, *L'Imaginaire érotique au Japon*, Glénat BD, 2016
- Kôdô, Nishimura, *This Monk Wears Heels: Be Who You Are*, Watkins Publishing, 2022
- Kolbeins, Graham, Ishii, Anne, et Kidd, Chip, *Massive, les maîtres du manga gay*, Dynamite, 2022
- Maorenc, *Artbook*, BlackBox, 2024
- Peltier, Julien, *Une autre histoire des samouraïs: le Guerrier japonais entre ombre et lumière*, Perrin, 2023
- Pflugfelder, Gregory M., *Cartographies of Desire, Male-Male Sexuality in Japanese Discourse, 1600-1950*, University of California Press, 2007
- Sudal, Meyra, *Webtoons. 100 incontournables de Corée et du monde*, Abysse Publishing, 2024
- Tagame, Gengoroh, *Gay Erotic Art in Japan*, Pot Publishing, 2003
- Waller, Reed, et Worley, Kate, *Omaha the Cat Dancer*, Tabou, 2016

Vidéos utiles

- Conférence du 01/07/2023 par Futoshi Taga et Laura Merla : « Les masculinités au Japon », https://www.mcjp.fr/fr/la-mcjp/actualites/les-masculinites-au-japon
- Chaîne YouTube de l'éditeur Akata (Instant Shôjo) https://www.youtube.com/@akata
- *Drama* Sotus *https://www.youtube.com/playlist?list=PLszepnkojZI5tID5gmStSvLef-eKcZxO-*
- Présentation du livre de Kôdô Nishimura https://www.youtube.com/watch?v=OpgdcuELcVI

Sites web

- Chil Chil https://www.chil-chil.net/
- Fabrissou https://fabrissou.carrd.co/
- La Mafia du *yaoï* https://mafia-yaoi.fr/
- Manga News https://www.manga-news.com/
- Nautijlon https://www.nautiljon.com/
- Nippon.com https://www.nippon.com/fr/
- NIPSSR (institution qui dépend du ministère japonais de la Santé, du Travail et des Affaires sociales) https://www.ipss.go.jp/index-e.asp
- Noppharnach Chaiyahwimhon https://www.instagram.com/backaof/
- TwoTom Land https://www.instagram.com/twotomland/?hl=fr

Je tenais à remercier mon compagnon, Florent, qui m'a soutenue durant l'écriture en me dégageant du temps pour s'occuper de nos filles, Éléna et Éloïse, que j'aime.

Je remercie mes parents qui sont là au quotidien.

Merci à Stéphanie qui a su m'aiguiller, m'aider dans cette aventure qu'est l'écriture et qui a su être patiente avec moi.

Comment ne pas remercier Meyra avec qui je me suis lancée dans ce livre. Une femme extraordinaire qui a tout donné, que je respecte.

Mon dernier remerciement sera pour vous, lecteurs de cet ouvrage, en espérant qu'il vous plaira.

Priscilla RECULARD

L'écriture de ce livre n'a pas été des plus simples. Marquées par le décès de mon père lorsque je l'ai commencé, certaines relectures, comme *Le Mari de mon frère*, ont pris une dimension tout autre à mes yeux. Son écriture fut tout à la fois difficile, passionnante et émouvante. Il a une énorme importance à mes yeux, et j'espère sincèrement qu'il vous plaira.

Alors j'aimerais remercier du fond du cœur notre éditrice Stéphanie pour sa patience et cette opportunité incroyable de pouvoir partager ma passion pour le *boy's love*, et le *manga* de façon plus générale, à travers ce livre. Merci aussi à ma belle Cindy de nous avoir mises en contact et à Priscilla de l'avoir coécrit avec moi.

Merci à mon mari avec qui je partage ma passion des *mangas* et qui observe toujours de loin, et avec beaucoup d'amusement, mon intérêt pour les romances *boy's love*.

Merci aux Ladies Otaku, *Blandine* qui tire des références *BL* plus vite que son ombre et qui est la *best* des éditrices MM, *Carine* pour sa douceur, sa bienveillance et pour avoir partagé ma première expérience à l'Y/CON, et *Olivia* qui *shippe* en continu tous les hommes de vos œuvres préférés.

Mais surtout, merci à toi d'avoir acheté ce livre, par curiosité ou par passion, et de nous avoir lues. J'espère qu'à travers ces pages, tu auras obtenu des réponses à tes questions et découvert le *BL* qui te correspond.

Je dédie ce livre à mon père, qui n'a jamais compris mon intérêt pour ces œuvres graphiques asiatiques et à qui j'aurais dû prendre le temps d'en parler.

Meyra SUDAL

Imprimeur : Finidr
(République tchèque)
ISBN : 978-2-37697-505-2
Dépôt légal : mai 2025